JOHN NAISBITT
autor de *Megatendências*

O LÍDER DO FUTURO

11 CONCEITOS ESSENCIAIS PARA TER CLAREZA NUM MUNDO CONFUSO E SE ANTECIPAR ÀS NOVAS TENDÊNCIAS

SEXTANTE

Título original: *Mind Set!*

tradução
Ivo Korytowski
preparo de originais
Valéria Inez Prest
revisão
Luis Américo Costa
Sérgio Bellinello Soares
projeto gráfico e diagramação
Valéria Teixeira
capa
Miriam Lerner
pré-impressão
ô de casa
impressão e acabamento
Cromosete Gráfica e Editora Ltda.

CIP-BRASIL. CATALOGAÇÃO-NA-FONTE
SINDICATO NACIONAL DOS EDITORES DE LIVROS, RJ

N149a Naisbitt, John, 1929-
O líder do futuro / John Naisbitt; tradução de Ivo Korytowski. – Rio de Janeiro: Sextante, 2007.

Tradução de: Mind Set!

ISBN 978-85-7542-294-6

1. Previsão social. 2. Atitude (Psicologia). 3. Século XXI – Previsões. I. Título.

07-1041 CDD 303.49
CDU 316.4

GMT Editores Ltda.
Rua Voluntários da Pátria, 45 – Gr. 1.404 – Botafogo
22270-000 – Rio de Janeiro – RJ
Tel.: (21) 2286-9944 – Fax: (21) 2286-9244
E-mail: atendimento@esextante.com.br
www.sextante.com.br

NÃO SÃO NOSSOS PÉS QUE NOS TRANSPORTAM,
E SIM NOSSAS MENTES.

Provérbio chinês

Para Doris

SUMÁRIO

NOTA DO EDITOR

Em sua obra original, na língua inglesa, John Naisbitt utiliza com muita propriedade o termo *mindset* para descrever os 11 "conceitos" que apresenta neste livro. O dicionário Encarta fornece a seguinte definição para essa palavra: "*Mindset: Beliefs that affect somebody's attitude – a set of beliefs or a way of thinking that determine somebody's behavior and outlook*" (Crenças que afetam a atitude de uma pessoa – um conjunto de crenças ou um modo de pensar que determina o comportamento e o ponto de vista de alguém).

Como não há uma palavra em português que traduza *mindset* em toda a sua riqueza de sentido, nesta edição optamos por empregar vocábulos e expressões que transmitissem seu significado da maneira mais aproximada possível, de acordo com o contexto. Entre eles, você encontrará: modelo mental, conceito, mentalidade, forma de pensar, padrões de pensamento, condicionamento, conjunto de valores e idéia preconcebida.

PREFÁCIO DA EDIÇÃO BRASILEIRA

Conheci John Naisbitt nos anos 1980. *Megatendências* era um best-seller mundial. Como especialistas em estratégia, nós, da Amana-Key, estávamos muito interessados em prospectar o futuro. Dos vários futuristas que convidamos para nossos eventos no Brasil, Naisbitt foi o que mais me impressionou. A metodologia que ele empregava – *content analysis* – era simples, porém, ao mesmo tempo, extremamente refinada. Com base no monitoramento diário de imensa quantidade de veículos de informação, detectavam-se as grandes tendências de mudança. Tendências que os fatos já mostravam, mas que poucos conseguiam "ler".

Em 1989, fui convidado por Naisbitt a integrar um pequeno grupo de pessoas que debateria com ele o manuscrito de *Megatendências 2000* (o livro que deu seqüência a *Megatendências* e *Reinventando a empresa*). Em sua casa em Telluride, no Colorado, conversávamos sobre cada capítulo. Podíamos falar livremente, inclusive questionar a linha de análise, as conclusões. Essa era a idéia dos cinco dias de imersão. Foi quando vi Naisbitt em ação. Seu jeito de ler nas entrelinhas dos acontecimentos. Sua capacidade de identificar as interconexões entre fatos aparentemente independentes, separados. Sua extraordinária capacidade de ouvir de forma neutra, sem nenhum filtro e sem qualquer prejulgamento, sua sensibilidade para captar o invisível. Observando-o em ação, todos nós queríamos decifrar "o jeito como John fazia a coisa". Conversamos sobre isso, especulamos, queríamos explicar, teorizar...

Muitos outros best-sellers se seguiram à série "Megatendências", obras provocativas, muitas vezes surpreendentes.

Neste novo livro, Naisbitt finalmente compartilha conosco "o seu jeito de fazer a coisa", "seu modelo mental", os princípios que ele tem embutido em seu "software" interno. E que fazem dele um dos mais importantes futuristas do mundo.

Fiquei surpreso com suas revelações? Quão distante das especulações mais ousadas sobre como ele "fazia a coisa"?

De um lado, sim. Fiquei surpreso com a simplicidade dos princípios. Mas, ao reler o conjunto várias vezes, o que se revela é um modelo mental longe do lógico-racional. Algo sutil que, em essência, está no ponto de partida: uma visão de mundo que honra as interconexões. Um mundo interdependente, onde tudo influencia tudo de forma sistêmica, até de maneiras "improváveis", longe do "senso comum".

Convido-o a ler *O líder do futuro* não com sua mente lógico-racional, mas procurando ir além. Muito além. Esteja com todos os seus sensores ligados. Observe as entrelinhas. Capte sutilezas pelo conjunto. Use seu *fuzzy thinking*, sua lógica difusa. Leia o todo como se fosse o próprio todo interconectado. De repente, seus insights poderão levá-lo, através de um olhar radicalmente diferente (coletivo e não individual), a visualizar caminhos que transcendam a visão de mundo futuro, que nossas ações fragmentadas, "individualísticas" do passado estão definindo.

Afinal, vivemos para descobrir jeitos de sobreviver nesse mundo que irá emergir (se nada fizermos de diferente) ou para – a partir do que aprendemos coletivamente – desenhar juntos formas diferentes de viver e criar tendências de outra qualidade, mais saudáveis e voltadas ao bem comum?

Não seria este o grande jogo da vida que tem como objetivo fazer com que indivíduos que se vêem separados despertem para a realidade de um todo único que, na verdade, todos somos?

OSCAR MOTOMURA
Diretor geral do Grupo Amana-Key
www.amana-key.com.br

PREFÁCIO

O elefante na jibóia

Era uma noite tranqüila de inverno. Eu estava aconchegado junto à lareira com meu neto Eli, a fim de ler para ele o clássico de Antoine de Saint-Exupéry, *O Pequeno Príncipe*.

Estávamos bem no começo, lendo a primeira página, na parte em que o menino de seis anos, impressionado com um livro sobre a Floresta Virgem, faz um desenho. Para ele a figura era clara: uma jibóia digerindo um elefante. E qual não foi sua surpresa ao perceber que "as pessoas grandes" não compreendiam o que ele havia desenhado! Tudo o que elas viam era um chapéu. Ele teve que fazer um segundo desenho para que os adultos conseguissem entender. Somente quando conheceu o Pequeno Príncipe foi que o menino encontrou alguém que olhou para o seu primeiro desenho da mesma forma – ele também via um elefante numa jibóia. Eu achara minha metáfora.

Os desenhos de Saint-Exupéry revelam quanto nossa mente consegue restringir o que vemos. Uma vez removidas as limitações, somos capazes de enxergar o que está ali: um elefante sendo digerido por uma jibóia.

INTRODUÇÃO

Cresci numa fazenda de beterraba no sul de Utah numa comunidade mórmon chamada Glenwood, onde havia não mais do que 200 pessoas, entre homens, mulheres e crianças – em sua maioria, meus tios, minhas tias ou meus primos. Assim como as montanhas locais cercavam nosso vale, as regras mórmons estabeleciam nosso destino. A vida era previamente determinada, e meu desígnio seria me tornar missionário. Durante dois anos, eu iria a todos os lugares aonde minha Igreja me enviasse – jamais se diz não quando Deus está chamando.

Eu era um garotinho quando minhas primeiras dúvidas brotaram. Uma infecção nos meus ouvidos se tornara crônica, e a dor me castigava sem dó, até que meu tio Arnold transgrediu uma regra mórmon. Embora fumar fosse terminantemente proibido, ele fez isso. Durante mais de um ano, soprou várias vezes a fumaça do cigarro nos meus ouvidos inflamados e sempre obtinha um resultado que nenhum outro tratamento apresentava. Aquilo aliviava a dor, embora não estivesse de acordo com os conceitos e valores que eu cultivava. Uma das últimas lembranças que tenho daquela época foram as ocasiões em que três ou quatro dos meus tios fazendeiros, todos grandões, foram me abençoar, me curar pela "imposição das mãos". Mas eles jamais alcançaram aquele resultado reconfortante que o tio Arnold conseguia.

Comecei a ficar curioso sobre o mundo à minha volta. Sentia um desejo crescente de sair e conhecer as coisas. O que mais poderia existir que minha mente imatura ignorasse? Questionei o que no meu mundo deveria ser uma certeza.

A curiosidade foi o primeiro passo, e logo me convenci de que queria sair de Utah. Aos 17 anos, vi a chance de fazer isso. Ingressei no Corpo de Fuzileiros Navais e, como eles dizem, conheci o mundo, até mais do que pretendiam. A porta para essa nova realidade se abriu de fato quando comecei a ler livros. Aquele era um universo onde tudo parecia possível.

Desde a época em que deixei Utah, o mundo tem sido como os livros que abri – viro uma página após a outra, e cada uma delas me ensina algo novo.

Agora, rememorando aqueles acontecimentos após tantos anos, percebo que minha mente curiosa me conduziu a muitas aventuras: aos Fuzileiros Navais; ao meu "período radical" como líder dos estudantes na Universidade de Utah, quando lutei pela liberdade de expressão e pelos direitos civis; aos meus estudos em Harvard e Cornell; à minha experiência como editor da Great Books Foundation, onde trabalhei para Robert Hutchins e Mortimer Adler; e aos meus ciclos de três anos no mundo corporativo, época em que eu deixava o cargo sempre que minha curva de aprendizado se estabilizava.

Os anos em que atuei na política instruíram-me na arte do possível – da experiência de concorrer ao Congresso aos 25 anos de idade até o período que passei em Washington, onde o presidente John F. Kennedy me nomeou secretário-assistente da Educação. Após seu assassinato, em novembro de 1963, continuei em Washington. Fui assistente de John Gardner quando ele era secretário de Saúde, Educação e Assistência Social e, por fim, trabalhei para a Casa Branca em projetos especiais no governo Lyndon Johnson.

A década de 1960 foi provavelmente a mais turbulenta da história dos Estados Unidos desde a Guerra Civil. Nossas cidades e bandeiras estavam sendo queimadas, e o mundo empresarial se mostrava assustado. Os movimentos pelos direitos civis e contrários à Guerra do Vietnã levavam milhões de pessoas às ruas, enquanto os estudantes ocupavam o campus de centenas de universidades.

Em julho de 1964, o presidente Johnson assinou a Lei dos Direitos Civis para "eliminar os últimos vestígios de injustiça nos Estados Unidos". Um substancial pacote de leis veio em seguida. Em 1965, solicitaram-me que descobrisse que impacto o projeto legislativo Grande Sociedade, criado por Johnson, teria sobre o país. Um encargo fascinante; porém, se já parecia impossível saber o que estava acontecendo naquela própria época, quanto mais prever o efeito das novas leis sobre o futuro da nação. Apesar dessa tarefa irresistível, não suportei mais a obsessão de Johnson em vencer a guerra do Vietnã a qualquer preço ("Não serei o primeiro presidente a se acovardar e fugir"). Troquei a Casa Branca por uma oferta de trabalho da IBM e me tornei assistente de Tom Watson, o presidente da empresa.

Em abril de 1967, distúrbios raciais irromperam em Detroit. Naquele verão, os partidários do movimento Black Power pregaram uma revolução armada, e tumultos varreram o país. Johnson enviou às pressas 4.700 pára-quedistas à cidade, que estava quase paralisada por essas agitações. O prefeito Cavanaugh observou: "Estamos como Berlim em 1945." O presidente ordenou que todas as unidades da Guarda Nacional recebessem um novo treinamento para o controle de distúrbios. Nos anos seguintes, os conflitos foram alimentados pelos assassinatos de Martin Luther King, Jr. e Bobby Kennedy. Por volta daquela época, a palavra *negro*, que em inglês tem um sentido pejorativo, começou a ser substituída por *black* (preto). As cidades americanas estavam literalmente em chamas, e as empresas não sabiam o que estava acontecendo nem o que deveriam fazer. Essa instabilidade alimentou minha procura por um mecanismo que monitorasse a transição que o país atravessava. Como eu poderia ver de fato que direção os Estados Unidos estavam tomando?

Certo dia, comprei um exemplar do *Seattle Times* numa banca de jornal na periferia de Chicago. A manchete revelava que o conselho escolar local votara a favor de um novo pacote de reformas. Meus olhos percorreram as diferentes manchetes de jornais de todas as partes do país que eram vendidos naquela banca. De repente percebi que, lendo todos eles diariamente, eu conseguiria reconhecer novos padrões de mudança em âmbito nacional. Teria condições de descobrir o que vinha acontecendo nos Estados Unidos. Eu encontrara a chave – foi minha epifania.

Meus genes de empreendedor entraram em ação. Deixei a IBM e Tom Watson – um trabalho pelo qual alguns dos meus colegas teriam dado a vida – e, com o último pagamento, fundei minha própria empresa, a Urban Research Corporation.

Em pouco tempo, eu e minha equipe, que se tornava cada vez maior, estávamos monitorando e catalogando 160 jornais de diversas partes dos Estados Unidos. Optamos por nos concentrar nos eventos locais, com base na idéia de que sua soma era o que estava acontecendo no país. Era uma profusão de ocorrências que eu via por meio das minhas próprias experiências e da minha mentalidade na época. A síntese do que observávamos e nossa interpretação dos fatos eram publicadas num relatório semanal: *Urban Crisis Monitor*. Em pouco tempo, muitas empresas se tornaram assinantes desse periódico, e comecei a realizar palestras sobre o que eu achava que estava se passando nos Estados Unidos.

Nos 10 anos seguintes, continuei trabalhando com grandes corporações e aprendi mais sobre a sociedade americana por meio do nosso método de análise de conteúdo. Valendo-me do banco de dados com informações majoritariamente locais, observei que os contornos gerais de uma nova sociedade estavam surgindo pouco a pouco. Assim, obtive uma idéia da direção em que o país vinha se reestruturando.

Embora para mim fosse evidente que havia mudanças em curso, alguns dos novos rumos que identifiquei pareciam improváveis na época. Arrisquei-me a contrariar os especialistas, que poderiam ter alegado que descrever o mundo em termos de categorias mutáveis era algo muito simplista. Mas achei que valia a pena correr o risco. Senti que, numa realidade em que idéias e eventos eram dissecados até ficarem sem vida, onde a complexidade aumentava em saltos quânticos e o ruído das informações era tão alto que era necessário gritar para se fazer ouvir, as pessoas estavam ávidas por estrutura. Com um arcabouço simples, poderíamos começar a compreender o mundo. E seria possível mudar esse arcabouço à medida que o próprio mundo fosse se transformando. Por fim, tudo isso resultou no meu livro *Megatendências*,[1] que vendeu 9 milhões de exemplares.

Depois, publiquei *Reinventando a empresa*[2] e outras obras, como *Megatendências 2000*.[3] Realizei palestras em todos os continentes. Em qualquer lugar do mundo onde eu me apresentava, jornalistas, políticos e profissionais da área empresarial perguntavam: "Qual será a próxima megatendência?" Eles queriam saber onde estaríamos em 2010 ou 2030. E, com uma insistência crescente, indagavam: "Como você sabe das coisas?" e "Qual é seu método de trabalho?".

MODELOS MENTAIS

Para um garotinho com um martelo, tudo parece um prego.

Numa tarde que passei com meu amigo Toni Ofner, ele não parou de insistir na pergunta sobre meu método de trabalho. E não aceitou a resposta de que as informações que eu coletava, os muitos jornais que lia, as idéias e os pensamentos que trocava com pessoas de diferentes países e culturas ao redor do globo me permitiam ver para onde o mundo estava indo.

Toni disse:

– Se, como você afirma, o futuro está embutido no presente, eu, que observo cuidadosamente o que acontece no mundo, deveria obter os mesmos resultados que você. Mas não obtenho. Então, o que faz a diferença?

Fiz uma breve pausa. Eu não tinha visto a questão daquela forma. No entanto, quando refleti a respeito do assunto, ficou claro para mim que a diferença não estava no que eu aprendia, e sim em como eu pensava sobre aquilo.

– Acho, Toni – me ouvi dizer –, que é a forma como eu penso. – Percebi que, através dos anos, eu desenvolvi certas regras para disciplinar minha mente e filtrar as informações. Comparo e meço os dados com base na minha própria experiência, usando meus valores e meus modelos mentais. E é assim que todas as pessoas fazem.

– O que você diz soa como chuva caindo num solo diferente – observou ele.

Toni estava certo: é verdade que os modelos mentais são o solo no qual a chuva (informações) cai, e as plantas que brotam diferem dependendo da maneira como estamos condicionados a pensar, o que conduz a conclusões diferentes. O importante é *como recebemos as informações*. Esse é o segredo.

Prosseguimos nessa discussão, e comecei a refletir sobre quais teriam sido os conceitos mais poderosos e importantes que haviam me ajudado ou atrapalhado. Depois, passei a considerar a idéia de basear um livro nesses modelos mentais e em como eles me guiam para obter cenários do futuro.

O conjunto de valores, idéias preconcebidas e condicionamentos que temos induz nossos julgamentos em quase todas as áreas – dos assuntos mundiais às relações pessoais. Se uma esposa acha que seu marido é mulherengo, todas as informações que ela recebe se encaixam nesse cenário. Sua forma de pensar define o que ela ouve além das palavras e sua reação a isso. Por outro lado, a mulher que considera seu marido carinhoso e fiel recebe as mesmas informações com um sentido diferente. Isso no nível "micro".

No nível "macro", existem aqueles para quem o mundo vive um período de "choque de civilizações", e eles vêem todos os fatos dentro dessa estrutura. Outros, inclusive eu, observam o mundo pelo ângulo do determinismo econômico – um "olhar voltado para a economia".

Claro que todos nós vamos absorvendo conceitos, valores, condicionamentos e padrões de pensamento ao longo da vida: os políticos são um bando de ladrões; terceirizar mão-de-obra na Índia está roubando empregos nos Estados Unidos; os gatos são os animais de estimação mais limpos que existem; o aquecimento global é uma ameaça à sustentabilidade da humanidade.

Neste livro, porém, não escrevo sobre conceitos que sejam resultantes da aculturação ou baseados na coerção social. Concentro-me nos que são deliberadamente desenvolvidos para um propósito. Podemos criar modelos mentais capazes de nos instruir e organizar nossas idéias na vida pessoal e no nosso campo de atividade. Desse modo, este livro fornece não apenas a estrutura e a perspectiva da primeira metade deste século como também as atitudes fundamentais necessárias para prever o futuro, para recebê-lo.

Parte I – Modelos Mentais

Os conceitos funcionam como estrelas fixas na nossa cabeça. Concentrando-se neles, nossa mente, flutuando tal qual um navio num oceano de informações, encontra orientação. Eles a mantêm no rumo certo e a guiam com segurança até seu destino.

Na parte I, descrevo os modelos mentais que me ajudaram a ajustar e corrigir meu pensamento. Eles removeram as limitações que eu tinha e me auxiliam a obter o máximo das informações que coleto. Sem isso, eu não teria conseguido chegar aos resultados de *Megatendências* e *Megatendências 2000*. A maneira *como* abordei as questões, o modo como minha mente processa as informações e experiências – esse é o segredo.

Para cada pessoa, um ou outro dos 11 Modelos Mentais aqui apresentados poderá parecer o mais importante e útil. O que considero fundamental é: "Compreender o poder que há em não precisar estar certo." Isso é uma grande libertação em todos os campos – dos negócios à vida privada –, indispensável em qualquer empreendimento em que alguém se aventure. É essa idéia que nos permite ser ousados nas palavras e nas tentativas, por mais improváveis que elas pareçam na época. Foi essa mentalidade libertadora que esteve por trás do sucesso de *Megatendências* e dos meus livros posteriores. Um conceito que apóia a imaginação criativa.

Meu segundo guia mais importante é: "Evite ficar muito à frente do desfile para não parecer que você nem faz parte dele." Isso soa como algo óbvio, fácil. No entanto, como mostrarão os exemplos que cito neste livro, não é tão simples nos mantermos à distância certa. Em todas as áreas da vida – nos negócios, na liderança ou na política –, esse conceito nos ajuda a não extrapolar de tal modo que nossas ações e palavras venham a nos afastar das pessoas.

No dia-a-dia, todos os Modelos Mentais funcionam em conjunto, cada um deles mesclando-se com os outros, levando clareza a um mundo confuso, permitindo que vejamos não só um chapéu, mas o elefante dentro da jibóia. Você os experimentará como ferramentas cognitivas capazes de transformar sua vida e seus negócios.

Parte II – Cenários do futuro

Todos nós gostamos de ter um cenário do futuro para obtermos clareza num mundo desordenado. Costumamos perguntar: "O que acontecerá?" A parte II deste livro fornecerá uma resposta. Ela trata das grandes tendências à nossa frente e do seu impacto na nossa vida pessoal e profissional.

Como o comércio, a produção e os serviços serão afetados num mundo onde a leitura e os romances estão em declínio, enquanto a comunicação visual está em ascensão? Os Estados-nações e seus índices econômicos continuam sendo importantes para seu campo de atuação e seu bem-estar? Como prever o rumo da Europa, se a retórica pinta um cenário, mas o placar do jogo mostra outro bem diferente? A China, o onipresente ladrão de empregos, será o dragão que nos devorará ou o dragão que cavalgaremos? Estamos prestes a ver a "próxima grande novidade", como promove a badalação da mídia?

Meus cenários do futuro não são especulações nem mergulhos no desconhecido. Baseiam-se na análise do presente, sob a orientação dos Modelos Mentais descritos na parte I. Você será capaz de recapitular e entender por que eu chego a determinadas conclusões e como me mantenho concentrado no todo sem me perder em detalhes nem me distrair com coisas que serão apenas acontecimentos temporários e sem significado importante no quadro geral do mundo. Os cenários que traço do futuro fornecerão a moldura que você poderá aplicar às suas próprias áreas de interesse e atuação, a fim de lucrar com o que ainda está por vir.

PARTE I

MODELOS MENTAIS

A parte I deste livro assentará a base para reformular seu modo de pensar – seus condicionamentos, sua mentalidade. Ao aplicar os 11 Modelos Mentais, você às vezes terá necessidade de disciplinar sua mente e, em outras ocasiões, sentirá que precisa apenas deixá-la fluir.

MODELO MENTAL 1

Embora muitas coisas mudem, a maioria delas permanece constante

NUM MUNDO DOMINADO PELA MÍDIA, A GRANDE SENSAÇÃO É A MUDANÇA

Em 8 de agosto de 2006, a Amazon.com relacionou 56.170 títulos de livros sobre *mudança*, 11.195 títulos sobre *mudança empresarial* e 2.404 títulos sobre *mudança global*. Um número imenso de jornais, revistas e canais de notícias 24 horas não deixa nenhuma pedra no lugar, promovendo a idéia de que tudo está se transformando. Ora, quem é que consegue acompanhar isso? Ninguém.

Não se preocupe.

Pense nisto: a maioria das empresas permanece num estado estacionário, dia após dia, ano após ano. Sim, produtos e mercados se alteraram, a maioria deles para melhor, e as ferramentas utilizadas mudaram também. Contudo, apesar da avalanche de livros de negócios, as práticas empresariais – os fundamentos das ações de compra e venda, de fazer da lucratividade uma condição necessária à sobrevivência – permaneceram em boa parte as mesmas durante meus 40 anos de atividade.

Mesmo que os telefones celulares tragam uma televisão embutida, que telefonemas possam ser dados pela internet e que a geladeira venha a se abrir ao detectar o ronco do nosso estômago, essas são apenas outras maneiras de fazer o que já fazemos. De modo mais fácil e rápido e com maior alcance, quantidade e duração, é verdade. Mas isso não é a essência da nossa vida. Vamos à escola, nos casamos e temos filhos e os mandamos para a escola, que, Deus sabe, nunca muda, apesar do apelo à reforma educacional. O lar, a família e o trabalho é que são as grandes constantes.

A vida numa fazenda de beterraba pouco mudou desde a minha infância. Como sempre, as estações determinam o ritmo da vida, embora equipamentos modernos tenham facilitado a semeadura e a colheita. A maioria dos fazendeiros ainda cria galinhas e outros animais. No entanto, os cavalos, que no meu tempo serviam ao transporte e ao trabalho, agora se destinam mais ao lazer e à diversão. Nos altos e baixos da vida, meus pais tentavam sobreviver e educar os filhos da melhor maneira possível, de acordo com o potencial que tinham e com as ferramentas da época.

No início de *História da civilização*, uma obra de 11 volumes, Will e Ariel Durant afirmam:

> "A civilização é um rio com margens. Às vezes, o rio está cheio de sangue que vem de pessoas que estão matando, roubando, gritando e fazendo coisas que os historiadores costumam registrar; enquanto nas margens, sem serem notadas, pessoas constroem casas, fazem amor, criam os filhos que tiveram, cantam canções, escrevem poesias e até esculpem estátuas.
>
> A história da civilização é a história do que aconteceu nas margens."[1]

A DIFERENÇA ENTRE O QUE E COMO

Alguma vez você já fez uma lista das coisas que mudam ou podem mudar? Preste atenção: não uma lista de *como* fazemos as coisas, mas do *que* fazemos.

Agora vamos voltar à vida no campo. O que mudou foi o modo como se trabalha no setor agrícola. O progresso depende da flexibilidade com que os fazendeiros adaptam suas habilidades às novas tecnologias e ao comportamento mutável dos consumidores. Mas eles continuam a ser o que são – fazendeiros –, embora haja diferenças na maneira como exercem essa atividade. Alguns deles encontram um nicho e se adaptam às demandas mutáveis do mercado, como os produtores de frutas e legumes orgânicos que enviam suas mercadorias de alta qualidade a celebridades da culinária. Outros, por diferentes razões, não obtêm sucesso e desistem de atuar no ramo.

A maior parte da mudança não está no que fazemos, e sim em como fazemos. Dentro de toda essa onda, quanto mais conseguirmos estabelecer diferenças entre o que é constante e o que muda, mais eficácia teremos para reagir a novos mercados e lucrar com a transformação.

Os esportes são um bom exemplo disso.

As regras dos esportes de equipe permanecem razoavelmente constantes – há apenas mudanças mínimas de tempos em tempos. As alterações que instituímos costumam se originar de uma modificação na maneira como os atletas jogam. Uma grande inovação foi a popularização do moderno passe à frente no futebol americano por Knute Rockne, na década de 1920. A meta continuou a ser o *touchdown* – o que mudou foi a forma como os jogadores podiam chegar à linha do gol.

De vez em quando, o estilo de um atleta pode modificar um jogo.

Na noite de 30 de dezembro de 1936, uma multidão de mais de 17.500 espectadores se dirigiu ao velho Madison Square Garden, na cidade de Nova York, para ver o Long Island University – então o principal time de basquete dos Estados Unidos, com uma seqüência de 43 vitórias – enfrentar o Stanford, que defendia o título de campeão da Pacific Coast Conference. O Stanford encerrou a seqüência de sucessos de seu adversário com um placar de 45 x 31, porém algo mais importante do que isso aconteceu.

Na verdade, a multidão havia ido ao estádio sobretudo para ver Hank Luisetti, o segundanista de 84kg e 1,88m de Stanford. Ele era o único jogador conhecido por arremessar à cesta com uma das mãos enquanto pulava, uma inovação que desafiava o estilo do basquete.

Todos os outros atletas arremessavam do modo antigo: com as duas mãos e de uma posição estacionária (o *set shot*) ou fazendo um arco sobre a cabeça com a mão que está mais distante da cesta (o gancho, ou *hook shot*). A enorme publicidade celebrando a novidade criada por Luisetti não mudou a meta do jogo, que era colocar a bola na cesta, no entanto transformou para sempre a forma de praticar aquele esporte. Mas não sem certa resistência acompanhada de teimosia. Para o establishment, aquela não era a maneira certa de se jogar. "Isso não é basquete", reclamou na época Nat Holman, treinador do City College de Nova York. "Se meus rapazes arremessassem com uma das mãos apenas, eu desistiria de ser técnico."[2]

Luisetti foi eleito o jogador universitário do ano duas vezes seguidas: em 1937 e 1938. Ficou em segundo lugar, abaixo de George Mikan, na pesquisa da Associated Press que apontou o melhor jogador da primeira metade do século XX.

Ele morreu em 17 de dezembro de 2002 e viveu o suficiente para ver seu estilo aperfeiçoado e embelezado por gigantes do basquete, como Earl Monroe, Julius Erving e, é claro, Michael Jordan.

Muitas vezes, uma mudança na técnica abre uma porta para um potencial maior. O atleta americano Dick Fosbury criou literalmente um salto para uma nova era. Em vez de realizar o salto em altura com o rosto voltado para o sarrafo e lançando uma perna de cada vez sobre esse obstáculo, ele girava no momento de saltar, jogando o corpo de costas sobre a barra de madeira, arqueando as costas, depois as pernas e caindo de ombros. Fosbury, um aluno da escola de nível médio em Medford, Oregon, começou a praticar esse esporte usando a técnica rolo ventral (*straddle*) que aprendera com os treinadores. Seu desempenho foi medíocre até o momento em que ele começou a buscar seu próprio estilo. Fosbury não pensou na escola de salto tradicional nem na forma. "Eu nem sequer penso no salto em altura", disse. "Trata-se de pensamento positivo. Apenas deixo a coisa acontecer."

Nos Jogos Olímpicos de 1968, realizados no México, sua técnica de saltar impulsionando primeiro a cabeça e superando o obstáculo de costas cativou o público – ele conseguiu ultrapassar todas as barreiras até 2,22m. Ao ser bem-sucedido em sua terceira tentativa de saltar 2,24m, Fosbury bateu um novo recorde olímpico e ganhou a medalha de ouro.

O progresso súbito no salto em altura não se baseou somente nessa nova técnica. A inovação tornou-se possível em razão de uma mudança na área da queda – de uma caixa de areia para grandes colchões de borracha. Isso permitia ao atleta saltar impulsionando primeiro a cabeça sem correr o risco de morrer. Embora o esporte em si não tenha mudado, o estilo original de Fosbury – o chamado *Fosbury flop* – estabeleceu-se como o método universal.

A ALTA MORTALIDADE DA MUDANÇA

Com freqüência ouvimos e lemos que "a única certeza é a mudança". Existe um lado positivo e um lado negativo nessa crença. O lado positivo fica com os consultores de gestão da mudança. O lado negativo é que as pessoas são levadas à histeria com a onipresença da mudança. No final da década de 1990, o comércio eletrônico prometia alterar tudo – "venda todas as suas ações de cadeias varejistas, esqueça tijolos e cimento".

A moda, podemos pensar, é pura mudança. A maioria das roupas, eu diria, é um desfile de novidades efêmeras. Mas há muitas constantes no mundo *fashion*, e não me refiro ao vestido preto convencional. Algo que permanece há mais de 150 anos é o jeans, que foi "Levi's" por quase um século até as opções começarem a aumentar. Agora, todo estilista oferece sua própria versão desse produto de tempos em tempos.

Um prazer permanente na moda masculina é sua constância. Não adianta introduzir algo novo. Esse mercado, ao contrário do que acontece com a moda feminina, quase não se altera. Quando isso acontece, é só por alto. Na minha experiência ao longo dos anos, percebi que a única mudança tem sido praticamente a largura das gravatas – que se modifica a cada 20 anos. Há mais coisas como a moda masculina do que como a moda feminina.

À medida que mudam os caprichos da moda para as mulheres, modificam-se também as fragrâncias que as envolvem. De cada 100 perfumes novos, 95 evaporarão. Contudo, mais produtos desse tipo continuam a ser produzidos porque a margem de lucro é tão alta que estar entre os cinco sobreviventes já é ótimo. A grande mudança na moda tem sido seu crescente entrelaçamento com a arte e a arquitetura, o que a vem transformando numa experiência totalmente nova de arte visual. Você lerá sobre as várias faces do novo mundo da arte visual no capítulo 1 da parte II.

Em novembro de 2005, a Coca-Cola anunciou nos Estados Unidos que deixaria de produzir a Coca com sabor baunilha, aumentando a longa lista de produtos novos com morte prematura. Dos 30 mil itens lançados a cada ano, mais de 90% perecem. "Estamos satisfeitos com o que já temos", parece ser a reação dos consumidores. A importância da continuidade foi realçada em *Feitas para durar*,[3] livro em que Jim Collins e Jerry Porras derrubaram o "mito da mudança". Em suas palavras: "Uma empresa visionária preserva sua ideologia básica de forma quase religiosa, mudando-a raramente, se é que a muda. Os valores essenciais de uma empresa visionária constituem uma base sólida como rocha e não flutuam com as tendências e modas da época."[4]

Nos negócios, assim como nos esportes, novas técnicas às vezes introduzem uma nova constante. O "gerenciamento de processos" decolou nos Estados Unidos na década de 1980 por causa da ameaça de que os japoneses dominariam o mundo. Com sua badalada metodologia Seis Sigma – implementada primeiramente por Bill Smith, da Motorola –, tornou-se a verdade universal para a melhoria da qualidade. Agora, seu grande defensor, Jack Welch, da GE, está aposentado e o gerenciamento de processos começa a perder o gás à medida que vem sendo visto por muitas pessoas como um empecilho à criatividade. Mas tem sido empregado há 25 anos.

TUDO É NOVO DEBAIXO DO SOL?

Já faz muito tempo que o rei Salomão (3000 a.C.) escreveu estas célebres palavras: "O que foi é o que será: o que acontece é o que há de acontecer. Não há nada de novo debaixo do sol."[5]

Agora se diz que tudo é novo debaixo do sol.

No início de 2005, a *Newsweek* começou a publicar com grande destaque um anúncio com uma citação extraordinária de seu talentoso editor internacional, Fareed Zakaria: "O século XXI será o século da mudança. Mais coisas se modificarão em mais lugares nos próximos 10 anos do que mudaram nos últimos 100 anos. A maioria dos países não está preparada para essa jornada vertiginosa – com certeza, não os Estados Unidos."

Não é de admirar que a leitura de declarações como essa nos façam focalizar o futuro e olhar com desespero para o horizonte em busca da próxima indicação de mudança, vendo em cada pequena nuvem um possível sinal de tempestade. Fareed Zakaria talvez seja capaz de enxergar além do horizonte e identificar mais coisas do que qualquer um de nós. No entanto, com certeza, nenhum estudo quantitativo foi realizado: somar todas as transformações ocorridas nos últimos 100 anos já é uma tarefa por si só intimidante, e não é possível listar agora o número de coisas que "mudarão em mais lugares nos próximos 10 anos". Trata-se de uma afirmação sensacionalista na névoa da especulação. Para mim é subjetiva e inútil. É melhor fazer sua lista do que você imagina que se modificará nos próximos 10 anos e do que você acredita que deverá continuar como está. A boa notícia é que a idéia "a única constante é a mudança" é genérica e ridícula. Minha conclusão é que o conceito "a única certeza nos negócios é a mudança" simplesmente não é verdadeiro.

O DNA da mudança gira em torno dos pilares da constância

A mudança é o alimento da mídia, cujo apetite é saciado pela competição e pelo noticiário 24 horas: a relevância de um evento é, na sua maior parte, o próprio evento; sua qualidade e importância dependem da oferta e resvalam facilmente na trivialidade e na insignificância.

Um objetivo comum aos Modelos Mentais apresentados neste livro é não nos perdermos no não-essencial, e sim nos concentrarmos nas coisas que exercem e exercerão a influência mais forte em nossa vida.

A maioria de nós não está em busca de novidades e mudanças, mas de orientação sobre o futuro, de clareza num mundo confuso. A qualidade, e não a quantidade, é decisiva. Quaisquer que sejam as informações que estejam assolando sua mente, faça a diferenciação entre modificação real e aparente, mudanças básicas e modismos, lembrando-se de que, na história do mundo, a maioria das coisas permanece constante.

Diferencie entre:

o básico e os enfeites,
regras e técnicas,
tendências e modismos,
descobertas e aperfeiçoamentos.

MODELO MENTAL 2

O futuro está embutido no presente

JOÃOZINHO AVOADO

No caminho até à escola
Para o alto sempre olha
Joãozinho Avoado
Vê nuvens, aves, telhados

Nem vê o que está à frente
Aí – pimba! – de repente
Um cão correndo aparece
Eis que o desastre acontece

Cataprum! Que confusão
Rolam os dois pelo chão
Coitado de quem na rua
Anda no mundo da lua![1]

Para mim, essa historinha do clássico da literatura infantil alemã chamada *Struwwelpeter*, de Heinrich Hoffmann,* é uma metáfora de como, ao focalizarmos o futuro muito distante, podemos tropeçar no que está bem à nossa frente. Heinrich Hoffmann deve ter conhecido muitos garotos como o Joãozinho Avoado na Alemanha do final do século XIX.

---

*Existe uma antiga tradução de *Struwwelpeter* em língua portuguesa, por Guilherme de Almeida, com o título *João Felpudo*. Optei aqui por uma adaptação livre. (N. do T.)

Um grande número de idéias e teorias inovadoras surgiu na Europa durante aquele período, influenciando o futuro. Arquitetos, poetas e pintores vinham se rebelando contra as tradições consagradas. Otto Wagner, Adolf Loos e Josef Hoffmann fundaram o Jugendstil, ou Art Nouveau, revolucionando a arquitetura. Gustav Klimt e seus colegas começaram a "incendiar os rios da arte moderna"; Sigmund Freud sondou o inconsciente da mente humana e tornou-se o pai da psicanálise. Muitas sementes do mundo atual foram plantadas e começaram a brotar.

Embora as guerras mundiais tenham obstruído o caminho tomado, elas não conseguiram destruí-lo. Para muitas nações, as coisas não se tornariam melhores. As feridas infligidas à Alemanha pela guerra seriam aumentadas pelo pagamento de reparações, como previra o economista John Maynard Keynes. Ele foi uma das pessoas que estudaram o presente com toda a atenção e, por isso, teve condições de alertar sobre eventos que acabaram acontecendo.

Keynes participou das negociações do tratado de paz de Versalhes, realizadas após a Primeira Guerra Mundial, entretanto discordou inteiramente das elevadas reparações de guerra impostas à Alemanha. Em *As conseqüências econômicas da paz*[2] (1919), ele previu que esses pagamentos levariam o país à catástrofe, algo que compreendemos hoje, mas que, na época, foi rejeitado e negado por várias razões.

Em 1945, Friedrich Hayek, economista austríaco e antigo defensor da idéia do livre mercado, escreveu *The Use of Knowledge in Society* (O uso do conhecimento na sociedade), em que previu o colapso do comunismo. Sua previsão baseava-se num motivo sólido: um governo central bem-sucedido teria que conhecer as decisões do mercado antes que elas fossem tomadas, o que é obviamente impossível. Você lerá mais sobre esse tema no capítulo 4 da parte II.

Keynes e Hayek nunca descambaram para o desconhecido, pois não esquadrinhavam o céu em busca de estrelas ainda não identificadas. Eles examinavam o território ao seu alcance. Suas obras são exemplos de que somente um estudo objetivo e isento do presente é capaz de revelar o futuro. A hostilidade e a rejeição que enfrentaram por parte de políticos e colegas consagrados mostram como certos modelos mentais podem obscurecer e confundir nossa visão.

Os insights de três renomados economistas nascidos na Áustria – Joseph Schumpeter, Friedrich Hayek e Peter Drucker – não impediram a Europa de se tornar mestra em negações. Promessas e previsões de políticos da União Européia ascendem ao céu como se fossem balões, até estourarem ao colidir com a realidade. Eles continuam a fazer promessas vazias em razão da idéia generalizada de que precisam estar certos – conceito que em nenhum outro setor é mais cultivado do que na política.

Lembre-se disso ao focalizar o que está de fato embutido no presente. Procure um terreno sólido para começar suas reflexões. Foi o que fiz em todos os meus livros. Mas cuidado: afirmar que o futuro está embutido no presente não equivale, certamente, a extrapolar e projetar todas as coisas nos tempos que estão por vir. O futuro não é pouco mais do que uma extensão das coisas como elas se apresentam no momento presente. Isso quer dizer que encontramos as sementes do futuro no solo, e não na imensidão do céu.

Ao fazer isso, tome cuidado com armadilhas, examine o terreno com atenção e aproveite a ajuda disponível, como as páginas seguintes mostrarão.

AS ÁRVORES SOZINHAS NÃO FORNECEM UMA VISÃO DA FLORESTA

Anos atrás, realizei uma palestra na Cidade do Panamá no evento que marcou a devolução do canal ao Panamá pelos Estados Unidos.

Como um aquecimento para a cerimônia, durante a qual o ex-presidente americano Jimmy Carter restituiu oficialmente o canal àquele país, o ministro das Relações Exteriores do Panamá, que presidiu o encontro dos ministros visitantes para os quais realizei a palestra, convidou minha mulher, Doris, e a mim para um passeio de helicóptero sobre o canal. Temos medo de andar de helicóptero, mas, para não demonstrarmos fraqueza, tivemos que aceitar o convite.

Claro que havíamos lido sobre como a construção do canal fora difícil e quantas vidas custara. No entanto, a compreensão da dimensão daquele projeto se deu com a visão que tivemos lá do alto, de dentro do helicóptero. Uma floresta tropical impenetrável espalhava-se por quilômetros – uma imagem de esplendor e de mau presságio, tão densa que fazia a selva sob nós parecer um exuberante tapete verde através do qual o homem traçara a faixa azul do canal.

Que visão diferente tivemos quando, alguns dias depois, fomos levados num passeio pela floresta tropical que víramos lá de cima: a riqueza de raízes, árvores, pequenas plantas e arbustos de diferentes verdes, folhas e flores, acompanhada do chilrear, piar e gorjear dos pássaros e do guinchar dos macacos que pulam no alto dos galhos – uma opulência de detalhes que mudava a cada curva do caminho. Era outro mundo, com perspectivas e insights diferentes, mas também uma prova de que perdemos a visão da floresta quando nos distraímos com as árvores.

A distinção entre os detalhes e o cenário geral nem sempre pode ser vivenciada de forma tão rica. No entanto, a idéia permanece a mesma: as árvores sozinhas não fornecem um panorama da floresta. Se você quiser identificar os eventos que estabelecem precedentes no mundo, terá que monitorá-los à distância. Se não mantiver esse afastamento, os modismos poderão bloquear sua visão com a maior facilidade. Os próprios modismos estão embutidos nas tendências e são manifestações delas. As tendências não sofrem alterações com muita freqüência, contudo os modismos que elas trazem inspiram a mudança o tempo todo porque são altamente passageiros.

Uma das grandes mudanças que abordei na edição original de *Megatendências*,[3] em 1982, foi a transição da sociedade industrial para a sociedade da informação. Essa passagem trouxe embutida uma tendência provável: a "consciência do corpo". Na sociedade agrícola, exercitávamos o corpo com todo o vigor durante a execução das tarefas diárias. De forma semelhante, no período industrial, realizávamos esforço físico no ambiente de trabalho (a breve história dos Estados Unidos: primeiro fazendeiros, depois operários e, em seguida, funcionários administrativos). À medida que evoluímos para a era da informação, a demanda por esforços físicos caiu drasticamente. Hoje, na sociedade da informação, a maioria de nós exige pouco do corpo durante o horário de trabalho. Entre outras coisas, essa transição fez com que nos tornássemos trabalhadores predominantemente sedentários, cada vez mais preocupados com o que fazemos com nosso organismo e com o que *colocamos dentro* dele – uma era extraordinária de consciência do corpo. Nossa passagem para a condição de trabalhadores sedentários foi uma conseqüência da mudança maior para a sociedade da informação e não se modificará.

Dada nossa condição sedentária, continuaremos lidando com o corpo, mas *como* fazemos isso é algo bem menos importante e está sujeito a modismos, que fazem parte da implementação da tendência, das suas manifestações mutáveis. Por muito tempo, a corrida foi considerada uma atividade fundamental para a manutenção da forma. A natação teve sua época. Agora, muitas pessoas acham que o certo é seguir o caminho de Lance Armstrong, o ciclista americano que venceu o Tour de France sete vezes consecutivas. Além disso, *personal trainers* e academias de ginástica estão se multiplicando. A maneira como mantemos a forma – isto é, as coisas diferentes que experimentamos fazer com esse objetivo – se modifica de acordo com os modismos, porém a necessidade de realizarmos um esforço para termos músculos tonificados permanece. Acompanhando esse cuidado com o físico está a preocupação com o que comemos, com nossa alimentação.

As dietas, é claro, oscilam ao sabor dos modismos. Os regimes alimentares com redução de carboidratos, que vêm recebendo toda essa atenção hoje em dia, já são conhecidos há muito tempo. Em 1825, Jean Anthelme Brillat-Savarin, um advogado francês, escreveu no livro *A fisiologia do gosto* (obra que foi uma sensação na Europa) que alguns de seus leitores criticariam sua "dieta":

> "– Ó Céus! – Todos vocês, leitores de ambos os sexos, bradarão. – Ó Céus sobre nossas cabeças! Que desgraçado, esse professor!

Aqui, numa só palavra, ele nos proíbe tudo o que adoramos, aqueles rolinhos brancos de Limet, os bolos de Achard e aqueles biscoitos. Não nos permite sequer batatas e macarrão! Quem esperaria isso de um amante da boa comida que parecia tão agradável?

– O que estou ouvindo! – Exclamo, mostrando minha pior carranca, o que faço talvez uma vez por ano. – Muito bem: comam! Engordem! Fiquem feios, balofos e asmáticos; enfim, morram em sua própria gordura derretida."[4]

Embora não sejam tão pitorescos quanto a dieta de Brillat-Savarin, os regimes alimentares continuam a ser lançados. Parecem não ter fim as oportunidades de inventar atalhos para manter o excesso de peso à distância. Mas as modas são formas transitórias de lidarmos com as conseqüências de ficarmos sentados durante todo o dia. Podemos entendê-las como manifestações de uma tendência maior e podemos ver as tendências surgindo de grandes mudanças numa sociedade. Os muitos exemplos no capítulo 1 da parte II o ajudarão a reconstruir a maneira de chegar a tais conclusões.

OLHE POR TRÁS DA CORTINA

A maioria de nós brincou de esconde-esconde quando criança. Um dos meus esconderijos era atrás de uma cortina. Algumas das grandes mudanças não são mais difíceis de detectar do que um menino atrás de uma cortina – mas só se as procurarmos.

Outra das mudanças que abordei em *Megatendências* foi que a afiliação aos sindicatos continuaria declinando e que o movimento trabalhista estava morto. Por que eu disse isso?

No início da década de 1980, 1/4 da força de trabalho americana estava organizada em sindicatos. Por trás da cortina da igualdade de tratamento, ocultava-se uma incompatibilidade profunda entre a filosofia dessas associações ("tratar todos como iguais") e o *individualismo* emergente. Tudo isso estava ocorrendo no contexto de uma importante transição distante do emprego industrial, em que a maioria dos membros dos sindicatos se encontrava (mas não longe da própria indústria, que vinha se automatizando cada vez mais). Ao mesmo tempo, houve uma crescente afluência dos trabalhadores, que buscavam uma proteção menos organizada. Aquilo fez com que os sindicatos parecessem dinossauros aguardando o retorno da era mesozóica. Ela não retornou. O território político mudara. Como os dinossauros, os sindicatos teriam que se reinventar e reconceitualizar seu papel, se quisessem sobreviver. Mas eles não fizeram isso.

Da época em que escrevi sobre o declínio dos sindicatos americanos até hoje, a porcentagem da força de trabalho sindicalizada caiu de 25% para apenas 7,8% no setor privado e continua em queda.[5]

A mudança básica é o resultado de uma *confluência* de forças – ela raramente resulta de uma só força (sobretudo quando esta contraria o pensamento convencional). Antes de fazer um julgamento, sempre se pergunte se há forças diferentes suficientes pressionando na mesma direção. Nenhuma conclusão na parte II deste livro se baseia em indícios isolados. Caso não encontre uma quantidade satisfatória de indicações, é melhor olhar de novo atrás da cortina.

UM DEPARTAMENTO DE PESQUISA PLANETÁRIA

As grandes fontes de conhecimento para abrir a cortina do futuro são os jornais, que operam como um departamento de pesquisa planetária, informando o que acontece em termos práticos. Como muitas pessoas já disseram, eles são o "primeiro rascunho da história". Não há nada com que se possa compará-los. Por esse motivo, são uma fonte básica para quem estuda o passado e para aqueles que se interessam pelo futuro. Os livros de história costumam citar os jornais de sua época como fontes primárias. No entanto, raramente pensamos nos jornais atuais como referências desse tipo. Olhe para eles como se você os estivesse lendo daqui a 100 anos. Claro que não estamos procurando por opiniões, e sim pelo registro de eventos e resultados de jogos. Como encontrar o placar do jogo e aquilo a que devemos estar atentos serão os temas do Modelo Mental 3.

Os jornais são uma escolha obrigatória num sistema fechado. Vou explicar. Eles são os mais expressivos monitores da mudança social porque, em termos simples, o *espaço das notícias* – a área reservada aos fatos que serão noticiados – é um sistema fechado. Por motivos econômicos, a quantidade de espaço dedicada às matérias num jornal não muda muito com o tempo. Assim, quando algo novo é introduzido, outro elemento qualquer precisa ser omitido ou reduzido. Não é possível acrescentar sem subtrair. Esse é o princípio da escolha forçada num sistema fechado. O editor geral do *New York Times*, John Geddes, disse que o tamanho da área reservada às notícias no *Times* "não mudou em cerca de oito anos". E enfatizou: "Trata-se de um jogo de soma zero." Os "blogueiros" da internet não têm que se restringir a esse "orçamento de espaço". Eles simplesmente podem escrever sem preocupações com a extensão e com o conteúdo.

Existe uma situação semelhante de escolha forçada nas sociedades. Em certo sentido, o que as preocupações sociais concorrentes dominam é uma parte mutável do mercado. As sociedades são como os seres humanos. Assim como uma pessoa só consegue manter na cabeça um determinado número de problemas e preocupações em dado momento, uma sociedade só é capaz de lidar com um número específico de questões num certo período. Se surgem novos e prementes problemas ou preocupações, alguns dos que já existem são minimizados ou abandonados. Tudo isso se reflete no espaço coletivo das notícias, que se torna uma representação mecânica da sociedade selecionando suas prioridades.

Embora o importante não seja apenas o que lemos, mas como lemos, alguns jornais se destacam em relação a outros. Para mim, os melhores cronistas da mudança no mundo atual são: *The New York Times, Financial Times, Wall Street Journal*, a revista *The Economist* (que se denomina um jornal) e o *USA Today* (que é ótimo em criar boxes com placares para muitos aspectos da sociedade).

Entretanto, não espere que, mesmo nesses jornais, a localização do placar do jogo reflita sua importância a longo prazo. Por exemplo, no final de março de 2006, a Ford Motor Company anunciou que demitiria 30 mil trabalhadores. Essa foi a manchete em quase todos os jornais americanos. No entanto, as demissões seriam realizadas ao longo de três anos e aquela não era uma medida inesperada, pois já se sabia que a empresa estava em declínio. No mesmo dia, o Departamento de Comércio dos Estados Unidos anunciou que em fevereiro (um mês curto) o país criara 280 mil empregos – um acontecimento de muito mais impacto para o futuro a longo prazo. Encontrei essa notícia sobre os novos postos de trabalho relegada às páginas finais em todos os jornais que vi: publicada, porém escondida. Ponha o peso na importância do fato, e não no espaço em que ele aparece como reflexo das preocupações do momento.

No fluxo do tempo, o futuro está sempre conosco

As direções que o mundo tomará e as reviravoltas que dará estão embutidas no passado e no presente. Costumamos reconhecê-las quando olhamos para trás, contudo nosso objetivo é prever o que está para acontecer. Para fazer isso com sucesso, precisamos manter certa distância e um olhar atento.

Os jornais são grandes colaboradores. Além de serem o primeiro rascunho da história, são os primeiros a fornecer um vislumbre do futuro, porque o que fazemos agora determinará o que está por vir. Eles constituem a fonte básica da informação e do alcance geográfico. Apresentam matérias e fatos sobre política, cultura, questões sociais, eventos, tendências e modismos. Mas também veiculam opiniões pessoais, propaganda política, detalhes irrelevantes e abalos temporários que dificilmente são sinais do futuro. Embora seja crucial estar bem informado, o que importa não é a quantidade de dados coletados, e sim o nível de consciência com que recebemos esses fatos. Num processo de verificação e seleção, podemos encontrar os componentes que formam os cenários do futuro.

MODELO MENTAL 3

Concentre-se no placar do jogo

ESPORTES 1 X POLÍTICA 0

Como você lê os jornais? Eu os leio de trás para frente, os esportes primeiro – não tanto porque eles sejam uma celebração das vitórias humanas e ganhem mais relevância num mundo cada vez mais dominado pela tecnologia (questão que abordarei no Modelo Mental 11), mas porque os adoro. Tenho um interesse permanente por esse assunto. Além disso, e mais importante, minha impressão pessoal é que as matérias nessa área são as mais confiáveis – e a confiabilidade diminui à medida que avançamos para as notícias da primeira página. Quando leio o placar de um jogo de futebol, posso estar quase inteiramente seguro de que aquela informação é verdadeira.

Ao longo dos anos, na outra extremidade do jornal – muitas vezes na primeira página do *Financial Times* –, o chanceler Gerhard Schröeder costumava se vangloriar de uma Alemanha forte em termos econômicos, como fez em 2005. Claro que os assuntos mundiais não são tão transparentes quanto os esportes, no entanto possuem estatísticas também. Dentro do jornal encontrei os placares do jogo: o número de desempregados na Alemanha aumentara em 44 mil no mês anterior à declaração de Schröeder, levando a taxa de desemprego a 10,4%. Contudo, o governo havia anunciado que o crescimento alemão em 2005 ficaria em torno de 1,5% – muito baixo. Porém, veja o placar do jogo: a economia da Alemanha não estava crescendo nada – zero –, e no trimestre anterior o crescimento fora negativo.

Uma das primeiras medidas tomadas por Angela Merkel dois meses após assumir o cargo de chanceler da Alemanha, em janeiro de 2006, foi ordenar ao ministro da Economia alemão que acabasse com o hábito de produzir previsões demasiadamente otimistas. Um bom começo.

FALTA CONCRETIZAÇÃO

Em 2000, os chefes de governo da União Européia reuniram-se em Lisboa, onde prometeram transformar a Europa "na economia baseada no conhecimento mais competitiva e dinâmica do mundo até 2010". A Europa estava, é óbvio, desafiando os Estados Unidos no que se refere à supremacia global. A cada ano, os líderes dos países europeus têm renovado esse compromisso, agora conhecido como Agenda de Lisboa – balões de promessas e previsões que continuam ascendendo ao céu.

Qual é a realidade? Qual é o placar do jogo? A cada ano desde o anúncio de 2000, a Europa perdeu terreno econômico para os Estados Unidos. Na verdade, isso vem acontecendo há mais de uma *década*. Por mais estimulante que seja o anúncio das ambiciosas metas da União Européia, os passos necessários para torná-las realidade são muito mais importantes. Se você quer saber como os países-membros da União Européia estão se saindo e que rumo estão tomando, verifique constantemente o placar do jogo. O desemprego está aumentando ou diminuindo? Que taxa de crescimento vem sendo alcançada? Reformas econômicas têm sido realizadas? Os governos geram poucos empregos – são os empresários que criam os postos de trabalho. Até que ponto o ambiente é promissor para a abertura de empresas? A produtividade está crescendo ou caindo?

Não importa o que você leia sobre a Europa, não deixe de fazer essas perguntas. Os balões continuarão a subir até que estourem.

UMA MOCHILA SOBRECARREGADA

Enquanto a Europa de certa forma esconde sua luta social na manga, a General Motors (GM), o ícone remanescente do decadente poderio industrial americano, oculta suas lutas numa mochila. Em janeiro de 2006, a GM (cuja receita mundial é de 192,6 bilhões de dólares) anunciou seu maior prejuízo anual em mais de uma década – 10,6 bilhões de dólares. Assim, revelou os problemas que enfrenta: custos crescentes de mão-de-obra, concorrência acirrada da Ásia e queda das vendas nos Estados Unidos. A montadora vive um dilema horrível. Sua mochila está cheia com um ônus de 1.600 dólares por veículo na forma dos chamados *legacy costs* – em sua maioria, pagamentos de assistência médica e pensões.

O pior de tudo é que a GM alcançou um divisor de águas nas quatro décadas de declínio de sua participação no mercado. A Toyota está na iminência de substituí-la como a maior montadora de automóveis do mundo. O fluxo de caixa da empresa agora é negativo: pela primeira vez desde o início da década de 1990, a GM gasta mais dinheiro do que obtém fabricando carros. Como sintetiza a *Business Week:*

> "Normalmente uma empresa em tal dificuldade se contrai até alcançar o equilíbrio. Qual seria o aspecto de uma GM saudável? Poderia ter cinco montadoras a menos, produzindo cerca de 4 milhões de veículos por ano na América do Norte em vez de 5,1 milhões. Isso reduziria sua participação nesse mercado para cerca de 20%, mas as fábricas estariam ocupadas de forma plena com uma demanda real, dependendo menos da oferta de descontos e de vendas baratas de carros para locação. Os trabalhadores disporiam de um plano de assistência médica de custo competitivo, entretanto recorreriam ao auxílio-desemprego do governo quando tempos difíceis exigissem demissões. Vendas de carros e operações financeiras rentáveis permitiriam um orçamento de pesquisa mais generoso, centrado em apenas quatro ou cinco divisões, e não em oito.
>
> Mas, para a GM, a redução não é uma opção possível. Em razão

de acordos sindicais, a montadora não pode fechar fábricas nem demitir trabalhadores sem pagar uma pesada multa, por mais que suas vendas e seus lucros caiam. Ela tem que manter as fábricas com no mínimo 80% da capacidade, sejam elas lucrativas ou não. Mesmo que interrompa suas linhas de montagem, a GM precisa indenizar os trabalhadores demitidos e bancar suas generosas pensões e assistência médica. A não ser que ela obtenha grandes concessões do sindicato, esses custos são fixos, pelo menos até a próxima rodada de negociações dos contratos de trabalho dentro de dois anos.

A folha de pagamentos da GM bombeia 8,7 bilhões de dólares por ano para os bolsos dos trabalhadores de suas linhas de montagem. Direta ou indiretamente, ela sustenta cerca de 900 mil empregos – de trabalhadores da indústria de autopeças a publicitários, vendedores de carros e fornecedores de material de escritório. Quando a GM interrompeu as atividades por 54 dias durante uma ação trabalhista em 1998, a taxa de crescimento da economia americana caiu um ponto percentual naquele trimestre. Assim, o que é ruim para a General Motors é, com certeza, ainda pior para os Estados Unidos."[1]

Mais de 100 anos atrás, a Fábrica Piquette, de Henry Ford (na esquina da Avenida Piquette com a Rua Beaubien, em Detroit), deu início à indústria automotiva americana moderna. Bill Ford agora enfrenta a possibilidade de presidir seu fim. Em janeiro de 2006, o CEO da Ford fez esta declaração extraordinária: "De agora em diante, nossos produtos serão projetados e montados para satisfazer o cliente, e não apenas para encher uma fábrica." *Elementar!*[2]

Nos negócios, na política e na vida privada, o abismo entre palavras e fatos aumenta quando o orgulho pessoal está envolvido. Muitas vezes, o problema não são as promessas feitas, mas as dificuldades escondidas. Na luta pelo desempenho, a *obrigação* de estar certo geralmente passa a dominar. Não se deixe enganar: confira o placar do jogo.

É o que fazem os consultores estratégicos. As empresas pagam milhões de dólares a esses profissionais para que, em essência, eles lhes digam qual é o placar do seu jogo. A McKinsey & Company e outras firmas de consultoria analisam os números – os fatos e as estatísticas – da empresa, avaliam a eficiência de cada unidade e de cada colaborador, examinam o mercado em que a companhia opera e, depois, fornecem orientações baseadas em fatos. Os consultores são muito bem remunerados porque quase sempre estão certos. Você pode fazer a mesma coisa analisando os placares do jogo no mundo à sua volta.

O INDICADOR DA EXCELÊNCIA

O placar do jogo poderia incluir o número de Prêmios Nobel concedidos – pelo menos os das ciências, que são menos políticos do que os outorgados nas categorias literatura e paz.

Antes da Segunda Guerra Mundial, a Europa ganhou 109 Prêmios Nobel nas áreas científicas, enquanto apenas 13 foram para os Estados Unidos. Desde 1969, porém, houve uma reviravolta: a Europa recebeu 90 prêmios e os Estados Unidos, 171 – uma mudança enorme na liderança científica global.[3] Voltarei a esse tema no capítulo 4 da parte II.

Anos atrás, ao realizar uma palestra em Tóquio, falei sobre como a imigração vinha reabastecendo continuamente o acervo de talentos dos Estados Unidos. Depois, observei que não era por acaso que o país possuía mais de 300 ganhadores do Prêmio Nobel, enquanto o Japão tinha apenas quatro. Um ouvinte na segunda fila observou: "Sim, mas, em sua maioria, esses vencedores do Nobel são pessoas de outros países que se mudaram para os Estados Unidos." Eu lhe agradeci por confirmar meu argumento.

FRIO? CALOR? FRIO?

A preocupação que existe hoje com o aquecimento global é análoga à que havia na década de 1970 sobre o resfriamento global. Ambas desnecessariamente alarmistas. Na minha infância em Utah, no fim da década de 1930 e na década de 1940, o grande temor se configurava como "a iminente era do gelo". A retórica naquela época sobre o resfriamento global e a de hoje sobre o aquecimento global é a mesma!

Em 1974, George Will, colunista americano ganhador do Prêmio Pulitzer, escreveu: "Alguns climatologistas acreditam que a temperatura média no hemisfério norte poderá cair dois ou três graus até o fim do século. Caso ocorra uma mudança climática desse tipo, haverá mortes em larga escala e revoltas sociais, porque a produção de grãos nas altas latitudes (no Canadá, no norte da China e na União Soviética) diminuirá." Bem, o fim do século chegou e foi embora, e agora se acredita que o clima esteja esquentando.

Também em meados da década de 1970 – 30 anos atrás –, um importante grupo de climatologistas reunido em Bonn fez o seguinte alerta: "Diante dos fatos da mudança climática atual, mesmo os especialistas mais otimistas têm quase certeza de que grandes perdas de safras ocorrerão dentro de uma década [em razão do resfriamento global]. Se as políticas nacionais e internacionais não levarem em conta essas perdas quase certas, isso resultará em mortes em massa pela fome e, provavelmente, em anarquia e violência, que poderiam elevar ainda mais o número de mortos."

O best-seller da época foi *The Cooling: Has the Next Ice Age Begun? Can We Survive It?* (O resfriamento: A próxima era do gelo já começou? Conseguiremos sobreviver a ela?), publicado em 1975 pela Prentice-Hall. Seu autor, Lowell Ponte, que também realizava muitas palestras sobre o assunto, afirmou que alguns dos cientistas mais conservadores do mundo alertaram sobre uma era do gelo que começaria no futuro próximo. "O resfriamento global apresenta à humanidade os desafios sociais, políticos e adaptativos mais importantes que teremos que enfrentar durante 10 mil anos. As decisões que tomarmos quanto ao resfriamento global são da máxima importância: em jogo estão a nossa sobrevivência, a de nossos filhos e a da nossa espécie", disse ele.

Em 1975, Nigel Calder, editor da revista inglesa *New Scientist*, afirmou: "A ameaça de uma nova era do gelo deve agora ficar ao lado da guerra nuclear como uma fonte provável de mortandade e miséria para a humanidade."[4]

Bem, você captou a idéia: a retórica é idêntica, o obsessivo sentido de urgência é semelhante.

Alguns dos mesmos cientistas que se mostravam histéricos em relação ao resfriamento global agora se revelam histéricos quanto ao aquecimento global.

No outono de 2005, a British Airways anunciou que daria aos passageiros uma chance de contribuir para a melhoria do clima mundial. Se eles pagassem alguns dólares extras em sua passagem, o dinheiro seria aplicado na redução das emissões de carbono da viagem. O resultado: menos de um em cada 200 passageiros se dispôs a colaborar. Isso não parece se afinar com as respostas que as pessoas dão nas pesquisas de opinião sobre a mudança climática. Será, porém, que esse comportamento se enquadra no que os economistas chamam de "preferências reveladas" – a idéia de que falar é fácil, mas que a melhor indicação sobre as crenças reais das pessoas são as decisões que elas tomam quando seu dinheiro está em jogo?[5]

Como o teor dos anúncios do desastre ambiental será visto nas próximas décadas? Em 28 de janeiro de 2006, o ex-presidente Bill Clinton disse, num discurso aplaudido com entusiasmo no Fórum Econômico Mundial em Davos: "Precisamos fazer um esforço global sério para desenvolvermos um futuro com energia limpa, a fim de evitarmos o início de outra era do gelo."

Depois, em 4 de fevereiro de 2006, o U.S. Minerals Management Energy Report observou: "As mortes de ursos polares são um forte sinal dos efeitos do aquecimento global. Pesquisadores do U.S. Minerals Management Service estão registrando um número crescente de mortes de ursos polares por afogamento, indício dos efeitos do aquecimento global sobre as calotas de gelo nos pólos."[6]

O DILEMA DO LEIGO

Em quem e no que devemos acreditar? Por onde começar? Lendo uma boa parte dos 963 livros sobre aquecimento global listados pela Amazon e, para manter um equilíbrio, lendo alguns dos 1.054 títulos sobre o resfriamento global e a iminente era do gelo?

Em meio a advertências e conselhos conflitantes, às vezes fica difícil saber em quem acreditar no que se refere ao meio ambiente. Não posso parar minha vida para passar os próximos dois ou 10 anos tornando-me um especialista nesse assunto nem em sustentabilidade. Ninguém pode. Mas tenho como usar minha experiência e capacidade de julgamento.

O debate é exacerbado pelo tom de superioridade daqueles que estão convencidos do aquecimento global. Esse tema se transformou numa religião, e as pessoas que não aceitam seus cenários catastróficos são consideradas infiéis que precisam ser banidos de qualquer fórum público.

Em todas essas questões, insisto que você "enfoque o placar do jogo". Qual o placar do "aquecimento global" ou, na forma politicamente mais neutra, "mudança do clima"?

Quase todos os cientistas reconhecem que o registro histórico das temperaturas revela um aumento em todo o globo de 0,4 para 0,8°C nos últimos 100 anos, e acredita-se que essa elevação possa ser causada em parte pela intensificação das emissões de gases. Nesse ponto termina o consenso. Além disso, há opiniões totalmente divergentes entre os cientistas. Por exemplo, se as alterações climáticas estão indo além das variações naturais no registro histórico das temperaturas. Existe uma divisão ainda maior entre os especialistas sobre se o clima se tornará mais quente.

Tanto os céticos quanto os proponentes do aquecimento global aceitam que, dada a variação natural, as temperaturas médias em qualquer ano no futuro poderiam ser mais quentes ou mais frias do que são hoje. Os partidários da idéia do aquecimento insistem que ele se tornará mais quente, enquanto os céticos não esperam nenhuma tendência de aquecimento nem de resfriamento, e sim alterações constantes.

Os que defendem a tese do aquecimento global afirmam que, na opinião da maioria dos cientistas, a elevação da temperatura continuará. E usam o "consenso" como prova científica. Mas consenso não é prova.

A National Academy of Sciences dos Estados Unidos emitiu um relatório em 2002 intitulado "Mudança Climática Abrupta – Surpresas Inevitáveis", no qual fez o seguinte registro: "As sociedades enfrentaram mudanças climáticas graduais e abruptas durante milênios e aprenderam a se adaptar através de diferentes mecanismos, como construir casas, desenvolver a irrigação na agricultura e migrar de regiões inóspitas (...) e é provável que a mudança climática continue nas próximas décadas."

Na Europa, a teoria do aquecimento global adquiriu uma aceitação maior do que em outras partes do mundo. A mídia daquele continente costuma confirmar o "apoio praticamente unânime" da comunidade científica a essa tese. No entanto, isso não muda o placar do jogo.

Acredito que o meio ambiente deva ser protegido e que a regulamentação é muitas vezes necessária. Seja lá quem tenha razão sobre o meio ambiente e a sustentabilidade, apóio a preservação ambiental porque os resultados são atrativos. Desejo ar puro e água limpa para todas as pessoas. Voto a favor da natureza. Contudo, exagerar, indo além do placar do jogo, distorce as prioridades da sociedade, e isso faz com que cidadãos e líderes tenham dificuldade para tomar as decisões mais acertadas.

Repito: em todas essas questões, "enfoque o placar do jogo". Qual é o placar do "aquecimento global" ou, na forma politicamente mais neutra, "mudança do clima"?

CONTANTO QUE...

Um prognóstico, literalmente o conhecimento antecipado, costuma se basear na experiência e em sua extrapolação, o pressuposto de que os parâmetros básicos atuais permanecerão mais ou menos os mesmos. Muitas vezes, esse cálculo é realizado sem levar em conta o talento inventivo do ser humano.

Na década de 1870, o ser que inspirava previsões catastróficas tinha quatro patas e boa digestão. Com o crescimento do contingente de pessoas ricas que viviam na Inglaterra, a quantidade de carruagens aumentou e, com isso, subiu também o número de cavalos que as puxavam. Todos eles produzindo excrementos.

Na cidade de Londres circulavam cerca de 50 mil desses animais. Cada um deles produzia entre 5 e 14kg de fezes e mais de 1l de urina por dia. Mais de 1.000t de excrementos eram recolhidas das ruas diariamente com o auxílio de carroças, puxadas por cavalos que, é claro, também defecavam. O cálculo dos especialistas era tão assustador quanto fácil: assim que o número de habitantes de Londres chegasse a 4 milhões, a cidade pereceria nos excrementos dos eqüinos.

Em tese, a conta dos especialistas estava correta. Mas nesse ínterim o automóvel foi inventado.

Qual galo canta mais alto?

Os ambientalistas costumam exagerar os problemas para alarmar as pessoas e obter apoio para suas causas. No livro de 1980, *The Sinking Ark* (A arca que está naufragando), Norman Myers, ecologista da Universidade de Oxford, estimou que uma espécie se extinguia a cada dois dias. Em 1999, Paul Van Develder, do *Seattle Times*, escreveu: "Sabemos que, 20 anos depois, os zoólogos e botânicos avaliam que as diferentes atividades do *Homo sapiens* aceleraram a taxa de extinção para um número inacreditável (você está preparado para esta notícia?) de 75 espécies por dia."[7]

Isso equivale a 27.375 espécies por ano. Em pouco tempo, esse número foi elevado para uma perda anual de 40 mil espécies. Ora, a intuição e o bom senso mostram que isso não pode ser verdade. No entanto, essa cifra vive ressurgindo na mídia. Ela não se baseia em nenhum indício, mas na exagerada afirmação feita pelo Dr. Myers num artigo de 1979 de que 1 milhão de espécies poderiam ser extintas entre 1975 e 2000, o que acaba resultando em 40 mil espécies por ano. Esse número tem sido repetido de forma incessante e acrítica pelos meios de comunicação. Ele tem vida própria.[8]

A World Conservation Union, que mantém um livro de registro das espécies ameaçadas, declarou em 1992 que o número de aves e mamíferos dizimados era pequeno e que a taxa total de extinções de espécies – supondo-se a existência de 30 milhões delas – estava provavelmente em torno de 2.300 por ano. Mas ninguém sabe se essa informação está correta.

Há pouco tempo, o Dr. Myers repetiu sua estimativa de 40 mil por ano, fazendo a seguinte advertência: "Estamos nos estágios iniciais de um holocausto biótico causado pelo ser humano." Seu descaso irresponsável e imprudente pela integridade científica é típico de um grande número de ambientalistas, além de mostrar desprezo pelos poderes de sustentabilidade da natureza.

Cenários de horror desgastam-se quando são repetidos muitas vezes sem que o evento ocorra. Alguns perigos, por outro lado, não são atrativos o suficiente para conseguir um lugar nos noticiários diários de tragédias.

À sombra do tubarão

Aquele era seu segundo dia na ilha. O sol erguia-se do oceano suavemente agitado, pássaros entoavam suas canções matinais. Ela foi uma das primeiras a chegar à praia, passeando entre os coqueiros, curtindo a brisa fresca. A morte surgiu sorrateira. Um breve estalo ao se soltar da árvore, um som que ela não percebera antes, e uma fração de segundo depois o coco rachava-lhe a cabeça.

Notícia de última hora na televisão? O coco assassino volta a atacar? O diabo verde mata turista? Nada. Cocos assassinos não dão audiência. Não possuem dentes aterrorizantes nem barbatanas que cortam as águas, causando pânico na praia. No caso dessas frutas, estão em operação apenas as regras do amadurecimento, da gravidade e da coincidência. Apesar de ignorada, a queda de cocos fere gravemente ou mata mais pessoas do que ataques de tubarão – estes, porém, são sempre noticiados pela mídia. "Tubarão! Tubarão!" é algo que vende.

De acordo com George Burgess, diretor do Arquivo Internacional de Ataques de Tubarão da Universidade da Flórida e um célebre pesquisador desses animais, "a queda de cocos mata 150 pessoas no mundo a cada ano, um número 15 vezes maior do que o das fatalidades atribuídas a tubarões".[9] De fato, a última estatística de Burgess mostra que, em 2002, 2003 e 2004, o número total de mortes por ataques de tubarão no mundo foi de apenas 14.

Ataque de tubarão é notícia, mas queda de coco não. Portanto, não é a probabilidade que conta, e sim o teatro da morte. E, mesmo quando essa fruta aterrorizante e tão negligenciada enfim vira notícia, é por causa de um prêmio desconhecido: o Prêmio IgNobel.*

Prêmio IgNobel

"Ferimentos Decorrentes da Queda de Cocos" foi o título de um artigo publicado pelo *Journal of Trauma*, em que o Dr. Peter Barss descreve nove acidentes em Papua Nova Guiné – no caso em questão, nenhum deles fatal. O Dr. Barss observa que o coqueiro médio naquela parte do mundo alcança uma altura de 23m, e que um coco pode pesar quase 2kg – assim, essa fruta cairia a uma velocidade de cerca de 80km por hora. Muitas vítimas sofreram fratura craniana.[10]

O artigo recebeu o Prêmio IgNobel, concedido todos os anos em Harvard pelos editores de *Annals of Improbable Research* (Anais da pesquisa improvável) em reconhecimento a pesquisas que "não podem ou não deveriam ser reproduzidas". O prêmio foi outorgado

*Trocadilho inglês com a palavra *ignoble*: Prêmio Ignóbil. (N. do T.)

em 2001, embora o artigo tenha sido publicado em 1984. Parece que as notícias levam um bom tempo para chegar a Cambridge.

O circo das sensações

As más notícias costumam desenvolver vida própria. Os placares mudam, não tanto nos esportes, mas freqüentemente na vida, em especial na ocorrência de desastres, acontecimentos que envolvem políticas de todos os tipos. Nas catástrofes, os números iniciais, altos ou baixos, muitas vezes não se comprovam. Nesses casos, é prudente aguardarmos por resultados confiáveis. O placar foi de fato trágico no tsunami asiático de 2004, quando o total de mortos ultrapassou 250 mil. É comum, porém, os placares caírem quando a verdade, e não a opinião, dá origem aos números.

As primeiras estimativas das mortes causadas pelo furacão Katrina, que atingiu sobretudo Nova Orleans em 2005, chegaram a 10 mil. Alguns relatórios diziam que o número final poderia ser 100 mil. Agora sabemos que o número total de mortos foi de cerca de mil, o que já é trágico.

O acidente de Chernobyl, ocorrido em abril de 1986, é outro exemplo. Quando o reator nuclear explodiu nessa cidade da Ucrânia, soaram alarmes apocalípticos de que rebanhos seriam dizimados no restante da Europa. Alemães e austríacos, entre outros, foram vacinados para não morrer em decorrência de doenças da radiação. Especialistas previram que até 800 mil novos tipos de câncer afetariam os seres humanos nas décadas seguintes. Agora, novos estudos das Nações Unidas e de órgãos governamentais revelam que 56 pessoas morreram de causas relacionadas à radiação de Chernobyl, 47 das quais funcionários da usina que pereceram na explosão ou no incêndio subseqüente. Cerca de 4 mil crianças desenvolveram câncer na tireóide – quase todas se curaram e apenas nove morreram.[11]

É da natureza dos seres humanos virar a informação na direção das conclusões desejadas.

Não se pode adulterar o placar do jogo

Faça dos esportes um modelo. Quando uma partida de futebol termina em 3 x 1, esse é o placar do jogo. O resultado não muda por causa de justificativas, de elogios nem de explicações do time perdedor ou da equipe vencedora. Nos negócios, o desempenho das empresas não melhora em razão da retórica dos CEOs. A geopolítica e as atividades culturais não são moldadas pelo que é dito, mas pelo que se faz ou se deixa de fazer. O que importa é o que está acontecendo em termos práticos. Os placares do jogo político serão abordados no capítulo 3 da parte II. Concentre-se no placar do jogo com o qual você está lidando, comparando-o com as tabelas de resultados do vôlei ou do basquete. Sua simplicidade e confiabilidade fornecem o padrão para medir a precisão e a relevância da informação. A complexidade muitas vezes é usada como instrumento de camuflagem, enquanto a simplificação promove a transparência. Tudo isso ajuda na compreensão do presente, o que é o primeiro passo para o entendimento do futuro.

MODELO MENTAL 4

Compreenda o poder que há em não precisar estar certo

UM INCONFORMISTA MODESTO

Não foi um grande início para aquele jovem. Embora tivesse estudado física na Escola Politécnica de Zurique, sua dissertação fora rejeitada. O professor lhe disse: "Você é muito inteligente, mas tem um enorme defeito: nunca ouve ninguém." Soa como um comentário apropriado sobre alguém que acreditava que "a escravidão da autoridade é um dos piores inimigos da verdade".

No início do século XX, uma atitude desse tipo não era exatamente algo que abrisse portas, e o jovem foi o único entre os quatro graduados da sua turma que não conseguiu emprego na área acadêmica, apesar de enviar pilhas de currículos. Mesmo assim, não perdeu a autoconfiança: "Viva a insolência! Ela é meu anjo da guarda neste mundo." Após um intervalo como professor numa escola em Schaffhausen, por fim ele foi contratado como examinador de patentes em Berna. Seu nome: Albert Einstein.[1]

A partir de 1902, começou a passar 48 horas por semana sentado à mesa, no escritório de patentes, convencido de que nascera para criar algo grandioso, mesmo que fosse à noite. Em 1905, Einstein escreveu uma carta ao matemático Conrad Habicht, seu amigo da época em que esteve em Schaffhausen:

Caro Habicht,

Tamanho ar de silêncio caiu entre nós que me sinto quase cometendo um sacrilégio ao rompê-lo agora com uma tagarelice inconseqüente. Ora, o que você tem feito, sua baleia congelada, seu pedaço defumado, desidratado e enlatado de linguado? Por que ainda não me mandou sua dissertação? Não sabe que sou um dos 1,5 camaradas que a leriam com interesse e prazer, seu infeliz? Prometo-lhe quatro artigos em troca.

O primeiro trata da radiação e das propriedades energéticas da luz e é bem revolucionário, como você verá se me enviar seu trabalho primeiro. O segundo artigo traz um cálculo do verdadeiro tamanho dos átomos. O terceiro prova que corpos na ordem de magnitude de 1/1.000mm, suspensos em líquidos, já devem realizar um movimento aleatório observável que é produzido pelo movimento térmico. O quarto artigo ainda não passa de um rascunho e é sobre a eletrodinâmica dos corpos em movimento, que emprega uma modificação da teoria do espaço e tempo.[2]

O que Einstein, aos 26 anos, chamou depreciativamente de "tagarelice inconseqüente" foi uma das declarações mais espantosas já expressas por um ser humano. Ela catapultou a física do século XIX ao século XX e transformou seu autor num dos maiores gênios do século. Como foi possível um só homem abalar os fundamentos da física? Com certeza, ele não se tornou singular apenas por causa do seu humor jovial. Em 1905 – o *annus mirabilis*, ou "o ano do milagre", como o chamamos agora –, além da teoria da relatividade, surgiu a segunda grande mudança no pensamento em mecânica quântica. Com esses dois artigos, Einstein criou uma nova base sobre a qual seus sucessores edificariam a casa da física moderna.

Como se esses esforços não bastassem, ele os coroou no final do ano. Habicht recebeu outra carta sobre uma idéia que Einstein chamou não apenas de cativante, mas também de engraçada: "Pergunto-me se Deus vai rir, pois Ele estava brincando de me enganar."

Nascia a fórmula $E = mc^2$.

Einstein iluminou o universo oculto do tempo e do espaço. Como especulou um de seus biógrafos, Albrecht Fössling, foi uma vantagem que "um homem de tal posição não tenha se preocupado em se envolver em discussões com os principais cientistas, e sim passado bastante tempo com seus pensamentos em sua própria diáspora". Albert Einstein concedeu-se a liberdade de imaginar – a liberdade de fazer associações que de outra forma não veria – com a disposição de ser surpreendido por qualquer resultado. Ele se concentrou na substância, e não no ego.

Muitas pessoas tentaram explicar a genialidade do examinador de patentes de Berna. Howard Gardner, o especialista em inteligência de Harvard, acreditava que Einstein fora capaz de descobrir tantos segredos da natureza porque nunca perdera a ingenuidade infantil e o chamava de "eterna criança". Certamente, a grande preocupação de Einstein não era se suas tentativas seriam refutadas, e sim não deixar de perceber nenhuma bifurcação no caminho. Em 22 de setembro de 1911, ele escreveu a Wilhelm Julius:

> *Caríssimo Colega:*
>
> *(...) Ficaria profundamente satisfeito se você me revelasse com toda a franqueza sua opinião sobre esta questão. Afinal, sei muito bem que minha teoria repousa sobre uma base instável. A estrada que tomei pode ser a errada, mas tinha que ser testada.*

Em 27 de outubro de 1912, ele escreveu para outro conhecido, o astrofísico Erwin Freundlich:

> *Meus estudos teóricos estão progredindo rápido após uma pesquisa indescritivelmente meticulosa, de modo que há boas chances de que as equações para a dinâmica geral da gravitação sejam logo definidas. A beleza disso é que podemos evitar pressupostos arbitrários, assim não há nada a ser "remendado". Pelo contrário, a coisa toda será verdadeira ou falsa.*

Na iminência de uma descoberta revolucionária, a tentação de lutar para estar certo ganha muitos adeptos. Mas erguer-se contra os conceitos consagrados de tempo e espaço, energia e matéria não deixa margem para a necessidade de ter razão. Einstein, com todos os seus sentimentos, temores e esperanças, estava em busca de leis universais e imutáveis – daquilo que fosse certo, e não de quem estava certo.

Poucos de nós chegam tão longe quanto Einstein, no entanto a necessidade de abrir mão da obrigação de ter razão não diminui com objetivos mais modestos. O que é certo – e não quem está certo – permanece o padrão: na vida privada, nos negócios e na política.

Quando escrevo sobre o futuro, não posso ter medo de que minhas conclusões se revelem falsas mais à frente. No final, preciso fazer um julgamento, e ele tem que ser o mais embasado possível. Porém, só posso imaginar alguma coisa ou sugerir algo quando não tenho a obrigação de estar certo. Mesmo assim, algumas afirmações pareciam totalmente improváveis na época em que as escrevi.

OUSE

Uma das conclusões que apresento em *Megatendências*[3] e que provocou uma reação vigorosa foi que as mais ambiciosas redes de televisão dos Estados Unidos – NBC, CBS, ABC – estavam iniciando uma longa jornada descendente, pois seu público seria atraído pelas ofertas emergentes – mas então incipientes – da televisão a cabo. Na época (1982), acreditar que aquelas gigantescas empresas de entretenimento pudessem perder importância era algo que a maioria das pessoas considerava ridículo. Lembro-me de uma palestra que realizei sobre o tema na Advertising Association of America (bem no covil do leão), no Hotel Greenbrier. No dia seguinte, o colunista de publicidade do *New York Times* escreveu sobre minha apresentação, dizendo o seguinte: "Qualquer um que creia nisso é doido." Talvez os fatos viessem a me desmentir, contudo me parecia que os meios de comunicação que abordavam assuntos de interesse geral estavam em declínio em todo o país. As principais revistas nessa linha – *Life*, *Look* e *Saturday Evening Post* –, com tiragens de 10 milhões, já haviam falido e sido substituídas por centenas de revistas especializadas. Parecia claro para mim que a ABC, a CBS e a NBC se tornariam a *Life*, a *Look* e a *Post* dos anos que estavam por vir, pois seu público seria arrebatado pelas opções crescentes da televisão a cabo, que estava se aperfeiçoando. Hoje em dia, a participação conjunta no mercado das chamadas três grandes redes oscila em torno de 11%.

DIRIGIR NA CONTRAMÃO

É possível que todos os outros estejam errados?

Durante décadas, a teoria médica universalmente aceita era a de que as úlceras se deviam ao estresse, ao tabagismo e ao álcool. Acreditava-se que o estresse levava o corpo a produzir suco gástrico em excesso, e esse líquido corroía a mucosa do estômago. A cirurgia constituía o tratamento-padrão.

Em determinado momento, porém, dois médicos australianos, Robin Warren e Barry Marshall, afirmaram que as úlceras eram causadas por uma classe ainda desconhecida de bactéria – afirmação tão ousada quanto dirigir na contramão numa rodovia, insistindo que todos os outros motoristas é que estão na direção errada.

Em 1983, o Dr. Marshall começou a ter sucesso tratando pacientes de úlcera com antibióticos. Ainda naquele ano, numa conferência médica na Bélgica, perguntaram-lhe se ele acreditava que as bactérias eram as causadoras de algumas úlceras estomacais. O Dr. Marshall afirmou enfaticamente que, em sua opinião, esses microrganismos provocavam todas as úlceras de estômago. Estariam os demais especialistas da área viajando na direção errada? Como aquilo era possível?

"Não havia como derrubar o dogma", ele diria mais tarde. O Dr. Marshall retirou-se do palanque sob vaias naquela conferência e em outros eventos científicos. "O plano deles era calar-me, afastar-me da gastrenterologia e fazer de mim um clínico geral no fim do mundo", disse o jovem médico de Perth.[4] A comunidade médica internacional manteve-se firme contra a idéia impertinente de que havia uma bactéria causadora da úlcera.

Em outubro de 2005, os doutores Warren e Marshall receberam o

Prêmio Nobel de Medicina pela descoberta da "bactéria da úlcera". A comunidade médica levara mais de uma década para deixar de prescrever antiácidos e começar a receitar antibióticos para esse problema. É apavorante pensar na dor e no custo coletivos terríveis que foram causados apenas porque os profissionais da área não queriam admitir que pudessem estar errados.

A obrigação de estar certo tolhe a mente

As pessoas são culturalmente condicionadas a terem que estar certas. Os pais têm razão, o professor tem razão, o gerente tem razão. Quem está certo predomina sobre o que está certo. Casais envolvem-se em brigas homéricas sobre assuntos que são esquecidos assim que a discussão sobre quem tem razão passa a dominar.

Os partidos políticos institucionalizaram a obrigação de estar certo. Com que freqüência um deles acolhe a posição de um adversário? Imagine se toda a energia de tentar provar que o outro lado está errado fosse canalizada para uma reflexão a respeito do que seria melhor, qualquer que fosse o tema da discussão. Ainda mais grave: a obrigação de estar certo torna-se uma barreira ao aprendizado e à compreensão. Impede que o indivíduo cresça, pois não há aprimoramento sem mudança, correção e autoquestionamento.

Se a pessoa precisa ter razão, ela se coloca num caminho cercado. No entanto, uma vez que experimente o poder de não ter que estar certa, ela se sentirá como se estivesse andando por um campo aberto, com uma perspectiva abrangente e pés livres para dar qualquer guinada.

MODELO MENTAL 5

Veja o futuro como um jogo de quebra-cabeça

A SEQÜÊNCIA É INIMIGA DAS ASSOCIAÇÕES

Eugene Fubini, o brilhante diretor de pesquisa da IBM no tempo em que trabalhei nessa empresa, adorava começar seus seminários científicos com esta pergunta: "Qual é o próximo número da seqüência 4, 14, 23, 34, 42?" Ninguém jamais acertou. A resposta era 50, a parada seguinte na linha da Oitava Avenida do metrô de Nova York, após a da Rua 42. Fubini sempre flagrava o público num padrão de pensamento voltado para a seqüência numérica. A palavra "seqüência" origina-se do latim *sequo*, que significa "seguir", e descreve a consecutividade de coisas semelhantes: na música, é repetir um motivo melódico e rítmico, subindo ou descendo os graus da escala; no cinema, a ordem significativa das cenas; na matemática, uma seqüência segundo uma fórmula. Mas, para explorar, temos que fazer associações entre coisas que parecem não combinar, que não estão obviamente relacionadas e que, às vezes, dão a impressão de ir contra o bom senso e as fórmulas.

COLHA AS FRUTAS MADURAS

Alguém já conseguiu solucionar um jogo de quebra-cabeça colocando primeiro as peças em linha reta?

Meus professores de História ensinavam a matéria de modo seqüencial. O passado era disposto ano após ano, país por país. No final, meus colegas e eu conseguíamos recitar datas e eventos. Porém, não éramos capazes de entender como os eventos, as datas e os países estavam interligados e como se influenciavam mutuamente. Só sabíamos a marcha da história criada em retrospectiva. Os historiadores e analistas costumam recorrer a uma série ordenada de acontecimentos, um passo após o outro, para explicar o passado. No entanto, o passado, o presente e o futuro mostram-se um emaranhado de saltos, tramas, guinadas e reviravoltas à medida que cambaleamos pela vida num mundo que, como disse Salman Rushdie, "agora está tão entrelaçado que, para explicar um homicídio na Califórnia, precisamos entender a história da Caxemira".[1] Somente as estatísticas podem ser extrapoladas – não o futuro –, e sabemos muito bem como é possível manipulá-las para distorcer um cenário. Fazer associações requer mais intuição do que cálculo.

Cada avanço revolucionário rompe com conceitos antigos. Essa é a natureza da mudança. As descobertas surgem de algo que já existe. Maçãs maduras sempre caíram no chão, no entanto Isaac Newton viu "o sentido mais profundo disso".[2] A Terra sempre girou em torno do Sol, porém Copérnico e Galileu observaram os fatos e fizeram as associações.

Os gênios costumam se basear em detalhes que muitas pessoas conseguem ver, mas que não são capazes de associar. Einstein foi um mestre em detectar e associar. Nos anos que passou na universidade, ele realizou um trabalho de base e estudou os mestres da física teórica com uma "avidez sagrada". Em pouco tempo, conseguiu formar um enorme panorama – do macroscópico ao microscópico, do cosmo às partículas subatômicas – que ele renovava continuamente analisando os informes científicos mais recentes. Einstein aperfeiçoou o que havia nessa área, questionando o que seus predecessores haviam estabelecido, e apontou contradições lógicas na estrutura da física. Porém, o que se conhecia antes dele? Que passo importante o levou além de tudo o que já tinha sido pensado até então?

Quase nenhuma das fórmulas empregadas por Einstein no célebre trabalho "Sobre a eletrodinâmica dos corpos em movimento" era de fato nova. Na realidade, muitas delas haviam se tornado propriedade comum dos especialistas. O Dr. Jürgen Renn, historiador berlinense e diretor do Instituto Max Planck, afirmou: "Muitos dizem que Einstein criou a teoria da relatividade a partir do nada. Na verdade, porém, ele se limitou a colher frutas maduras", o que não diminui o papel fundamental desse cientista. Renn continuou: "A pergunta permanece: por que ele optou por colher aquelas frutas? Ainda que sua maior aptidão fosse ser um talentoso colhedor de frutas, ele não poderia ter escolhido uma época melhor para fazer isso. Nunca antes tantas maçãs maduras haviam pendido da árvore da cognição física. Mas elas pendiam tão escondidas que somente um olho muito perspicaz seria capaz de localizá-las."[3]

De fato, a maioria das "frutas maduras" pode ser vista por muitas pessoas em diferentes campos. Contudo, apenas por meio das associações apropriadas as "frutas" individuais formam um cenário compreensível e começam a fazer sentido.

O FUTURO É UM JOGO DE QUEBRA-CABEÇA

O futuro é uma coleção de possibilidades, rumos, eventos, reviravoltas, avanços e surpresas. Com o passar do tempo, tudo encontra seu lugar e, juntas, todas as peças formam um novo cenário do mundo. Numa projeção do futuro, temos que prever onde esses elementos se encaixarão. Portanto, quanto melhor entendermos as associações, mais preciso será o cenário.

Às vezes, num esforço para me familiarizar com o acaso, faço anotações em cartões sobre eventos, fenômenos, modismos e surpresas. Depois embaralho os cartões, abro-os em leque e volto a embaralhá-los, sempre observando se cada uma daquelas justaposições aleatórias me fornece idéias diferentes, associações que eu não havia observado, uma forma original de dispor os fatos num padrão novo e esclarecedor.

Não faz sentido colocar as peças em linha reta. Precisamos encontrar aquelas que se encaixam, que se entrelaçam e se associam. Não começamos de mãos vazias. Existem sempre as peças constantes, as coisas que não mudam – elas são a base. Depois, temos que escolher as que são pertinentes ao nosso assunto, àquele quebra-cabeça em que estamos nos concentrando, e começar a procurar quais lados combinam e se completam. Talvez sejam necessárias muitas tentativas, porém eventos que, quando enfileirados, parecem totalmente sem ligação começam a mostrar sua coerência quando vinculados à sua peça correspondente. Einstein pode ter dado altos vôos; contudo, na simplicidade de um gênio, selecionou e colheu as frutas maduras e as colocou no lugar certo. Não importa em que trabalhamos, os princípios dos 11 Modelos Mentais apresentados neste livro nos ajudarão a escolher, avaliar e posicionar as peças individuais.

O comentário que eu mais ouvia sobre o *Megatendências*[4] era mais ou menos assim: "De alguma forma, eu já sabia quase todas as coisas do seu livro, mas você juntou as peças para mim." A descrição de que eu mais gostei a respeito do meu trabalho é a de que colho frutas maduras. A questão é o que colher e onde colocar essas coisas. O propósito deste livro é ajudá-lo a fazer isso.

Quando criei minha empresa, a Urban Research Corporation, o quebra-cabeça que precisei resolver foi descobrir o que estava de fato acontecendo no meu país. Como você leu na introdução, a epifania que tive ocorreu na hora certa. Eu sabia que os Estados Unidos são uma sociedade predominantemente *bottom-up* ("de baixo para cima"), isto é, onde os fatos partem de pequenas e múltiplas subunidades para uma unidade maior, e que as peças do meu quebra-cabeça seriam encontradas nos jornais de todo o país em suas coberturas de eventos locais.

Tendências e idéias começam em pequenas cidades e comunidades locais, como Tampa, Denver e Seattle, e não em grandes centros urbanos, como Nova York e Washington. Monitorando esses dados altamente localizados, vi os padrões emergentes de uma nova sociedade sendo moldados bem devagar. Cada fragmento de informação, cada peça do quebra-cabeça, acabou encontrando seu lugar. Quando li sobre a alta tecnologia que vem sendo empregada por nossos hospitais nos transplantes cardíacos e nas tomografias do cérebro e, depois, quando tomei conhecimento da realização de mais massagens e orações nesses mesmos hospitais, percebi que esses fatos se combinavam e completavam minha fórmula "alta tecnologia/alto contato humano". Identifiquei a interação, a associação entre o lançamento de tecnologias e nossa reação equilibradora. As peças se juntaram num cenário de como parecemos estar sempre aprendendo a harmonizar as maravilhas materiais da tecnologia com as necessidades espirituais da natureza humana.

Misture e combine até ver o novo cenário

Se queremos antever o futuro, existem sempre algumas peças do quebra-cabeça com as quais podemos começar, as primeiras coisas que chamam nossa atenção. Os 11 Modelos Mentais orientarão você a colher as frutas certas e formar o cenário do futuro no qual está interessado. Procure as peças do placar do jogo e não tenha medo de errar ao tentar colocá-las no lugar. Continue examinando-as e procurando suas associações – aquelas que se encaixam irão lentamente formar o novo cenário.

Todos os cinco cenários do futuro, na parte II deste livro, foram desenvolvidos dessa maneira. O capítulo 1, por exemplo, apresenta as oito peças que me levaram à conclusão de que uma cultura visual está conquistando o planeta. O capítulo 2 concentra-se em como as peças do quebra-cabeça econômico do mundo serão rearranjadas em novas formas de avaliar os dados e as realizações referentes a essa área. Os capítulos 3 e 4 são dedicados ao renascimento da China e ao declínio da Europa, respectivamente. Por fim, o capítulo 5 fornece um cenário geral do caráter e da seqüência das mudanças revolucionárias e do período de evolução que se segue a elas.

Na previsão do futuro, a idéia do quebra-cabeça funciona não apenas em grande escala, mas em qualquer área de interesse e atividade. Os limites desses cenários são decididos por você.

MODELO MENTAL 6

Evite ficar muito à frente do desfile para não parecer que você nem faz parte dele

OS LUMINARES DA RENASCENÇA

A história da civilização mostra que as coisas progridem. A expectativa de vida, as condições de vida e a liberdade de escolha melhoraram através dos milênios, apesar dos retrocessos e das deficiências. O que distinguiu os homens e as mulheres que lideraram essa marcha?

Alguns deles foram como Einstein e preferiram se desligar dos valores, das regras e das expectativas de sua época para alcançar metas mais altas. O preço pago costumava ser a inveja e o ressentimento, quase uma conseqüência natural quando conceitos e conhecimentos consagrados são desafiados por descobertas revolucionárias. Os japoneses têm um ditado bem direto: "O prego que se levanta leva uma martelada."

Muitos cientistas, inventores e filósofos que lideraram desfiles rumo ao esclarecimento e ao progresso receberam marteladas. Através dos séculos, alguns deles foram forçados a voltar ao desfile do establishment. Em geral à frente de seu tempo, eles atrapalhavam os poderosos e assim esbarravam em restrições. Nada os deteve mais fortemente do que os dogmas religiosos, mesmo em tempos de grande renovação intelectual.

No século XIV, teve início um dos períodos mais inovadores da história humana, mais tarde denominado Renascença. Homens e mulheres ergueram-se para romper os grilhões da mentalidade da Idade Média e abrir as portas à era moderna. Sedentos por conhecimento, ávidos por ação e com grande curiosidade, criaram a base da civilização moderna.

OBSTÁCULOS NO CAMINHO DO DESFILE

Os céus louvam a glória do Eterno;
Seu som propagando-lhe o nome.
Pelo globo louvado, pelos oceanos honrado;
Ouvi, ó humanos, sua palavra divina!
Quem conduz os céus e suas incontáveis estrelas?
Quem guia o Sol para fora do seu dossel?[1]

Essas são as palavras de um hino que Ludwig van Beethoven musicou no século XIX (*Lied Op. 48 n. 4*). E o controle de Deus sobre os céus era bem maior no início da Renascença, quando a Igreja Católica, ainda não desafiada por Martinho Lutero, exercia pleno poder e o clero se encarregava da ciência e da educação. Entretanto, aceitava-se amplamente que a Terra era um globo. Eratóstenes (em torno de 250 a.C.) calculou o que Aristóteles e muitos marinheiros haviam especulado: que a Terra era uma esfera com uma circunferência de cerca de 40.000km.[2] Mas a doutrina dizia que nosso planeta se localizava no *centro* do universo, e a Igreja seguia com rigor a teoria de Cláudio Ptolomeu, o sistema geocêntrico (a Terra no centro) estabelecido no século II.

Um homem rebelou-se contra isso. Contradizendo a teoria ptolemaica oficial, Nicolau Copérnico, nascido na Polônia em 1473, elaborou uma descrição pioneira do sistema solar com total detalhamento matemático: a Terra girando em torno do Sol. Temeroso de que suas idéias provocassem problemas com a Igreja, ele protelou a divulgação de seu trabalho. Somente pouco antes de morrer, em

1543, permitiu que um de seus discípulos, Rheticus, publicasse o manuscrito original – *De Revolutionibus Orbium Coelestium* (Sobre as revoluções das esferas celestes). Mas um prefácio não autorizado foi acrescentado para minimizar a obra de Copérnico com a informação de que seu conteúdo não passava de um recurso para simplificar os cálculos.

Vinte anos depois, em 1564, nascia Galileu Galilei. Cientista e filósofo italiano, ele possuía talentos variados, inclusive tocava alaúde e pintava. Tornou-se uma figura-chave na compreensão da astronomia e estabeleceu os fundamentos do entendimento correto da dinâmica e da gravidade. Investigou também a coesão (a atração intermolecular pela qual os elementos de um corpo se mantêm unidos). Ele não estava apenas liderando o desfile das descobertas científicas. Atribui-se também a esse cientista a invenção do conceito do relógio de pêndulo – já em 1582, Galileu teria estudado o movimento de um pêndulo e até esboçado um relógio desse tipo, embora não tivesse chegado a construí-lo. Retornaremos ao relógio de pêndulo no capítulo 5 da parte II.

Não surpreende que Galileu, um gênio universal, passasse a se interessar pelos segredos do céu. Em 1609, depois de anunciada a descoberta das lentes na Holanda, ele foi um dos primeiros a usar o telescópio para observar o firmamento. Construiu um telescópio refrator com um poder de ampliação de 20 vezes – estupendo na época, mas inferior ao de um telescópio amador moderno – e com ele observou o céu. Ao descobrir que Vênus, à semelhança da Lua, percorre um conjunto completo de fases, apresentou os primeiros dados empíricos que permitiram um teste entre os sistemas ptolemaico e copernicano. O teste provou que o sistema de Ptolomeu, além de mais complicado, era incorreto. A descoberta abalou os fundamentos das visões teológica e filosófica do mundo.

Galileu publicou os elementos principais de sua mecânica celeste no *Diálogo sobre os dois maiores sistemas do mundo: ptolemaico e copernicano* (1632). Supunha-se que fosse um debate objetivo sobre os dois sistemas. Infelizmente, Galileu pôs o argumento favorito do Papa na boca de um dos personagens que era apresentado como tolo e despreparado. Não escapou impune. A Igreja Católica, que levara 73 anos para proibir o *De Revolutionibus Orbium Coelestium*, de Copérnico, foi mais rápida no caso de Galileu: seu célebre julgamento e sua retratação ocorreram num período de cinco meses. Pelo resto da vida, ele teve que viver em prisão domiciliar em sua vila perto de Florença. Os obstáculos no caminho interromperam todo o desfile.

"Em questões de ciência, a autoridade de mil não vale o humilde raciocínio de um único indivíduo", disse Galileu. A Igreja podia fazê-lo tropeçar, mas não conseguiu impedir o esclarecimento com o passar do tempo.

HORA DE DAR O SALTO

Cerca de 200 anos depois, um inglês, Charles Robert Darwin, estava prestes a não apenas abalar as ciências naturais e os dogmas religiosos como a desafiar Deus. Àquela altura, a Igreja Católica havia, até certo ponto, perdido o controle da ciência e da educação. Em 1436, Gutenberg deu os primeiros passos no processo de invenção da máquina impressora (concluída em 1440), que abriu para as pessoas comuns o acesso à palavra escrita.[3]

A Bíblia e sua mensagem passaram a alcançar uma população bem maior, assim como a literatura científica. Logo depois, em 1520, ocorreu a Reforma. Em 1534, na Inglaterra, Henrique VIII enfraqueceu ainda mais a Igreja Católica ao se desligar dessa instituição e criar a Igreja Anglicana.

Nos séculos XVII e XVIII, foi o Iluminismo que impeliu o processo de emancipação de uma visão de mundo medieval e cristã. Ele libertou nosso pensamento de concepções e ideologias obsoletas e rígidas. O Renascimento, a descoberta da América, a máquina de imprimir, que estendeu o acesso à educação a uma população bem maior, montaram o cenário.

Um dos representantes do Iluminismo, Immanuel Kant, inspirou uma época cada vez mais voltada para a vida terrena, "usando o próprio bom senso" e "fugindo da dependência auto-infligida" para assumir o controle da própria vida. Outro expoente, Francis Bacon, costuma ser citado pela frase: "Conhecimento é poder."

Igualmente importante foi a dinâmica do Iluminismo, que restringiu de modo significativo o poder da Igreja. Criaram-se novas unidades de medida e as leis foram reformadas com base em critérios racionais. Um novo sistema monetário passou a vigorar.

Em 1789, a Revolução Francesa marcou o fim desse movimento. O clamor por liberdade, igualdade e fraternidade não abalou apenas a França – nesse país e na Polônia foram criadas as primeiras constituições democráticas da Europa moderna. Em 1787, do outro lado do Atlântico, entrou em vigor a constituição americana como uma base política e judicial.

Além disso, no fim do século XVIII, a Revolução Industrial difundiu-se da Grã-Bretanha para a Europa Ocidental e Central e também para os Estados Unidos. A mudança rápida de sociedades agrárias para sociedades industriais modificou os sistemas sociais e de trabalho.

A era moderna estava a caminho. O humanismo e o Iluminismo haviam rompido a rígida e antiga ligação entre Estado e religião, levando a uma secularização crescente e à separação entre Igreja e Estado. Mas um dogma havia sobrevivido a todas as reformas e ao desarmamento das Igrejas: a criação da Terra e do homem por Deus. Agora esse dogma estava prestes a ser desafiado pela primeira vez.

Satisfazendo o desejo do pai, o jovem Charles Darwin começou a estudar medicina, mas logo desenvolveu aversão à anatomia e ao duro processo da cirurgia. Seu interesse se voltou para a história natural. Preocupado com o filho por considerá-lo um inútil, seu pai decidiu enviá-lo ao Christ's College, em Cambridge, para que se tornasse clérigo – uma boa mudança de carreira na época. Os párocos anglicanos tinham uma renda considerável, e talvez por isso a maioria dos naturalistas na Inglaterra fossem clérigos. A missão apostólica mesclava-se com a ambição de explorar as maravilhas da criação divina.

Darwin concluiu os estudos em Teologia em 1831, entretanto não demonstrou ter nenhuma pressa em se ordenar. Pelo contrário, passou anos trabalhando na expedição do *Beagle*, o que lhe permitiu estudar geologia em primeira mão.[4] Construiu a reputação de geólogo e ficou famoso como o autor de *O Beagle na América do Sul*.[5]

As observações que fez da biologia lhe permitiram entender a transmutação das espécies e desenvolver a teoria da seleção natural, de 1838. Embora convicto de sua teoria da evolução, o temor de que essa tese o associasse aos agitadores democráticos radicais que procuravam derrubar a ordem estabelecida fez com que ele adiasse a publicação de seu trabalho, pois isso poderia resultar em sua ruína. No esforço para identificar lacunas nessa teoria, Darwin envolveu-se novamente em diversos experimentos com plantas, além de consultar criadores de gado. Ele estava ansioso por dar continuidade à sua pesquisa e encontrar o máximo de provas necessárias para enfrentar as críticas quando apresentasse sua tese.

Consciente de que a época não era propícia, Darwin compartilhou sua teoria apenas com amigos íntimos. Ele confiou no processo para chegar ao melhor resultado. Em junho de 1858, a informação de que Alfred Russel Wallace desenvolvera uma teoria semelhante forçou a publicação de sua tese.

Depois de permanecer oculto por 20 anos, o livro *A origem das espécies*[6] foi publicado em 22 de novembro de 1859, e 1.250 exemplares logo se esgotaram. Por consenso, a comunidade científica adotou a evolução como a teoria dominante da diversificação da natureza. Num reconhecimento nacional da importância de Darwin, ele foi sepultado na Abadia de Westminster, próximo a Isaac Newton.

UMA QUESTÃO CONTROVERSA

As evoluções históricas que surgiram a partir de Darwin prepararam o terreno para uma compreensão nova do papel da Igreja e lançaram uma dúvida sobre perguntas que antes eram respondidas com a maior facilidade: “De onde viemos? Qual é nosso propósito aqui? Para onde vamos?”

As Igrejas cristãs, que por tanto tempo haviam carregado o bastão no desfile do progresso, tiveram que renunciar a ele. Mas o conflito entre ciência e religião não chegou ao fim. Como descreverei no capítulo 5 da parte II, um grande confronto paira no horizonte, uma questão controversa que desafia Deus como criador e força a humanidade a ser responsável por sua própria espécie.

As especulações estão marchando bem à frente do desfile, prometendo o fim das doenças e até o adiamento da morte, enquanto a educação e o debate necessários estão ficando para trás. O choque entre a viabilidade e a justificação da engenharia genética – a questão de quem tem o direito de liderar esse desfile – abalará o mundo científico.

Neste ínterim, a luta para enfrentar nossos desafios diários não cessa, e continuamos procurando uma liderança que nos mostre o caminho.

O MODELO DO GUIA TURÍSTICO

Durante muito tempo, fui um conferencista *just-in-time*, surgindo de pára-quedas e saindo de helicóptero. Até que Doris, minha mulher e editora, entrou em cena. Ela abriu mão de um emprego seguro e tornou-se minha editora particular, o que deixou nós dois sem trabalho certo. Isso abriu uma ampla janela para as oportunidades. Agora, quando realizo uma palestra, viajamos com antecedência ou permanecemos por mais tempo no lugar – assim reservamos alguns dias para conhecer melhor cada destino. Enquanto eu escrevia sobre esse Modelo Mental, os guias turísticos que vemos por toda parte me vieram à mente. Eles resolvem o problema de conduzir o desfile e, ao mesmo tempo, manter-se junto ao grupo recorrendo a um método simples e eficaz: agitando a bandeira "Siga-me" para indicar seu papel de líder.

O que guias turísticos e outros líderes têm em comum é a necessidade de permanecer visíveis ao grupo. Geralmente uma pessoa alcança um papel de liderança graças a talentos e habilidades que a fazem se destacar. O pensamento visionário é um deles. No entanto, o desafio diário nos negócios e na política não está apenas nas habilidades fundamentais da liderança – ele também se encontra na necessidade de *permanecermos dentro do campo de visão daqueles que desejamos liderar*. Existe uma piada entre os membros da Orquestra Filarmônica de Viena. Antes do início do concerto, alguém pergunta ao primeiro violinista: "O que ele está regendo hoje?" A resposta é: "Não sei o que ele está regendo, mas sei o que nós estamos tocando."

Até mesmo os líderes mais talentosos precisam do desfile para colocar uma idéia em prática. Se deixarmos o grupo muito para trás e corrermos à frente com nossa visão, estaremos percorrendo quilômetros em vão. Na política, a realidade é um pouco diferente. Nos círculos eleitorais, o político comum se prende à solução de questões imediatas. Alguns deles ultrapassam esse ponto, como o ex-chanceler alemão Helmut Kohl, e se lançam numa missão maior. Você lerá sobre isso no capítulo 4 da parte II.

MIRANDO UM ALVO MÓVEL

Manter-se visível ao desfile não fica mais fácil quando prevemos o futuro. Na apresentação do Modelo Mental 5, expliquei que *Megatendências*[7] e *Megatendências 2000*[8] fizeram sucesso porque associei coisas, que as pessoas de certa maneira já conheciam, para formar um novo cenário geral.

Fui ajudado pelo fato de que, durante meus anos na política, por acaso tomei conhecimento de um sábio conselho de Al Smith, que foi governador de Nova York por quatro mandatos e concorreu à presidência em 1928: "Evite ficar muito à frente do desfile para não parecer que você nem faz parte dele." Smith era um bom sujeito e tinha a mente afiada como uma navalha. Certa vez, numa de suas campanhas para governador, um homem inconveniente gritou no fundo do salão: "Conte a eles tudo o que você sabe, Al. Não levará mais do que um minuto!" Smith respondeu de pronto: "Contarei tudo o que nós dois sabemos. Não levará um segundo a mais."

A metáfora do desfile feita por Al Smith ficou na minha cabeça e se tornou um dos melhores conselhos sobre liderança que já ouvi. Ajudou-me a não cair na armadilha de me desviar demais rumo ao desconhecido – ponto em que a previsão termina e a especulação e a adivinhação começam. Nos importamos muito mais com nosso vizinho do que com quem mora na rua ao lado, e esse mesmo fator de proximidade se aplica ao futuro. As pessoas querem saber a respeito do que está bem diante delas em relação ao que conhecem no momento.

Especulações e interpretações envolvendo os vizinhos e o futuro exercem certo fascínio. Logo após os pousos na superfície lunar no fim da década de 1960, muitos analistas previam as primeiras corretoras de imóveis na Lua e ofertas de viagens turísticas a Marte. A televisão se tornaria o novo grande instrumento da educação, helicópteros substituiriam os carros no transporte diário, pílulas tomariam o lugar da comida, robôs cuidariam das casas e os carros seriam monitorados por controle remoto. Porém, todos esses exercícios de extrapolar em linha reta foram como balões soltos no ar: logo se esvaziaram.

O emissor tem que permanecer ao alcance do receptor

Não é fácil determinar a que distância alguém deve permanecer à frente do desfile, e isso é algo que varia com as circunstâncias. A política pede que a pessoa esteja tanto adiante para demonstrar sua compreensão e simpatia pelo eleitorado quanto ligeiramente à frente de seu tempo para expressar sua visão. Os líderes empresariais devem se manter adiante dos desfiles de forma imperceptível: precisam cuidar dos negócios de modo sensato. Na área da tecnologia, espera-se que os líderes dos diferentes setores estejam um tanto à frente de todos. No fim, o mercado decidirá: no caso dos políticos, os eleitores; nas áreas empresarial e tecnológica, os consumidores. Para quem deseja revelar o futuro: quase todos erram por se adiantarem demais ao desfile – contenha-se.

MODELO MENTAL 7

A resistência à mudança diminuirá se os benefícios forem reais

Liberté, Egalité, Fraternité ou la mort!
Réglage, Égalisation, Bureaucratie ce la mort![1]

"A Constituição européia é perfeita – embora talvez um pouco menos elegante do que a Constituição dos Estados Unidos", afirmou Valéry Giscard d'Estaing em 20 de abril de 2005.[2]

Em 29 de maio, o povo francês respondeu "*Non!*" à ratificação da Constituição Européia. Os franceses, e pouco depois os holandeses, não viram nenhum benefício numa constituição redigida pela elite política e feita para ela – 800 páginas de regulamentações e acordos de velhos tratados que não tornariam a União Européia mais transparente nem mais fácil de entender. A "elegante" Constituição americana tem 12 páginas e encerra apenas princípios, compreensíveis por qualquer pessoa. O terremoto político que sucedeu as rejeições francesa e holandesa reverberou por toda a Europa. Mas as posições contrárias nesse referendo, desastrosas para os partidários da mudança constitucional, abriram uma grande oportunidade para aqueles que desejam uma Constituição que sirva ao povo dos 25* países-membros da União Européia – e todos eles precisam aprová-la.

*A partir de janeiro de 2007, a União Européia passou a ter 27 membros, com as adesões da Bulgária e da Romênia. (N. do E.)

Pouca coisa se modificou na União Européia desde então. Gastou-se mais energia defendendo a necessidade de ratificação do que a necessidade de mudança. A resistência das pessoas não desaparecerá sem que transformações sejam feitas e os benefícios (se é que existem, o que ainda é questionável) se tornem aparentes. A União Européia enfrenta o desafio de responder a exigências razoáveis dos cidadãos, como a criação de uma constituição significativa, e de tornar compreensíveis necessidades econômicas, como cortes em programas assistenciais insustentáveis. É uma responsabilidade difícil para a União Européia, que ainda não sabe quem é e que rumo está tomando.

Mais de 40 anos atrás, quando a União Européia dava os primeiros passos como Comunidade Econômica Européia, eu não acreditaria se alguém me dissesse que um dia eu moraria na Europa. Estava a caminho da Ásia para passar um ano na Tailândia. Foi em 1967, durante meu período na IBM, que tive minha primeira grande experiência em relação à importância de tornar transparentes os benefícios como um pré-requisito para obter apoio à mudança. Fui à Tailândia a fim de desenvolver um projeto que ajudaria a acelerar o desenvolvimento agrícola no nordeste desse país. Tentamos fazer com que os fazendeiros se interessassem pela idéia de cultivar uma terceira plantação de arroz, bem como outras plantações, entre as fileiras das culturas existentes. Mas eles resistiram. E descobrimos mais tarde que sua recusa se deu por um bom motivo: os fazendeiros sabiam que a infra-estrutura de distribuição não teria condições de lidar com tal aumento da produtividade. Uma vez solucionado o problema da distribuição, eles aceitaram os novos métodos agrícolas e a renda adicional que resultou dessas mudanças.

Desde então, tenho visitado a Ásia várias vezes todos os anos e sempre fico fascinado com a energia que os asiáticos têm, especialmente os chineses, para enfrentar qualquer obstáculo e lidar com todo tipo de mudança, desde que estejam certos dos benefícios. Durante a Revolução Cultural, muitos deles deixaram o país e se tornaram um poder econômico forte – os chineses ultramarinos.

Agora eles estão retornando, uma vez que identificam grandes oportunidades em sua terra natal. Enquanto essas pessoas contribuem com seu potencial financeiro e intelectual e sua verve empresarial para o acervo de talentos de seu país, milhões de habitantes das áreas rurais procuram meios de escapar da pobreza. Conhecemos dois deles em Xangai.

O casal Li Fong e Li Chuang cresceu numa pequena aldeia no centro da China. O pai de Li Chuang cultivava verduras, e desde cedo o jovem Li trabalhou com ele na fazenda, como fizeram seu avô e bisavô. Ao casar-se com Li Fong, parecia claro o que ambos tinham pela frente. No entanto, mesmo àquela aldeia pequena e remota chegaram notícias de bons empregos nas cidades grandes. Chuang começou a especular que, com uma renda maior, poderia matricular os filhos em escolas melhores, sustentar os pais e, no frigir dos ovos, aumentar a qualidade de vida de toda a família. Os benefícios pareciam interessantes o suficiente para que ele lutasse pela permissão de mudar-se para a cidade.

Doris e eu conhecemos Li Chuang anos atrás durante uma de nossas estadas em Xangai.

Sempre nos hospedamos no Portman Ritz-Carlton, não apenas em razão de sua hospitalidade maravilhosa, mas também porque esse hotel fica ao lado de um bairro chinês típico. A velha e a nova China encontram-se no espaço de poucos metros. Bem próximo às nossas acomodações cinco estrelas, onde as diárias de algumas suítes custam mais do que a maioria dos habitantes de Xangai ganha por ano, há velhas casas em que a roupa lavada é pendurada na janela ou mesmo em arames presos a árvores e postes. (Cada vez que vamos a Xangai, observamos que mais dessas residências vêm sendo substituídas por prédios modernos.)

Na esquina perto do hotel, um casal vende frutas, salgadinhos e bebidas numa barraca. Atrás da barraca há algo que parece uma tenda anexa. Imaginamos que fosse um depósito. Doris estava especialmente interessada em saber como o casal via a discrepância entre seu ponto comercial e as lojas Ferragamo e Louis Vuitton localizadas a apenas 50m dali. Ela perguntou sobre eles a Michelle Wan, a gerente de marketing do hotel que, com o passar dos anos, se tornara nossa amiga. E foi Michelle que nos contou essa história.

Li Chuang e Li Fong arriscaram uma grande mudança de vida. Sua aposta foi de que em Xangai, onde há uma intensa atividade de construção civil, vender salgadinhos e bebidas representaria um bom negócio. Eles montaram a pequena barraca perto do hotel. Como as obras nas redondezas não param noite e dia e seus principais clientes são os operários, as vendas se estendem por 24 horas. O que pensávamos ser uma tenda usada como depósito era sua casa, onde eles se revezavam para dormir.

Tais condições de vida são perturbadoras para nós, mas não podemos cometer o erro de nos colocar na condição deles. Michelle nos assegurou de que o casal está muito satisfeito: o fluxo constante de operários gera receita suficiente para garantir o sustento deles e de seu filho, que vive com os avós na aldeia, e ainda sobra um pouco. Ela também contou que no fim de 2005 perguntou a Li Chuang por que sua mulher não aparecia mais por ali com freqüência. Ele respondeu que Li Fong passara a cuidar da segunda barraca do casal, montada mais adiante naquela avenida. Quando estivemos em Xangai em julho de 2006, compramos alguns pêssegos com eles e notamos que já não dormiam mais na tenda.

Na China, a ânsia por uma fatia da torta do crescimento econômico está levando as pessoas aos locais de ação, o que representa uma enorme diferença em relação ao que eu observo na Europa. A mentalidade européia é o inverso: benefícios primeiro, depois o resto. Em vez de se transferirem para onde estão os postos de trabalho, muitos europeus ainda esperam que os empregos se dirijam até eles. Além disso, continuam acreditando que uma ocupação e uma casa são para toda a vida. Fiquei perturbado quando, assistindo a um debate na televisão, ouvi jovens vienenses dizer que não se mudariam para poder aceitar um emprego a 160km de distância. Eles preferiam permanecer desempregados, sustentados pelo governo.

Felizmente, esses jovens vienenses não representam todos os

austríacos nem todos os europeus. A Europa simboliza a tradição e a constância; porém, isso não significa que tudo permanecerá como tem sido e que o trabalho e o dinheiro serão distribuídos como sempre foram, de acordo com formas antigas de pensamento. Continuamos tendo que ganhar a vida, como empregadores ou empregados, e aqueles que realizarem a mudança necessária quanto antes se beneficiarão mais. Repito: os esportes podem ser tomados como modelo.

Vou retomar o exemplo do basquete que usei na discussão do Modelo Mental 1 – Embora muitas coisas mudem, a maioria delas permanece constante. O jogo permaneceu o mesmo, mas poucos defenderiam uma resistência obstinada à técnica inovadora de Hank Luisetti de arremessar a bola com apenas uma das mãos, pois seu benefício era evidente: vencer com ela versus perder com o método antigo do arremesso com duas mãos. A afirmação desesperada de Nat Holman – "Se meus rapazes arremessassem com uma das mãos apenas, eu desistiria de ser técnico" – mostrou-se tola.

Aconteceu o mesmo após a introdução do *Fosbury flop*, quando o técnico de Dick Fosbury tentou convencê-lo a voltar ao método antigo. A inovação de Fosbury foi um desafio ao pensamento convencional, entretanto esse atleta bateu recordes mundiais e mudou para sempre o salto em altura – se é que existe um "para sempre" nos esportes. Nessa área, os resultados definem rapidamente o caminho para o futuro.

No mundo dos negócios, porém, às vezes a mudança pode levar um pouco mais de tempo, mas no final o mercado decide – como faz nos esportes.

Claro que existem casos em que a resistência à mudança resulta de teimosia ou ignorância, contudo quem gosta de progredir na vida não costuma agir assim só porque não suporta transformações. Pelo contrário, as pessoas tendem a aceitar uma mudança quando percebem que ela é em seu benefício.

Ninguém se abaixa até o chão sem que haja algo que valha a pena apanhar

Pergunte-se: o que recebe recompensa? O que recebe punição? O placar do jogo informa em que situação a mudança resulta em benefício e em que circunstância o clamor por ela está apenas perseguindo bolhas de sabão. A resistência à mudança pode ser razoável ou obstinada.

É da responsabilidade de quem lidera comunicar os benefícios da mudança. O líder é que tem a obrigação de fazer com que ela seja entendida por aqueles em cujo nome é realizada. Não é incumbência dessas pessoas "obtê-la". Não são elas que a estão pedindo, por isso só a apoiarão se realmente acreditarem que serão beneficiadas.

Não subestime as pessoas. Quando elas resistem à mudança – a uma transformação que você acha que deveriam apoiar –, ou você falhou em deixar transparentes os benefícios ou existem bons motivos para essa recusa. Nesse caso, em vez de lamentar a resistência, procure suas causas. Observe que, nas histórias que mencionei sobre esportes, foram os treinadores que resistiram, e não os atletas.

MODELO MENTAL 8

As coisas pelas quais esperamos são as que demoram mais para acontecer

UMA CORRIDA DE LONGA DISTÂNCIA

Tudo começou como um brinquedo. No século IV a.C., crianças chinesas se divertiam com o que poderia ser considerado um ancestral do helicóptero, um rotor feito com uma vara cilíndrica que tinha penas de pássaro posicionadas transversalmente no alto. A rotação da vara entre as palmas das mãos produz uma força ascendente suficiente para fazer o objeto erguer-se no ar.

Durante a Renascença, Leonardo da Vinci projetou uma série de máquinas voadoras, inclusive o primeiro helicóptero. Nenhum dos modelos teria sido capaz de voar, mas seu valor criativo e sua engenharia estavam bem à frente da época e da imaginação.

Cerca de 450 anos depois, o poeta alemão Bertolt Brecht escreveu um poema em memória de um compatriota – um inventor e engenheiro de vôo.

O ALFAIATE DE ULM (*Ulm, 1592*)

Bispo, eu sei voar
Disse ao bispo o alfaiate.
Olhe como eu faço, veja!
E com um par de coisas

Que bem pareciam asas
Subiu ao grande telhado da igreja.

O bispo não ligou.
Isso é um disparate
Voar é para os pássaros
O homem nunca voou,
Disse o bispo ao alfaiate.

O alfaiate faleceu
Disseram ao bispo as pessoas.
Era tudo uma farsa.
Sua asa se partiu
E ele se destruiu
Sobre o duro chão da praça.

Façam tocar os sinos,
Aquilo foi invenção
Voar só para os pássaros
Disse o bispo aos meninos.
*Os homens nunca voarão.**

Brecht dedicou esses versos ao alemão Albrecht Ludwig Berblinger, uma figura de história trágica na linhagem dos inventores. Órfão aos 13 anos, viu-se obrigado a tornar-se alfaiate. Mas seu interesse real era por mecânica. Além de exercer seu ofício, trabalhou em invenções, entre as quais a primeira perna mecânica com articulação.

Sua criação mais espetacular foi um par de asas, no estilo asa-delta. Apesar de todo o sarcasmo que teve que enfrentar, conseguiu construir em 1811 o primeiro aparelho desse tipo capaz de voar (o que se comprovou com um modelo montado em 1986). No entanto, o dia da sua primeira demonstração, que deveria ter sido de glória, revelou-se uma frustração. Até o rei e seus filhos foram ver a proeza. Porém, um problema técnico provocou um adiamento. No dia seguinte, o

*Tradução de Paulo Cesar Lima de Souza, em *Poemas 1913-1956*, Bertolt Brecht. São Paulo: Editora 34, 2000. (N. do T.)

rei havia partido, mas seu irmão e o príncipe ainda estavam ali. A segunda tentativa falhou. Uma corrente de vento descendente e a escolha do momento errado para o início do vôo fizeram Berblinger mergulhar com sua asa no Danúbio, acompanhado das vaias e chacotas da multidão presente. O episódio marcou o fim de sua vida profissional e social.

Otto Lilienthal, um pioneiro alemão que realizou mais de mil vôos segundo o "princípio do mais pesado do que o ar", sintetizou sua própria visão: "Inventar uma máquina voadora não é nada. Construí-la é alguma coisa. Mas voar é tudo." Ele morreu em 1896, dois dias após se ferir gravemente numa queda com sua asa.

A notável invenção dos irmãos Wright foi um aeroplano com motor que voou em 17 de dezembro de 1903.* Após um período prolongado de ensaios e erros, a história moderna da aviação começara, e ainda a estamos aperfeiçoando.

Outros progressos deverão surgir. Por exemplo, os projetistas de estruturas de aviões e os engenheiros de aerodinâmica sabem muito bem que as configurações das asas fixas de grande envergadura das aeronaves comerciais atuais estão aquém do ideal, pois precisam produzir uma enorme força de sustentação durante a decolagem e o pouso, dada a pesada carga que têm que suportar. Durante o vôo em alta velocidade, porém, elas produzem muita resistência aerodinâmica, reduzindo a eficiência do combustível. Em razão dos princípios aerodinâmicos, os flapes só conseguem melhorar parcialmente essa situação.[1] Embora diferentes conceitos de asas adaptativas venham sendo sugeridos há anos, as envergaduras das asas dos aviões comerciais continuam crescendo.

As coisas pelas quais esperamos são as que demoram mais para acontecer. Mesmo para Arthur C. Clarke, um homem cujo nome está intimamente associado ao futuro. Clarke talvez seja mais conhecido como autor do conto que inspirou o filme *2001: Uma odisséia no*

---

*O vôo de Santos Dumont com o 14-Bis ocorreu em 23 de outubro de 1906. (N. do T.)

espaço e por ter antevisto o uso de satélites de comunicação. Em sua linha do tempo para o século XXI, anunciada no início de 2000, ele previu a criação do primeiro clone humano em 2004, o fechamento da última mina de carvão em 2006 e o monitoramento eletrônico que, em 2010, praticamente eliminará os criminosos profissionais da sociedade.[2]

Não apenas ar quente

O primeiro aparelho movido a vapor, assim como o primeiro helicóptero, foi criado como um brinquedo infantil, seguindo o princípio da menor resistência. A eolípila – mecanismo que se destinava a pôr em evidência a força motriz do vapor de água – foi construída em torno de 100 a.C. por Heron de Alexandria (alguns historiadores, porém, acreditam que esse invento seja do século I).

A partir do final da década de 1690, Thomas Newcomen, um ferreiro inglês, inventou máquinas a vapor utilizáveis. A primeira foi instalada numa mina de carvão em Staffordshire em 1712, a fim de bombear água para fora de uma mina. Embora caríssimas, as criações de Newcomen apresentavam uma durabilidade incrível: uma delas continuava ativa em Pentlich 127 anos após sua construção e outra ainda funcionava em 1934 em Barnsley. O escocês James Watt, muitas vezes erroneamente considerado o inventor da máquina a vapor, vinha aperfeiçoando essa tecnologia na década de 1760, tornando o equipamento mais rápido, seguro e econômico quanto ao consumo de combustível.

Conta-se que Watt teve a idéia inicial durante um passeio em Glasgow Green. Glasgow marca o local com uma pedra, porque, como dizem os escoceses, foi ali que a Revolução Industrial realmente começou.

O intervalo entre a idéia na cabeça e o produto pronto para uso foi diminuindo através dos séculos, mesmo assim é longo – em geral, mais do que esperamos. O caso do computador não foi uma exceção.

Os primeiros computadores foram projetados nas décadas de 1930 e 1940. O alemão Konrad Zuse costuma ser considerado seu inventor. Zuse, cuja empresa foi incorporada pela Siemens nos anos 1960, criou em 1938 a primeira calculadora de memória programável. Ela não funcionava muito bem. Durante a Segunda Guerra Mundial, o Instituto de Pesquisa Aerodinâmica do Terceiro Reich financiou seu trabalho, e novos modelos surgiram. A primeira máquina que corresponde à idéia atual de computador, o EDSAC, foi idealizada e construída em 1949 na Universidade de Cambridge, na Inglaterra. Em 1974, um novo tipo de computador, denominado microcomputador, geralmente vendido como um conjunto de componentes que a própria pessoa podia montar, começou a conquistar o mercado e chegou a empresas e domicílios.

As palavras aprendem a voar

As histórias das tecnologias do telefone, do cinema e do rádio não diferem muito. Sua corrida de longa distância teve início no século XIX e alcançou empresas e lares.

Na década de 1870, Alexander Graham Bell e Elisha Gray projetaram, de modo independente, os primeiros dispositivos capazes de transmitir a fala eletronicamente. Na década de 1880 existiam quase 48 mil telefones nos Estados Unidos. Os números explodiram: em 1910, cerca de 5,5 milhões de aparelhos empregavam o Sistema Bell. Em 1924 havia mais de 15 milhões de telefones.[3]

Embora tenha sido inventado no final do século XIX, esse aparelho só se disseminou nos Estados Unidos e na Europa no final do século XX. Produtos suplementares aumentaram a velocidade da difusão. Porém, o "telefone com imagem" da AT&T, lançado em 1939, estava muito à frente do desfile, e só agora está se popularizando na forma de celular com câmara.

Após seu lançamento, o aparelho de fax não levou muito tempo para se disseminar: de 15 a 20 anos apenas. Lembro-me bem de que comprei o primeiro produto desse tipo em 1983: um Pitney Bowes mais ou menos do tamanho de uma picape. Meu problema na época era que não havia quase ninguém a quem enviar um fax. Se existem somente 20 máquinas de fax ou telefones no mundo, sua utilidade é limitada. Outra rápida difusão tecnológica foi a dos telefones celulares. Em menos de 10 anos alcançaram a massa crítica, e a partir daí decolaram.

As imagens aprendem a correr

Mais ou menos na mesma época em que o telefone começou a transmitir palavras a longa distância, a fotografia deu o enorme salto em direção ao cinema. Na França, Louis e Auguste Lumière, inspirados pelo entusiasmo de seu pai por uma demonstração do "cinetoscópio" de Thomas Edison, começaram a trabalhar num dispositivo que chamaram de *cinématographe* (cinematógrafo). Em dezembro de 1895, exibiram seus primeiros filmes no salão do subsolo do Grand Café, no Boulevard des Capucines, em Paris. A visão da estréia de um filme de Louis Lumière inspirou um jornalista parisiense a prever um futuro brilhante: [4]

> "A fotografia deixou de registrar a imobilidade. Ela perpetua a imagem do movimento. Quando essas engenhocas estiverem nas mãos do público, no momento em que qualquer um puder fotografar seus entes queridos, não apenas na forma imóvel, mas com movimento, ação, gestos familiares e palavras saindo de suas bocas, a morte deixará de ser o fim absoluto."

Um dos filmes dos irmãos Lumière foi *L'arrivée d'un train en gare de La Ciotat* (Chegada de um trem à estação de La Ciotat). O efeito principal foi medo. Conta-se que o público reagiu com terror, fugindo da locomotiva que parecia avançar em sua direção.

Em pouco tempo, os irmãos passaram a ver sua invenção com olhos empresariais e abriram uma sala de exibição para seus filmes. As filas estendiam-se pelo quarteirão. O público estava fascinado. Os Lumière treinaram novos cinegrafistas, enviando-os em missões ao redor do mundo. Outros filmes logo surgiram e o cinema transformou-se numa indústria. Salas de exibição e empresas foram criadas especificamente para produzir e distribuir filmes, enquanto os atores se tornaram celebridades, recebendo cachês elevados. Em 1917, Charles Chaplin tinha um contrato com salário anual de 1 milhão de dólares.[5]

O entusiasmo se disseminou. D. W. Griffith, uma das figuras importantes – ainda que controversa – no desenvolvimento do cinema como arte, afirmou numa entrevista ao *New York Times* em 1915:

> "Chegará a época, e em menos de 10 anos, em que as crianças das escolas públicas aprenderão quase tudo por meio dos filmes. Com certeza, jamais serão obrigadas a ler história de novo. Imagine uma biblioteca pública no futuro próximo, por exemplo. Haverá longas fileiras de caixas cilíndricas, devidamente classificadas e indexadas, é claro. Em cada caixa, um botão de pressão; diante de cada caixa, uma cadeira. Suponha que você queira 'ler' certo episódio da vida de Napoleão. Em vez de consultar todos os especialistas, arrastar-se por uma montanha de livros e acabar desnorteado, sem uma idéia clara do que aconteceu exatamente, e confuso sobre cada ponto por encontrar opiniões conflitantes sobre os fatos, você apenas se sentará diante de uma tela ajustada com precisão, numa sala cientificamente preparada, apertará o botão e verá o que se passou de verdade."[6]

A previsão de Griffith tem algo de atual, não lhe parece?

Som e imagem

Na plêiade de inovações do final do século XIX, o rádio entrou em cena. Assim como a maioria dos inventos, esse aparelho começou com uma série de descobertas científicas e refinamentos técnicos graduais que, por fim, conduziram ao desenvolvimento de aplicações comerciais. Lembro-me do grande entusiasmo que ele despertou ao chegar à minha cidade – Glenwood, em Utah. Os adultos reuniam-se na sala de estar para ouvir as "conversas ao pé da lareira" do presidente Franklin Delano Roosevelt. Quando entrou em atividade em Glenwood, o rádio já estava consolidado – ele levara algum tempo para nos alcançar.

Um dos principais pioneiros do rádio foi Heinrich Hertz, que aplicou as teorias de James Clerk Maxwell à produção e recepção de ondas de rádio em 1888, bem antes do início de sua marcha para o uso comercial. Guglielmo Marconi, um rapaz com profundo interesse no estudo das ciências físicas e elétricas, reuniu os trabalhos de Maxwell, Hertz, Augusto Righi, *Sir* Oliver Joseph Lodge e outros e, em 1897, tornou-se a primeira pessoa a receber a patente do telégrafo sem fio. A demonstração que Marconi fez de um sistema prático para gerar e receber sinais de rádio de longo alcance despertou interesse no mundo inteiro. Porém, até 1912, não havia licenciamento nem regulação dos transmissores de rádio nos Estados Unidos. As atividades civis envolvendo o uso do rádio foram completamente interrompidas durante a Primeira Guerra Mundial, entre 1914 e 1918. No entanto, a consolidação dessa invenção sob controle governamental proporcionou avanços importantes. Após a guerra, com a adoção e o aperfeiçoamento do equipamento à válvula, essa indústria se expandiu ao retornar para a esfera civil.

A indústria do rádio enfim se tornou rentável. Corporações de peso foram fundadas, entre as quais a American Telephone & Telegraph Company, a General Electric (GE) e a Westinghouse. Pressões do governo americano fizeram com que os ativos da companhia Marconi fossem vendidos à GE, que com eles formou a Radio Corporation of America (RCA). Um longo tempo decorreu desde a estréia das emissoras de rádio, no início da década de 1920, até que os primeiros aparelhos estivessem presentes nos lares. (No capítulo 5 da parte II, apresento detalhes dos grandes benefícios comerciais proporcionados por esses avanços revolucionários que se desenvolveram durante longos períodos de aperfeiçoamento de idéias originais.)

As expectativas em relação à nova mídia cresceram rapidamente com os avanços subseqüentes da tecnologia. Em 1921, Velimir Khlebnikov, um poeta russo, viu um futuro promissor: "O Rádio do Futuro – a árvore central da nossa consciência – inaugurará a nova maneira de lidar com nossos compromissos incessantes e unirá toda a humanidade." Dezoito anos depois, a Segunda Guerra Mundial provou que essa esperança era otimista demais.[7]

Em 1923, o rádio foi o tema de *New Way to Make Americans* (Nova maneira de fazer americanos), de J. M. McKibben. Seu comentário sobre essa tecnologia foi o seguinte:

> "Atualmente nossa nação vem sendo conquistada, de forma lenta mas firme, não por um inimigo único em guerra declarada, e sim por uma dúzia de inimigos traiçoeiros (ainda que muitas vezes inconscientes) em tempo de paz. Milhões de estrangeiros foram recebidos no país, porém pouco ou nada se pensou em relação à sua assimilação. Agora a crise nos acomete, e precisamos enfrentá-la sem um grande líder. Talvez nenhum homem fosse capaz de moldar os 120 milhões de pessoas num todo harmonioso, unido por uma consciência nacional forte. Contudo, no lugar de um indivíduo sobre-humano, a genialidade da última década proporcionou uma força – e essa força é o rádio."[8]

No ano seguinte houve outra previsão. O editor de ciência do *New York Times*, Waldemar Kaempffert, escreveu:

> "Acontece que os Estados Unidos e a Grã-Bretanha assumiram a liderança nas transmissões de rádio. Se essa liderança for mantida, a conseqüência será o predomínio da língua inglesa. Comparada com nossas ações em entretenimento de massa e educação de massa, a concorrência européia é patética. Todos os ouvidos poderão acabar se virando para escutar o que os Estados Unidos e a Grã-Bretanha têm a dizer. A Europa achará desejável, e até necessário, aprender inglês." [9]

Atualmente, morando na Europa e viajando por esse continente, observo que quase todas as emissoras de rádio tocam músicas americanas – assim, devo dizer que Kaempffert não estava totalmente errado.

A RCA deu o passo seguinte no campo da comunicação ao apresentar, na Feira Mundial de Nova York, em 1939, sua versão da televisão como sucessora do rádio. O presidente da empresa, David Sarnoff, anunciou: "Agora adicionamos a imagem ao som. É com um sentimento de humildade que faço neste momento o anúncio do nascimento, neste país, de uma nova arte, tão importante em suas implicações que está destinada a afetar toda a sociedade. É uma arte que brilha tal qual uma tocha num mundo atribulado."[10]

No entanto, a televisão ainda estava longe de apresentar o mesmo alcance do rádio – isso levaria anos para acontecer. E o *New York Times* mostrou-se cético. Num editorial após o anúncio da RCA em 1939, esse jornal fez a seguinte observação: "O problema com a televisão é que as pessoas precisam se sentar e manter os olhos grudados na tela; a família americana comum não dispõe de tempo para isso. Portanto, os produtores estão convencidos de que, por essa razão, senão por outra, a televisão jamais será um concorrente sério das transmissões [radiofônicas]."

Essa previsão não fez com que as expectativas diminuíssem. Em 1946, Thomas Hutchinson, diretor de produção de uma corporação televisiva, escreveu: "A televisão significa o mundo na sua casa e nas casas de todas as pessoas do mundo. É o maior meio de comunicação já criado pela mente do homem. Deverá contribuir mais para o desenvolvimento de relações amigáveis com os vizinhos e para trazer compreensão e paz à Terra do que qualquer outra força material individual do mundo de hoje."[11] O texto lembra o que vem sendo dito sobre a internet.

Em poucas décadas já tínhamos a televisão em nossas salas. Depois de muitas demonstrações para públicos reduzidos nos Estados Unidos, ainda nos anos 1920, a televisão entrou em operação em 1932 na Inglaterra com um programa de cabaré. Em 1933, a Iowa State University passou a transmitir duas atrações televisivas semanais pela emissora de rádio WSUI. Em 1936, quando apenas cerca de 200 televisores funcionavam no mundo, a Alemanha transmitiu pela primeira vez os Jogos Olímpicos. Em 1948, a televisão a cabo foi lançada na Pensilvânia para levar as transmissões às áreas rurais. Àquela altura, 1 milhão de lares nos Estados Unidos dispunham de aparelhos.[12] A primeira vez que vi televisão foi em 1952, quando assisti, num grêmio da Universidade de Utah, em Salt Lake City, aos jogos da World Series entre os New York Yankees e os Brooklyn Dodgers.

Minha citação elitista favorita sobre a nova mídia de massa é de 1963, quando o grande e elegante poeta T. S. Eliot disse: "Esse é um meio de entretenimento que permite a milhões de pessoas ouvir a mesma piada ao mesmo tempo e ainda continuarem solitárias."[13]

Na corrente das evoluções tecnológicas, um sem-número de oportunidades de negócios fluíram. Além de aperfeiçoamentos tecnológicos em larga escala e, muitas vezes, com conseqüências importantes, objetos mais triviais atraem o olhar dos observadores atentos às oportunidades de negócios. Uma dessas pessoas com espírito empreendedor tornou-se o pai a longo prazo de uma melhoria na produção e na qualidade de uma bebida sem a qual muita gente não gostaria nem de começar o dia: o café.

UM SUCESSO DA NOITE PARA O DIA QUE LEVOU 20 ANOS PARA ACONTECER

Minha mulher diz que faço o melhor café do mundo. Sendo assim, é compreensível que eu tenha ficado chocado quando a filha dela chamou esse mesmo café de "intragável". Sua condenação devastadora deveu-se ao seu vício pelo café produzido por uma pequena máquina. Quando ela e o marido construíram uma nova casa, uma de suas máquinas de café (agora são quatro) recebeu seu próprio nicho no quarto de dormir (onde teríamos colocado o santo da família, caso tivéssemos um). Foi assim que tomei conhecimento da Nespresso e me interessei pela história da empresa.

Na década de 1970, a Nestlé prestava um ótimo atendimento ao mercado consumidor de café solúvel. Uma colher ou duas do pó na água quente quebrava o galho para quem não tinha tempo de preparar um café expresso "verdadeiro". Não era perfeito, mas era rápido e limpo.

No início da década de 1960, um dos concorrentes da Nestlé

lançou uma novidade: a cápsula de café, uma por xícara. O objetivo era oferecer café expresso de alta qualidade do mesmo modo como essa bebida é preparada nos cafés italianos, diretamente nos lares e locais de trabalho. Temendo perder uma oportunidade, a Nestlé adquiriu a patente, ainda em forma rudimentar.

A longa jornada para aprimorar o produto começou. Durante a década de 1970, o departamento de pesquisa e desenvolvimento da empresa aperfeiçoou o conceito original de Luigi Bezzera. A máquina e as cápsulas ficaram prontas em meados da década de 1980. Em 1986, a Nespresso foi fundada, e o sistema Nespresso – uma máquina de café expresso pequena, porém tecnicamente avançada, com cápsulas pré-medidas de café moído para a preparação da bebida em casa ou no trabalho – foi lançado no mercado de cafés sofisticados, que estava em franca expansão, como previsto.

Mas a Nespresso, a nova empresa, filha da Nestlé, jamais atingiria seu objetivo se o produto não tivesse tido um pai – um dos membros do conselho diretor da Nestlé – que, no decorrer dos anos, acreditou firmemente na idéia e batalhou por ela até que decolasse. Foi uma longa e árdua jornada, uma estrada tão acidentada que, ao longo dos anos, nenhum concorrente, diante do fracasso da Nespresso, quis trilhar. Grandes prejuízos, três vezes na iminência de ser fechada: um caminho para lugar nenhum, como muitos na empresa diziam. Entretanto, o pai não perdeu a fé em sua filha que, aparentemente, estava condenada ao malogro. Após anos, sinais modestos de vida começaram a surgir, mesmo assim foi necessária mais uma década para que a verdadeira revolução ocorresse.

– Qual foi ela? – perguntei a Olivier Quillet, gerente de marketing internacional da empresa.

– A revolução aconteceu em 2000, 30 anos após a compra da patente. Foi a conjugação de uma máquina Nespresso então projetada em várias cores, a primeira campanha publicitária na televisão e a abertura de mais de 50 pontos de venda na Europa.

A Nespresso, bem posicionada para prosperar num mundo de riqueza crescente, começou sua marcha rumo aos lares e locais de trabalho numa escala considerável. Assim, uma unidade nova de uma organização de grande porte e altamente estruturada foi capaz de criar uma inovação bem-sucedida.

O placar do jogo: a Nestlé Nespresso S.A. é uma das unidades do grupo Nestlé que mais crescem. Em fevereiro de 2006, a Nestlé anunciou que as receitas da Nespresso haviam aumentado 30%, seu volume de negócios ultrapassara meio bilhão de dólares e rumava para 1 bilhão em dois anos. Agora a empresa atua em mais de 35 países com mais de 12 mil pontos de venda. A cada ano, novos acessórios são acrescentados; chocolates, biscoitos e muitos outros produtos suplementares estão florescendo junto com o negócio básico das máquinas e cápsulas de café.

Lojinhas elegantes como butiques convidam tanto os bebedores fiéis de Nespresso quanto novatos a testar diferentes tipos de café. As cápsulas são o cordão umbilical que nunca é cortado. Assim como a máquina fotográfica sempre necessita de filme e o barbeador de uma lâmina nova, as máquinas da Nespresso precisam de um suprimento permanente de cápsulas. Trata-se de um modelo clássico de negócios. No caso da Nespresso, a pessoa compra a cafeteira e, depois, seu suprimento mensal de cápsulas de café moído – agora em mais de 40 sabores e misturas diferentes, e novas opções continuam a ser acrescentadas. O esquema não funcionaria se o café não fosse bom de verdade, algo que a Nespresso se empenha em assegurar: a empresa imagina seus clientes como apreciadores refinados que só se contentam com o melhor. A jornada mostrou-se bem mais longa do que se pensou inicialmente, no entanto o destino é uma mina de ouro de veios profundos.

As expectativas sempre viajam em velocidades mais altas

Uma breve olhada na história nos lembra das linhas do tempo do passado. Minha experiência de vida mostra que as coisas pelas quais esperamos são as que demoram mais para acontecer. Com as invenções, estamos sempre subestimando o tempo necessário para que a idéia se realize plenamente. Os novos campos da biotecnologia e da nanotecnologia estarão evoluindo durante todo o século XXI.

São as surpresas que nos dominam, como a Aids e os ataques terroristas de 11 de setembro de 2001. Como acontece com a espécie humana e outras manifestações da natureza, quase toda mudança é evolucionária, e não revolucionária. As coisas simplesmente levam tempo – quase sempre mais tempo do que imaginamos.

MODELO MENTAL 9

Não se obtêm resultados resolvendo problemas, mas explorando oportunidades

> O homem sensato adapta-se às condições que o rodeiam; o homem que não é sensato faz com que as condições que o rodeiam se adaptem a ele. Qualquer progresso, portanto, depende do homem que não é sensato.
>
> – George Bernard Shaw[1]

Tornar-se governador da Califórnia foi seu sonho por um longo tempo. E todos que conheciam o currículo do "Carvalho de Styria", como Arnold Schwarzenegger é chamado em sua província natal de Styria, na Áustria, sabiam que um dia ele chegaria lá. Claro que alguns problemas poderiam atrapalhar a realização desse objetivo, e solucioná-los demandaria alguns anos de planejamento.

Voltemos a 2003: a próxima eleição para governador seria em novembro de 2006, com as primárias na primavera desse ano. Quais seriam os candidatos prováveis na primária republicana? Como Schwarzenegger se posicionaria até lá para vencer nessa votação? Os democratas brigariam entre si durante a disputa, mas ele teria que se concentrar em vencer a primária republicana. O planejamento teve início.

No entanto, ainda em 2003, ocorreu a votação para a destituição do governador da Califórnia, o democrata Gray Davis. De repente, uma porta se escancara, e Schwarzenegger está pronto para transpô-la – ele agarra a oportunidade. Em suas palavras: “Essa eleição histórica aconteceu porque existe um tremendo abismo entre o povo da Califórnia e os líderes da Califórnia.”[2]

Em 7 de outubro de 2003, os californianos foram às urnas responder a duas perguntas:

1: O governador Gray Davis deve ser destituído? Sim ou não?
2: Em caso afirmativo, quem deve substituí-lo?

A esta última pergunta seguiu-se uma lista de 135 candidatos, incluindo Schwarzenegger. Quem conquistasse mais votos ganharia. Gray Davis foi destituído e Schwarzenegger elegeu-se governador. Durante a campanha, ele prometera que, se vencesse nas urnas, deixaria de fazer filmes – uma declaração que impressionou o eleitorado.

A chave do sucesso de Schwarzenegger foi o fato de ele ter preparado o terreno ao longo dos anos: ele estava pronto. Quando a oportunidade surgiu, não hesitou por um só momento.

UM FURO NA CORTINA

No final da década de 1980, uma oportunidade política de grande significado abriu-se na Alemanha Ocidental.

Ela começou com um furo na cortina de ferro. O conceito “cortina de ferro” tem origem no teatro. Após vários incêndios que assolaram os teatros europeus no século XIX, a exigência de uma cortina de ferro foi reforçada, a fim de evitar que o fogo passasse do palco para a platéia. O século XX deu a essa expressão um sentido bem diferente.

Em 1946, Winston Churchill transformou-a numa bandeira política: “De Stettin [norte da Polônia], no Báltico, a Trieste, no Adriático, uma cortina de ferro desceu sobre o continente.”[3] Os comunistas defenderam sua existência de modo implacável, no entanto foi o muro dividindo Berlim em oriental e ocidental que se tornou o símbolo brutal. Até o fim, a cortina de ferro e o muro de Berlim pareciam destinados mais a perdurar do que a cair.

Foram as mudanças que vinham ocorrendo na União Soviética desde meados da década de 1980 que prepararam e tornaram possível o colapso da Alemanha Oriental e a unificação das duas Alemanhas. Para evitar a desintegração do seu país, Mikhail Gorbachev iniciou reformas e abriu mão da hegemonia soviética sobre o Bloco Oriental enquanto buscava maior cooperação com o Ocidente. Essas medidas possibilitaram uma democratização ainda maior, sobretudo na Polônia e na Hungria. No fim de 1989, a Hungria permitiu que milhares de alemães-orientais cruzassem sua fronteira com a Áustria, de onde eles tiveram acesso livre à Alemanha Ocidental. Com isso, abriu-se o primeiro rombo na cortina de ferro.

Na mesma época da fuga em massa pela Hungria, a oposição na Alemanha Oriental ganhava força. O afastamento, pelos líderes do partido, de Erich Honecker – o secretário geral que, pouco tempo antes, anunciara que o muro permaneceria por mais 50 ou até 100 anos – foi um catalisador do colapso do regime socialista.

Do lado ocidental do muro, o chanceler Helmut Kohl repetia constantemente que o objetivo do seu país era a unificação. Mesmo assim, as esperanças não eram grandes. Poucos dias antes da queda do muro, realizou-se uma pesquisa de opinião entre os alemães-ocidentais sobre suas expectativas em relação a uma Alemanha reunificada. Mais de 80% deles responderam que esperavam que isso acontecesse, mas apenas 3% acreditavam que esse fato ocorreria durante suas vidas.

Em 9 de novembro de 1989, voei de Frankfurt a Varsóvia para me encontrar com alguns líderes do sindicato Solidariedade. Quando cheguei ao hotel, liguei a televisão na CNN, por força do hábito, e não pude acreditar nos meus olhos. Centenas – milhares – de pessoas estavam subindo no muro de Berlim, uma construção que, desde 13 de agosto de 1961, quando começou a ser erguida, custara a vida de 190 pessoas. Pouco depois, multidões estavam atravessando a fronteira e sendo acolhidas com entusiasmo e lágrimas por alemães-ocidentais, que correram até lá para ver aquela cena inacreditável. Isso aconteceu de uma forma quase inesperada.

Na manhã de 10 de novembro, peguei o primeiro avião para Berlim, a fim de testemunhar aquele evento histórico.

O chanceler Helmut Kohl, que vinha lutando pela unificação havia anos, surpreso pela queda repentina do muro de Berlim, percebeu que aquele fato lhe dava uma oportunidade de derrubar a cortina de ferro e unir novamente a Alemanha. Ele sabia que aquela poderia ser sua única chance e começou a agir de imediato. Em 28 de novembro de 1989, 19 dias após a queda do muro, Kohl, sem consultar nenhum dos seus parceiros de coalizão e os aliados ocidentais, apresentou um programa de 10 etapas ao Parlamento alemão para reunificar o país. Mas isso só poderia ocorrer com o consentimento das potências que venceram a Segunda Guerra Mundial.

Foi novamente Kohl quem, mediante negociações sagazes, obteve a permissão do presidente americano George H. W. Bush e do líder soviético Gorbachev. Deve ter havido um único segundo na história em que a União Soviética esteve disposta a entregar a Alemanha Oriental ao Ocidente e à Organização do Tratado do Atlântico Norte (OTAN). Kohl aproveitou esse momento. Contribuíram para o sucesso seus anúncios determinados e repetidos de que a unificação era inevitável, a rápida preparação de medidas práticas para viabilizá-la e seus intensos contatos diplomáticos em Moscou e Washington. Muitas pessoas não teriam conseguido agarrar essa oportunidade histórica como fez Kohl.

Em retrospecto, ele observou:

> "Quando, no outono de 1989, começamos nossa caminhada para a unificação, foi como atravessar um pântano. Estávamos com água até os joelhos, a neblina impedia a visão e sabíamos apenas que devia existir um caminho em algum lugar. Não conhecíamos sua localização exata. Fomos avançando passo a passo e alcançamos ilesos a outra margem. Sem a ajuda de Deus, não teríamos conseguido."[4]

ESPÍRITOS EMPREENDEDORES

Quando você estiver sondando o futuro, procure os exploradores de oportunidades e aposte neles, e não nos solucionadores de problemas.

Jimmy Carter, o primeiro candidato empreendedor à presidência dos Estados Unidos, viu a chance nas eleições primárias e no uso das novas tecnologias da mídia para – pela primeira vez – conquistar delegados suficientes à sua indicação antes mesmo da convenção nacional do Partido Democrata. Agora, é assim que todos buscam a indicação à presidência.

Existe uma enorme diferença entre pessoas que solucionam problemas e aquelas que exploram oportunidades. Em *The Future and Its Enemies* (O futuro e seus inimigos), Virginia Postrel identifica as linhas divisórias entre os que buscam a estase e os que abraçam o dinamismo:

> "Como nos sentimos sobre o futuro em evolução revela quem somos como indivíduos e como civilização: buscamos a *estase* – um mundo regulado, projetado? Ou abraçamos o *dinamismo* – um mundo de constante criação, descoberta e competição? Valorizamos a estabilidade e o controle ou a evolução e o aprendizado? Achamos que o progresso requer um projeto central ou o vemos como um processo descentralizado, evolucionário? Consideramos os erros desastres permanentes ou um subproduto corrigível da experimentação? Ansiamos pela previsibilidade ou adoramos a surpresa? Estes dois pólos, estase e dinamismo, definem cada vez mais nosso cenário político, intelectual e cultural. A questão central da nossa época é o que fazer com o futuro. E essa questão cria uma divisão profunda."

Esse esplêndido parágrafo foi publicado pelo editor da *Forbes*, Richard Karlgaard, em sua coluna de 8 de maio de 2006. Ele identificou Ronald Reagan e Bill Clinton como pessoas que, por natureza, exploram oportunidades. Em sua opinião, Al Gore e Hillary Clinton são solucionadores de problemas. Pensei imediatamente na dedicação de Hillary Clinton ao objetivo de resolver a questão da assistência médica nos Estados Unidos desde o momento em que ela e o marido se mudaram para a Casa Branca. Al Gore está agora empenhado em sanar o problema do aquecimento global. Para Karlgaard, George W. Bush é alguém que busca oportunidades e que se cercou de solucionadores de problemas.

Janelas de oportunidades costumam se abrir e se fechar como numa tempestade. É preciso estar preparado para agarrá-las. Louis Pasteur, que descobriu que a maioria das doenças infecciosas é causada por germes, criando com esse trabalho a base da microbiologia, disse: "A mudança favorece a mente preparada. Eu estava pronto."

PERDENDO O TREM

A marcha vitoriosa da fotografia digital começou em 1990, quando a Kodak lançou a DCS-100, a primeira câmara digital disponível comercialmente. A fotografia digital estava transformando o mercado de máquinas fotográficas em algo novo. A morte lenta da fotografia analógica havia começado. Em 2004, a participação das câmaras analógicas no mercado caiu para 17%. Quem não pegou o trem na hora certa ficou fora do jogo.

Grandes empresas com pouca flexibilidade estão do lado dos perdedores. Uma oportunidade não aproveitada deixa pouca chance à recuperação. Após atuar por mais de 100 anos no negócio de máquinas fotográficas, a tradicional companhia japonesa Konica Minolta teve que bater em retirada – seu fim chegou em 31 de março de 2006. A situação da Nikon não é melhor. Sua produção parou no início desse mesmo ano. A alemã Leica mal conseguiu pegar o trem digital e só lançou um modelo com a nova tecnologia em 1998. A falência foi evitada graças a novos investimentos dos acionistas. Entre 2000 e 2004, a Leica precisou reduzir o número de funcionários, e os bancos cortaram os empréstimos. Em 2006, as vendas enfim voltaram a crescer: a nova Digital-Module-R fará com que a empresa exceda sua capacidade de fabricação, como ocorreu em 2005. A mudança vem tarde, mas na hora certa para evitar uma crise de proporções consideráveis.

Não se resolve o problema de um mercado que está em declínio melhorando uma tecnologia já obsoleta. Pelo contrário, esse tipo de esforço acaba prejudicando a capacidade de investir em oportunidades novas.

Fred Smith, nascido em Marks, no Mississippi, estava preparado. Ele escreveu um artigo inicial sobre a idéia da Federal Express durante seu curso de Economia na Universidade de Yale. Depois de deixar o Corpo de Fuzileiros Navais, onde estudou logística militar como piloto, transformou sua idéia em realidade em 1971. A FedEx, que combinou a identificação da marca do serviço postal com a nova importância do tempo e da confiabilidade, começou a operar em 1973.

T. Gary Rogers, presidente e CEO da Dreyer's Grand Ice Cream, disse como aproveitou uma oportunidade surpreendente. Após um fracasso nos negócios, ele queria tentar de novo. "Não me senti desencorajado a fazer outra tentativa. Ter minha própria empresa era um motivo de alegria para mim." Rogers possuía uma família, mas nenhuma renda e nenhuma poupança. Um dia, entrou no escritório local da Dreyer's Grand Ice Cream, em Oakland, Califórnia. A Dreyer's era uma companhia pequena, com vendas de 6 milhões de dólares e 30 funcionários. No momento em que Rogers estava contando ao proprietário que vinha pensando em abrir uma franquia, este recebeu um telefonema. "Ao desligar, ele tinha lágrimas nos olhos. O banco acabara de negar um pedido de empréstimo para expandir sua fábrica", contou Rogers, que, num impulso, perguntou-lhe se alguma vez ele pensara em vender a empresa. "Até este momento, não" foi a resposta. Rogers disse que três dias depois teve uma opção de comprar o negócio por 1 milhão de dólares. "Consegui o apoio de um grupo de investidores e fiz um empréstimo."

Pessoas que ouvem essa história tendem a dizer-lhe: "Nossa, você é sortudo." Para Rogers, porém, não se trata de sorte, e sim da capacidade de reconhecer uma oportunidade e estar preparado para ela.

Um adendo a esse relato: de fato, Rogers adora sorvete. Ele diz que saboreia um todos os dias.[5]

Quase imediatamente após a posse do primeiro governo democrático na Polônia, a empresa francesa Danone ingressou nesse país. A oportunidade surgiu na forma de 38 milhões de consumidores ávidos por produtos ocidentais de qualidade.

Não foi fácil. O principal representante da Danone deparou-se com um país falido e uma infra-estrutura agrícola em frangalhos, com fazendas coletivas atrasadas e nenhum sistema de distribuição. A partir de 1990, a companhia começou a levar um caminhão lotado de iogurte à Polônia toda semana para que os consumidores se familiarizassem com a marca. Vendedores batiam de porta em porta em milhares de pequenas lojas privadas que tinham acabado de ser abertas para convencê-las a vender os produtos Danone. Dois anos depois, a empresa iniciou sua produção local e, ao mesmo tempo, criou um sistema agrícola moderno para assegurar o suprimento regular de leite.

Atualmente, a Danone é a líder em vendas de produtos derivados do leite na Polônia, com 1/3 do mercado. "Foi uma vantagem competitiva termos entrado cedo nesse país", diz Jean-Jacques Doeblin, diretor de coordenação da companhia para a Europa Central e Oriental. "Tivemos tempo de conhecer o mercado."[6]

Um dos meus exemplos favoritos de pessoas que agarram uma oportunidade é George Steinbrenner, o impetuoso proprietário de um time de beisebol de Nova York, os Yankees. Com certeza, esse empresário sabe como explorar uma chance que se apresenta. Seu velho adversário, o Boston Red Sox, vinha negociando havia meses a compra do passe de Alex Rodriguez, astro do Texas Rangers considerado o jogador mais valioso pela Liga Americana na temporada anterior. Os Yankees não estavam competindo com o Boston Red Sox por Rodriguez e não entraram na disputa. Três anos antes, Rodriguez (conhecido como A-Rod) havia assinado com o Texas Rangers um contrato multimilionário de muitos anos que totalizava 252 milhões de dólares, a maior transação da história do beisebol. Mas agora ele não agüentava mais esse time e queria ir para outra equipe.

Em fevereiro de 2004, o Red Sox não conseguiu concretizar a compra do passe de Rodriguez. Foi quando, inesperadamente, George Steinbrenner entrou em cena e, em questão de dias, teceu um acordo bastante complicado e adquiriu o passe desse atleta, persuadindo-o inclusive a jogar em outra posição.

Rick Warren, autor de *The Purpose-Driven Life* (A vida voltada para um propósito), forneceu uma série de bons conselhos sobre negócios num de seus livros anteriores, *The Purpose-Driven Church* (A Igreja voltada para um propósito). Ele diz que não se deve competir por participação no mercado. Ao criar sua própria Igreja, em vez de disputar o mercado dos freqüentadores de instituições religiosas, Warren procurou por quem não ia a nenhuma delas e ofereceu algo que ninguém mais proporcionava: sua versão de um propósito para a vida. Começando do zero em 1980, ele lançou em Orange County, na Califórnia, a Igreja de Saddleback, a que hoje mais cresce nos Estados Unidos. O comparecimento médio nos fins de semana chega a 15 mil fiéis, e já existem dezenas de filiais no país. Rich Karlgaard, editor da revista *Forbes*, diz sobre Saddleback: “Se fosse uma empresa, seria comparável à Dell, ao Google ou à Starbucks.”[7]

O que faz a diferença? Como buscar e encontrar as oportunidades? Lembre-se de como Einstein agiu: colheu as maçãs maduras e fez as associações. Depois de estabelecidas, elas geralmente parecem bem simples.

Em 1970, a economia japonesa começava a decolar. Os japoneses estavam enriquecendo. A feira mundial de 1970 realizou-se em Osaka. Entre os que a visitaram estava John Amos, um dos fundadores da Aflac, empresa americana de seguro-saúde. Ele observou com surpresa que os japoneses tinham uma boa situação financeira e que muitos deles usavam máscaras para se proteger de gripes e resfriados. É provável que outras pessoas tenham notado isso, porém ele viu "as frutas" e fez a associação: os japoneses são ricos, porém avessos ao risco. O que mais uma seguradora poderia querer?

Resumo da ópera: foram necessários quatro anos para conseguir uma licença, mas o senso prático de John Amos acabou sendo recompensado. Atualmente, o Japão representa mais de 2/3 da receita anual de 14 bilhões de dólares da Aflac.

Seu sobrinho Dan Amos, que o sucedeu como CEO, parece ter sido contemplado com o gene responsável pelo senso prático do tio. Ele também reconhece frutas maduras: numa sociedade em que o mundo masculino prevalece, os japoneses vinham negligenciando o alto potencial de mulheres talentosas. Hoje, mais de 50% dos 3.300 funcionários da Aflac no Japão são do sexo feminino, o que beneficia a empresa de duas maneiras. "Seria difícil contratar os melhores homens, porque a maioria deles prefere trabalhar para firmas japonesas tradicionais. E os melhores talentos femininos acreditam que têm mais chances de ascender à gerência conosco do que numa companhia japonesa", afirmou Dan Amos.

Aliás, eu também estive em Osaka para a feira mundial de 1970. Foi a primeira vez que esse evento se realizou no Japão, e eu estava muito curioso em saber como seria organizado. Observei duas coisas: o país fez questão de exibir o melhor pavilhão e esforçou-se ao máximo para que cada japonês se sentisse o vencedor daquela competição.

O governo, consciente da oportunidade de dar à população uma injeção de autoconfiança e otimismo, organizara excursões provenientes de todas as cidades e áreas rurais. Aquilo transformou a feira numa espécie de encontro de solidariedade de escoteiros. Por toda parte eu via grandes grupos, com as pessoas usando chapéus especiais de uma cor específica, seguindo guias com a bandeira do grupo e testemunhando o renascimento do Japão.

Uma das ocasiões em que pude aproveitar uma oportunidade ocorreu pouco depois que deixei a IBM para abrir minha própria empresa. Na noite de 17 de janeiro de 1968, vi na minha sala pela televisão o presidente Lyndon Johnson proferir o discurso do Estado da União em que ele declarou guerra à pobreza. Johnson falou sobre emprego para todos, inclusive para aqueles que eram considerados "desempregados *hard-core*". Ele se referia aos moradores dos guetos negros do país que nunca haviam conseguido um trabalho. Achei que a definição britânica para os *hard-core* os caracterizava muito bem: aqueles que não conseguiam ocupação nem mesmo nas fases boas. O presidente passou a falar da criação de um programa de treinamento profissional para os desempregados, incluindo esses.

Enquanto eu ouvia o discurso – e levando em conta que eu já tinha vivido um período em Washington –, percebi que talvez nem o presidente, nem ninguém mais à sua volta, nem em qualquer órgão do governo, dispusesse de tal programa para treinar os desempregados *hard-core*. Seria necessário um manual de treinamento específico para eles. Comecei imediatamente a rascunhar uma proposta, enfatizando a importância de envolver essas pessoas no processo. Minha empresa, a Urban Research Corporation, havia sido fundada para ajudar as corporações a lidar com a crise urbana da época, e aquilo se ajustava como uma luva à nossa missão. Concluí a proposta no dia seguinte e parti na mesma noite para Nova York, a fim de me reunir com o pessoal da Fundação Ford. Eu tinha consciência da necessidade de um manual daqueles e sabia que, se fosse pedir verbas ao governo, ficaria aguardando por uma resposta até o fim da minha vida.

A Fundação Ford era o lugar certo ao qual recorrer. Dois dias após o discurso do presidente, lá estava eu no escritório dessa instituição apresentando a proposta. Em meio a seus numerosos projetos, eles ainda não tinham abordado a questão de como treinar os desempregados *hard-core*, mas todos haviam ouvido o discurso do presidente.

Minha proposta foi aceita em 24 horas – a aprovação mais rápida da história da Fundação Ford, sinal da urgência da questão e da esperança que compartilhávamos. Aquele se tornou o primeiro grande projeto da minha empresa. Um ano depois, resultou na produção de um manual de treinamento em 12 volumes que foi distribuído pelo

Departamento do Trabalho. O mandato do presidente Johnson terminou no ano seguinte. Com seu afastamento, a energia e os dólares canalizados para aquela guerra particular contra a pobreza diminuíram.

A mentalidade empresarial envolve esse impulso de ver e depois fazer algo criativo com uma oportunidade que se apresenta.

Muitas histórias de sucesso são sobre homens e mulheres com 30 e poucos anos ou ainda mais jovens. Mas não há limite de idade para começar de novo, acrescentando experiência à capacitação. Às vezes tal recomeço parte de um fim e é necessário um pequeno empurrão para que um passo decisivo seja dado. Estou convencido da existência de muitos desses casos de que nunca ouvimos falar, por mais empolgantes que sejam. No entanto, existe um que posso contar: o de Maxine Martens.[8]

Conheci-a em Milão, onde realizei uma palestra no Encontro Global da Moda. Durante a pausa para o almoço, uma mulher me abordou com uma pergunta. Começamos a conversar. Ela realizava um trabalho muito interessante: era caçadora de talentos para cargos executivos no mundo da moda, uma atividade que desempenhava com sucesso. Descobri mais tarde que Maxine Martens trabalha para marcas globais, como Cartier, Louis Vuitton, Ralph Lauren e Gap, entre outras. Pouco tempo depois, eu e minha mulher a reencontramos em Viena, onde passamos a conhecer melhor essa figura elegante e afetuosa. E foi assim que nossa amizade começou. Agora sabemos sua história, que estou autorizado a divulgar neste livro. Acredito que a melhor maneira de fazer isso é reproduzir sua carta: o caso de um fim que se tornou um novo início.

Caro John,

Como me senti quando fui despedida? Foi um colapso que acabou com minha vida. Subitamente o mundo se tornou um lugar diferente.

"Você não se enquadra na nossa cultura. Você não está conduzindo a empresa na direção que queremos ir. Estamos reestruturando a organização. Vamos entrar num acordo de separação." Como era

possível alguém não reconhecer minhas contribuições, minha personalidade, minha liderança? Caí num abismo.

Por que eu? Afinal, continuava a ser a mesma pessoa de sempre, uma diretora executiva e grande colaboradora numa empresa americana de seleção de profissionais. Agora estava sendo demitida, descartada, rejeitada, não era mais necessária, querida, desejada. Mas houve uma frase que captou tudo isso: "Não sei como fazer você se sentir parte da equipe – você não joga golfe." Embora isso tenha sido dito em tom de brincadeira, como recrutadora de executivos eu aprendera que é assim que as pessoas falam o que realmente pensam. Essas poucas palavras mudaram tudo. Eu sabia que tinha que partir porque nossa diferença e nossos valores básicos foram resumidos à percepção de que jogar golfe era o que importava.

Após passar dias em estado de choque, decidi respirar. Será que aquilo não estava me dando também a liberdade e a oportunidade de avaliar quem eu era e com o que e com quem eu queria trabalhar, em vez de apenas pensar no problema pragmático de como ganhar a vida e pagar a universidade da minha filha?

Assim, aos 55 anos de idade, uma semana após ser despedida por "não me enquadrar na cultura", decidi fazer o que vinha fazendo melhor desde 1972. Viajar. Desde minha primeira viagem de compras à Europa, eu adorava conhecer pessoas cujas vidas, histórias e experiências diferiam das minhas.

Durante a viagem, conversei com incentivadores e detratores, pessoas dispostas a fazer parceria comigo e outras que só estavam interessadas nos negócios que eu poderia lhes proporcionar. Falamos sobre como nossos estilos e nossas práticas poderiam se mesclar, porém não sobre quais oportunidades poderíamos descobrir e desenvolver juntos. Na segunda semana, conheci um advogado suíço que, depois de me ouvir, perguntou: "Por que, mais uma vez, você quer fazer parte da visão de outra pessoa? Por que não age por conta própria?"

Eu estava na área havia 17 anos. Nos últimos 10 anos, pensara em abrir minha própria firma, viajar pelo mundo e conhecer pessoas. Ao mesmo tempo, ganharia a vida me dedicando à paixão de erguer pontes entre culturas empresariais e companhias nos Estados Unidos, na Europa e na Ásia. Encontraria e encaminharia indivíduos capazes de abraçar a cultura e a herança de uma organização e lhe agregar valor com seu próprio tino empresarial, experiência, criatividade e ponto de vista. Mas eu ainda não tivera a coragem de dar o passo para me tornar autônoma.

Naquela noite em Zurique, comecei a imaginar minha própria firma: uma empresa americana de seleção de profissionais com sede em Nova York. Fiz um apanhado de como, aos 55 anos de idade, eu queria viver e trabalhar. De manhã, enviei-o por e-mail a uma colega de negócios em Paris. Ela respondeu com uma mensagem: "Sim, isto é você! Vá fundo!"

No princípio, trabalhamos no meu apartamento em Nova York: meu parceiro de negócios há 12 anos; uma mulher de 20 anos; nosso administrador de seleção de profissionais; uma jovem talentosa de Viena, de 24 anos; e nosso diretor financeiro e de operações, meu filho, que acabara de se graduar em Georgetown. Nenhum de nós jamais fundara uma empresa e quase todos nós éramos americanos que haviam vivido e trabalhado em outros países e com culturas diferentes. Nossa declaração de missão, nossas filosofias e nossos valores foram redigidos com base na idéia do ambiente e dos negócios que queríamos criar e no feedback que tínhamos recebido de clientes.

Encontramos um belo escritório com uma vista maravilhosa, localizado bem próximo à maioria dos clientes. E isso graças ao nosso advogado. No dia em que a empresa foi criada legalmente, ele perguntou se já havíamos conseguido achar nosso espaço. Respondemos que "não 100%". Ele disse: "Falem correndo com o corretor que vou indicar. Ele tem o lugar perfeito para vocês, acabou de vagar."

Hoje temos uma equipe e uma carteira de clientes três vezes maiores. Continuamos aprendendo, cometendo erros, pedindo conselhos e encontrando clientes e candidatos novos e maravilhosos. Nós mudamos, entretanto continuamos usando muitas das habilidades que tínhamos antes. É maravilhoso observar como continuamos a evoluir e nos transformar, assim como as nuvens que estão cruzando agora as torres imponentes do Central Park West.

Maxine

Por ter começado a discussão do Modelo Mental 9 com uma citação de George Bernard Shaw, quero encerrar com ele:

"As pessoas sempre põem a culpa nas circunstâncias por serem quem são. Não acredito em circunstância: os indivíduos bem-sucedidos são aqueles que saem e procuram as condições que desejam; e, se não as encontram, criam-nas."

A mudança é a origem da inovação

Os exploradores de oportunidades sabem que o futuro, com suas mudanças, oferece as oportunidades. Os solucionadores de problemas lidam necessariamente com o passado.

Os tempos de mudança são tempos de oportunidade. Quando as relações entre pessoas e coisas estão se transformando, novas justaposições criam necessidades e desejos, oferecendo outras possibilidades. Fique de olho nas pessoas que agarram essas chances e fazem algo com elas.

MODELO MENTAL 10

Só acrescente se puder subtrair

QUALIDADE DE ALAVANCAGEM

Fui apresentado ao Modelo Mental "Só acrescente se puder subtrair" por Francis Keppel, que durante o governo Kennedy foi secretário da Educação (hoje um cargo ministerial, mudança que começou a vigorar no governo Johnson). Na época, eu era secretário-assistente de assuntos públicos. Frank era um homem de um talento surpreendente. Na década de 1950, com apenas 29 anos, foi nomeado pelo presidente de Harvard, James Conant, reitor da Faculdade de Educação – e ele nem tinha Ph. D. Em Harvard! A faculdade estava com um nível médio de qualidade e a função de Frank era resolver isso.

Os membros do corpo docente tendiam a criar matérias para aumentar sua importância e o valor no seu contracheque. Para fortalecer o programa do curso, Frank estabeleceu uma regra nova: ninguém poderia acrescentar uma cadeira sem subtrair outra. O objetivo dessa norma era fazer com que os professores pensassem duas vezes na qualidade e na relevância de uma nova matéria e de qual das suas cadeiras mais fracas estavam dispostos a abrir mão.

Aplicável a todos os campos, a regra de Keppel tem desempenhado um papel na minha vida. Comecei a escrever este livro considerando 27 modelos mentais que, ao longo dos anos, têm me ajudado a pensar sobre o futuro. O número me pareceu exagerado. Assim, perguntei-me quais deles haviam sido mais úteis para mim. Escolhi 10 e passei a escrever sobre eles. No processo, acrescentei alguns e abandonei outros que passei a ver como menos importantes. Enfim, cheguei à lista de 10, porém incluí um último Modelo Mental que não podia ficar de fora – o 11. Agora veja algumas formas de pensar que, embora não tenham entrado na lista, vêm me auxiliando bastante:

Observe o que recebe recompensa e o que recebe punição. Tanto nas relações entre as sociedades quanto nas relações pessoais, observar o que é recompensado e o que é punido informa muita coisa sobre as pessoas e as formas de organização social.

Uma proposição não precisa ser verdadeira, basta que seja interessante. Essa idéia do grande filósofo Alfred North Whitehead não é de aplicação geral, contudo é boa para estimular o pensamento.

Para avaliar a viabilidade de uma sociedade ou empresa, examine sua capacidade de se autocorrigir.

Crescer é reagrupar-se num nível mais alto. Pessoas, instituições e sociedades crescem quando continuam a reconceituar seu papel ou sua missão em níveis de exigência maiores.

Assim como no caso dos outros modelos Mentais, vou falar dos esportes, área em que se institucionalizou a regra "Só acrescente se puder subtrair". Em todas as atividades esportivas, o time tem um tamanho determinado, e só se pode acrescentar um jogador abrindo-se mão de outro atleta. O basquete profissional limita cada time a 12 jogadores ativos. Se uma equipe quer incluir alguém, deve pensar em quem irá dispensar – o que poderá fortalecer o grupo no decorrer do tempo, caso a escolha seja bem-feita. O mundo dos negócios, por boas razões, não pode seguir essa norma, mas com freqüência o lema parece ser: "Acrescentar, acrescentar, acrescentar." Adicionar produtos sem abandonar os que são fracos, admitir mais pessoas sem demitir ninguém.

A 3M segue uma política de acrescentar e subtrair produtos a cada ano. Sua visão é ser a empresa mais inovadora e o fornecedor preferencial em todos os mercados que atende. A cada ano, 30% de suas vendas se originam de itens novos lançados nos quatro anos anteriores.

Na GE, Jack Welch estabeleceu a seguinte regra: a cada ano, todas as unidades tinham que dispensar 10% dos piores funcionários, que podiam ser substituídos por candidatos mais promissores.

Esse padrão de pensamento, que ajudou a GE a preservar a eficiência, se aplica a muitos campos em que se deseja manter o foco. Uma vez que nos limitemos ao número controlável de projetos, ações, tendências ou namorados/namoradas, o Modelo Mental "Só acrescente se puder subtrair" aumentará a qualidade.

ACRESCENTE CAMARÕES, RETIRE A CARNE DE PORCO

Um restaurante de Saigon (agora oficialmente denominada Ho Chi Minh City, mas tudo bem), que se tornou um dos meus favoritos e da minha mulher também, é uma celebração empresarial do Modelo Mental "Só acrescente se puder subtrair". Quando estivemos lá pela primeira vez, não sabíamos o que esperar. Ao entrarmos, vimos que entre os clientes havia tanto moradores da cidade quanto turistas. Fomos acomodados numa das mesas do jardim da frente, sob palmeiras e plantas tropicais. Embora houvesse um cardápio em inglês, era um pouco difícil entendê-lo. Quando pedimos ao garçom que nos ajudasse, ele nos convidou a segui-lo. "Venham ver!" Ao longo das paredes em torno da grande área central se alinhavam cerca de 20 pequenas cozinhas caseiras um tanto rústicas. Cada uma delas preparava suas próprias especialidades vietnamitas, e era fácil ver que algumas estavam mais ocupadas do que outras. E todas as sugestões de pratos eram listadas no cardápio.

Após fazermos o pedido apontando o que queríamos, voltamos à mesa. Pouco depois, *trung chien voi cua* (omelete de camarão), *muc don thit* (lula recheada com carne de porco), *com chien* (arroz assado numa caçarola) e *chuo nuong* (bolo de banana com castanhas de caju) foram servidos. A comida estava deliciosa, contudo preferimos não tomar o aperitivo *ruou ran* (vinho de arroz com uma pequena cobra flutuando na garrafa), por mais que aquilo fizesse bem à nossa saúde.

Mais tarde, o garçom nos contou que havia uma lista de espera de cozinhas que desejavam participar do restaurante. De tempos em tempos, o proprietário desse empreendimento privado escolhe uma cozinha nova, mas para isso ele elimina uma antiga cuja especialidade não esteja mais sendo tão solicitada. O processo estimula um aumento constante da qualidade geral das refeições. Ao contrário do que ocorre nos centros de fast-food dos shopping centers americanos, onde cada quiosque é alugado por alguns anos qualquer que seja seu desempenho, a competição pela qualidade está embutida nesse restaurante vietnamita. Constatamos que, em muitas partes da Ásia, o capitalismo e o espírito empreendedor adotados servem também de base para a melhoria, como nos táxis da China.

Nos Estados Unidos, na Europa e na maioria dos lugares, o passageiro paga um valor de acordo com uma tabela qualquer que seja a qualidade do táxi. Na China, o preço para se andar num carro maior e melhor é mais alto. A tabela, afixada do lado, começa pelos táxis pequenos de 1,2 (quantia paga por milha) e termina com 2,0, que corresponde à qualidade de um sedan de tamanho médio.

CEMITÉRIOS DE INFORMAÇÕES

Não fazer compras de barriga vazia é uma regra antiga. Acabamos enchendo o carrinho com pilhas de alimentos que nem conseguiremos comer.

Quando se trata de alimentar o intelecto, às vezes agimos da mesma forma. Percorremos supermercados de informações onde acabamos desnorteados e com dificuldade para selecionar aquilo de que realmente necessitamos. Nosso objetivo não deveria ser criar cemitérios de informações, mas berços de conhecimentos e inspiração.

Na minha área de interesse, coletar dados é uma atividade sobre a qual podemos perder o controle com a maior facilidade. Na euforia dos meus tempos de estudante, eu estava sempre adicionando –

meus livros subiam as paredes, ocupando cada espaço disponível e mais ainda. No entanto, aquilo não aumentava necessariamente os conhecimentos que eu tinha. Por isso, agora sigo uma regra: minha biblioteca deve conter 4 mil livros – quantidade a que cheguei após separar as obras que vinham tomando lugar, mas que não me interessavam mais. Desde então, só incluo um livro depois de ter escolhido outro do qual me desfazer. Assim, estabilizarei pelo menos a quantidade de títulos e, com o tempo, a biblioteca terá mais qualidade e valor.

Nunca atire mais bolas do que você consegue controlar no malabarismo

Os 11 Modelos Mentais que descrevo neste livro podem ajudar você a decidir quais cinco, sete ou dez categorias de informações você julga mais importantes para si mesmo e para sua área de atuação. Ninguém consegue acompanhar todos os progressos tecnológicos e todas as evoluções geopolíticas do mundo atual. Concentre-se no que de fato atende suas necessidades e seus interesses. "Só acrescente se puder subtrair." Caso decida acompanhar sete tópicos e apareça algo novo que lhe pareça importante, abandone um dos sete que tenha deixado de ser atrativo para você ou para o mundo. O ritmo das suas mudanças será um reflexo de um mundo dinâmico. A isso eu acrescentaria um aforismo de Lao Tsé: "Para adquirir conhecimentos, inclua coisas todos os dias. Para ganhar sabedoria, descarte coisas todos os dias."

MODELO MENTAL 11

Não se esqueça da ecologia da tecnologia

UMA ESPÉCIE INVASIVA

Uma praga cinzenta cobre a Austrália, e não se trata de uma frente gelada do oceano Antártico. Ela surgiu em 1859, originária do Ocidente. Tinha quatro patas robustas e duas orelhas compridas. Inicialmente, foi levada ao país para divertir cavalheiros caçadores. Thomas Austin soltou 24 coelhos selvagens em sua propriedade em Barwon Park, no sudoeste de Melbourne. Em 1866, apenas sete anos após a chegada desses animais, 14.253 deles haviam sido mortos, só por esporte, no parque de Austin. Um sucesso e tanto!

Mas ele jamais poderia ter imaginado o tamanho que aquele êxito alcançaria. As leis da fertilidade deixaram a Austrália na situação do "Aprendiz de Feiticeiro", de Goethe, cuja vassoura se transforma de bênção em praga.

Ela busca água no rio.
Veja lá, está na beira!
Deixa tudo em desvario.
Raios! Que aguaceira!
Na segunda vez,
Derramou a tina...

Nessa rapidez,
*Enche uma piscina.**

No auge da festa, ocorre uma reviravolta. A vassoura se descontrola, porém rachá-la em duas só piora a situação.

Eta-ferro!
Dois pedaços
Apressados
Vêm e vão
Feito empregados do inferno.
Que azar! Que maldição!
Eles correm inundando,
Molham tudo, a sala inteira,
A água está aumentando!

Na década de 1950, na Austrália, um homem matou um coelho na propriedade do fazendeiro John Robertson. Foi multado em 10 libras. Alguns anos depois, o filho de Robertson tinha que gastar 5 mil libras por ano para controlar a praga dos coelhos.

Meu mestre, ouve estas queixas!
O velho voltou...
Senhor, vem olhar,
Espíritos loucos
Não sei afastar!

A Austrália clama pelo mestre feiticeiro em altos brados, mas o feitiço para domar as forças incontroláveis não foi encontrado, e cada intervenção causa novos distúrbios. A praga cinzenta continua crescendo.

**O aprendiz de feiticeiro*, de J. W. Goethe. Tradução de Mônica Rodrigues da Costa. São Paulo: Cosac Naify, 2006.

VASSOURAS NOVAS NEM SEMPRE VARREM DIREITO

Na Austrália, os benefícios a curto prazo foram suplantados pelos danos a longo prazo. O que ocorre na natureza se aplica à tecnologia. Por toda parte, falta consciência das mudanças no hábitat e das relações dentro dele.

Entretanto, isso não é novidade. Os avanços tecnológicos sempre resultaram em mudança social. Com a descoberta do fogo, surgiu o aquecimento, a comida melhorou e a verdadeira vida comunitária teve início. A roda, a eletricidade e o automóvel modificaram tremendamente nossa organização social. A diferença hoje é que a taxa de mudança tecnológica tem sido tão acelerada que a *adaptação social* às novas tecnologias torna-se cada vez mais defasada. A evolução tecnológica está à frente da evolução cultural, e a lacuna vem crescendo.

PERGUNTAS QUE NINGUÉM FAZ

A tecnologia é como os coelhos da Austrália, que começaram como uma diversão e se tornaram uma praga? A introdução de uma nova espécie e o surgimento de uma nova tecnologia nunca acontecem no vazio. Ainda assim, apesar da importância do nosso relacionamento com a tecnologia, não o levamos muito em consideração – essa é a relação que menos examinamos. Com o advento de uma nova tecnologia, perguntas precisam ser formuladas:

O que será aumentado?
O que será diminuído?
O que será substituído?

O BUMERANGUE DA TECNOLOGIA

Nem tudo o que navega sob a bandeira de um fenômeno tecnológico é realmente algo do gênero. Dois dos exemplos mais significativos são a internet e os telefones celulares. Sua importância não está na tecnologia em si, mas no fato de eles conectarem pessoas.

Além de todos os seus outros aspectos, esses dois recursos mudaram nossa forma de nos comunicar. E, como costuma acontecer, algumas conseqüências são tão acidentais quanto o que ocorreu com a arte de escrever cartas.

No início do século passado, James Joyce escreveu uma carta a Nora, que viria a ser sua mulher:

15 de agosto de 1904

Minha querida Nora,

Acaba de me ocorrer. Cheguei em casa às onze e meia. Desde então, estou sentado numa confortável poltrona feito um bobo. Não consegui fazer nada. Não ouço nada além da tua voz. Estou como um bobo ouvindo-te chamar-me "Querido". Ofendi dois homens hoje ao deixá-los com frieza. Queria ouvir tua voz, e não a deles.

Quando estou contigo, deixo de lado meu temperamento altivo, desconfiado. Quisera sentir agora tua cabeça sobre meu ombro. Acho que vou deitar-me.

Levei meia hora escrevendo estas linhas. Vais escrever qualquer coisa para mim? Espero que sim. Como assinar esta carta? Não vou assinar nada, porque não sei que nome usar.

Mais de 100 anos depois, essa mensagem, se enviada por e-mail, poderia ter a seguinte redação:

Nora,

E aaeeeeeeeee: cheguei 11h30 – desde entaum, to aki dibob. Só sua voz me faz bem. Ouço vc me chamar: kirido. ☺. Aborreci 2 clientes. Faltei aos compromissos. Tudu q eu kiria era podeh ta cum vc. Vc me deixa bem. Kiria era sentir tua cabeça no meu ombro. Axu ki vo durmi.

Levei 10 minutos escrevendo esta msg. Ve se escreve logo. Assino com meu nome ou com meu nick? Bjoos.

O COMPUTADOR E O POETA

Nossa transição do alto contato humano para a alta tecnologia, da carta manuscrita e sentimental para o e-mail, tem muito a ver com a glorificação do computador, a panacéia do nosso tempo. Com certeza, ele corrigirá nossas deficiências no campo educacional. As escolas de ensino fundamental e médio dos Estados Unidos estão em declínio? É só colocar um computador – esse grande ícone da era tecnológica – em cada sala de aula. Isso deve resolver o problema. O clamor por um micro em cada classe é ouvido há décadas. Mas será que examinamos a contribuição que essa máquina dará ao propósito real da educação? O verdadeiro objetivo da educação é aprender a aprender, a única forma de continuar a aventura permanente do aprendizado. Porém, ainda preconizamos a solução tecnológica sem entender seu valor educacional.

Sou a favor de que haja um computador em cada sala de aula. Sou a favor de que cada criança tenha um micro – quanto a isso não há dúvida. Quero que as crianças sejam amigas desse equipamento, que o utilizem como colaborador. Não podemos nos dar ao luxo de não seguir nessa direção. Contudo, minha campanha é também por um poeta em cada sala de aula. O que está acontecendo nos Estados Unidos hoje em dia é que grande parte da energia e do dinheiro está sendo direcionada para o computador, muitas vezes à custa da poesia, da arte, da música e do resto da área de humanidades. Entretanto, necessitamos de entendimento técnico e imaginação artística. Como mostro no capítulo 1 da parte II, estamos nos encaminhando para um mundo onde um produto se diferenciará cada vez mais daqueles que têm o mesmo nível tecnológico por seu alto contato, design e poesia.

Essa metáfora do computador e do poeta reflete minha crença de que devemos não apenas alimentar as habilidades intelectuais, mas também – de forma balanceada – apoiar e nutrir o talento emocional e espiritual. Precisamos muito manter essas coisas em equilíbrio – um equilíbrio entre a alta tecnologia e o alto contato. Quanto mais tecnológico se torna este mundo, mais necessitamos de artistas e poetas.

A SALVAÇÃO

Era uma vez um mundo sem telefones celulares. Nenhum toque melodioso nas escolas, nos seminários, nos cinemas, nas academias de ginástica nem nos supermercados. Depois, a tecnologia nos deu a possibilidade de nos conectarmos sem fio, a qualquer momento e em qualquer lugar. A Nokia, a mais bem-sucedida fabricante de telefones celulares, escolheu o slogan "Conectando Pessoas". A tecnologia está na bifurcação entre a bênção e a praga, e de novo muito poucas pessoas a examinam.

Certo ocasião, no início de 2006, eu estava no Aeroporto Logan, de Boston. Por causa de um atraso com o avião, a partida foi adiada. Meus colegas de sofrimento e eu estávamos sentados numa área pública aguardando o embarque. À minha frente, uma família jovem: pai, mãe e dois filhos. Eles não estavam conversando muito, pelo menos não o pai, que parecia totalmente entediado. De repente, seu celular tocou. Ele se empertigou e se iluminou como se fosse uma árvore de Natal. "Alô, alô", atendeu, quase gritando.

Olhando para aquele homem, percebi que ele estava sendo *salvo:* salvo do tédio e, não por acaso, das suas responsabilidades familiares. Aquele jovem pai, ao que me pareceu, cultiva um relacionamento anormal com a tecnologia. Enquanto testemunhava a cena, pensei que devem existir pessoas por toda parte aguardando serem salvas daquilo que está à sua frente, salvas por... qualquer um.

DE REI A PEDINTE

No desfile do progresso, os sistemas de telefone fixo não ficaram para trás. Durante a década de 1990, a cornucópia dos avanços técnicos transbordou sobre todos nós. Uma voz suave, dirigida por uma gerência de orientação tecnológica e voltada para a redução de gastos, geralmente começa a se manifestar com uma afirmação reconfortante: "Sua chamada é importante para nós. Por favor, aguarde só uns instantes enquanto a ignoramos."

Claro que isso é só o começo.

'Para ouvir nosso menu de 112 itens, tecle um. Para saber o número atualizado de clientes que preferem morrer a voltar a fazer negócios conosco, tecle dois. Para falar com uma pessoa legal, mas que não sabe absolutamente nada, e que, pior, está em licença-maternidade, tecle três."

Após 11 minutos e 33 segundos, o fim se aproxima num crescendo: "A pessoa com quem você deseja falar está em outra ligação ou não se encontra no escritório. Por favor, tente de novo mais tarde."

É o fim da picada.

Essas empresas chamam o cliente de rei e o tratam pior do que um pedinte. Meu conselho é: livrem-se dos sistemas de resposta de voz. Eles estão agredindo as pessoas, colocando-as no inferno telefônico. Substituam essas máquinas por telefonistas amigáveis de alto contato. Assim, verão de que forma vocês podem realmente cortar custos.

Recomendo a todo CEO cuja empresa possua um desses sistemas que ligue para lá e tente entrar em contato consigo mesmo. Esse exercício revelador poderá desencadear boas oportunidades empresariais de criar um serviço de atendimento ao cliente que não se transforme num labirinto irritante e sem saída.

De novo, temos que pensar mais na ecologia da tecnologia.

UMA ESCOLHA DE RISCO

Algumas aplicações tecnológicas, por outro lado, são bem divertidas. Li sobre um restaurante em Paris que mescla alta tecnologia com alto contato num grande *mélange*. É o La Connivance, que fica ao lado da bolsa de valores. Em sintonia com a instituição vizinha, essa casa usa a lei da oferta e procura para determinar o preço das refeições. Quando o cliente faz um pedido, um computador ajusta instantaneamente o valor para refletir a demanda. Pratos populares – assim como ações populares – sobem de preço, enquanto os menos solicitados ficam mais baratos. Além disso, a pessoa pode efetuar o pagamento no momento do pedido ou apostar no mercado futuro, concordando em pagar pela cotação da hora em que fechar a conta.

Achei esse sistema inovador, mas, quando minha mulher e eu falamos sobre o La Connivance com um amigo, ele nos contou sobre um bar em Oslo que faz mais do que isso. Os clientes apostam pelo mesmo princípio da especulação, porém uma quebra da bolsa de valores é acrescentada aleatoriamente, reduzindo o preço das bebidas a quase zero, o que resulta numa grande "crise" no bar. Essas são apenas manifestações do que os computadores conseguem fazer para nós.

TAMANHO É DOCUMENTO

No processo de introduzir novas tecnologias, muitas vezes nos esquecemos de pensar na escala humana. Nos velhos tempos em Utah, essa escala não era uma preocupação. Ela foi assegurada pela liderança de Brigham Young. Quando ele chegou a Great Salt Lake Valley em 1847 com sua caravana de pioneiros, uma das primeiras coisas que estabeleceu foi o tamanho apropriado de uma paróquia (ou "ala", como os mórmons a denominam): 300 homens, mulheres e crianças. Em razão do considerável número de crianças que os mórmons costumavam ter, aquilo representava apenas umas 50 famílias. Todos se conheciam e todos podiam cuidar de todos. A rede social era trançada de modo inteligível. Escala humana.

Na maioria das empresas, a escala humana foi posta de lado na era industrial. Agora estamos retornando a ela. A Gore-Tex, uma empresa que fatura quase 2 bilhões de dólares com vendas de tecidos e produtos médicos, não perdeu o contato com essa escala.[1] O limite de ocupação de seus prédios não ultrapassa 20 pessoas – e cada um deles tem no máximo dois andares. Como há menos de 200 funcionários por fábrica, ou escritório, todos eles se conhecem. Os colaboradores conseguem saber como cada colega contribui para o grupo, ao contrário do que acontecia com as fábricas de 5 mil trabalhadores do período industrial. A escala humana certa promove a eficiência e permite o florescimento da criatividade.

QUANTO MAIS ALTO MELHOR?

A competição dos arranha-céus nas cidades de todo o mundo é um dos indicadores da escala humana – ou de sua falta. Chicago ultrapassa Nova York, Cingapura ultrapassa Chicago, Kuala Lumpur ultrapassa Cingapura, e a lista continua. Mas ainda se questiona se essas construções estão dentro dos limites da escala humana. Empilhar pessoas em 100 andares tem algo a ver com essa escala? Acredito que não. Talvez, com o tempo, a tragédia dos ataques terroristas de 11 de setembro nos faça pensar sobre a escala e sua relação com as pessoas e os ambientes humanos desejáveis, assim como sobre simbolismo.

A CORRIDA CEGA

Muitas empresas, temerosas de que novas tecnologias dêem vantagem aos concorrentes, são levadas a fazer um upgrade após o outro. Isso custa dinheiro – mais do que se pode pensar. Costumamos ficar obcecados com a tecnologia e deixamos de aplicar recursos financeiros e energia no lado humano do negócio. A série 360 da IBM – os primeiros computadores de grande porte (*mainframes*) produzidos em massa – vendeu como água a partir da década de 1960 porque as empresas se sentiam na obrigação de possuir esse então badalado equipamento. A conversa extra-oficial dos vendedores da companhia era de que os clientes estavam comprando por "Medo, Incerteza e Dúvida" – o fator FUD,* como diziam. "Certo ou errado, temos que fazer algo" era seu pensamento. Uma onda de pânico disseminou a idéia de que, para serem competitivas na nova era tecnológica, as empresas precisavam se organizar com um computador de grande porte. Elas gastaram rios de dinheiro inutilmente na esperança de não ficarem para trás, como ocorre ainda hoje.

---

*Iniciais de *Fear, Uncertainty and Doubt.* (N. do T.)

A tecnologia é o grande capacitador, mas não no vazio

A tecnologia é um capacitador considerável, porém apenas quando em equilíbrio com nossas necessidades, habilidades e com nossa natureza humana.

Cada pedra lançada na água gera ondulações, cada tecnologia nova traz conseqüências que raramente são exploradas. Sempre que uma delas for lançada, adote como regra perguntar: o que será acentuado? O que será diminuído? O que será substituído? Que oportunidades ela oferece?

PARTE II

CENÁRIOS DO FUTURO

A parte II apresenta cinco cenários que montei do futuro. Eles são o resultado da junção de peças individuais até à conclusão do quebra-cabeça.

Os cenários descritos permitem que você recapitule como as peças individuais, que de início parecem não estar inter-relacionadas, formam um todo. Alguns dos Modelos Mentais que ajudaram no processo são apontados, enquanto outros que lhe sejam especialmente atrativos poderão vir à sua mente a qualquer momento. No fim de cada capítulo, exemplos de aplicação dos Modelos Mentais lhe darão condições de começar seu próprio processo de formar cenários do futuro em seu campo de interesse.

Capítulo 1

CULTURA

Uma cultura visual está conquistando o mundo

Um adeus ao mundo da escrita de Gutenberg, as boas-vindas ao mundo da visão da MTV? Existe uma assertividade visual sem precedentes hoje – ela vai da arte e da arquitetura à moda sofisticada e ao design dos produtos comuns. É um mundo da MTV, onde a narrativa visual está sobrepujando a narrativa literária.

A história da palavra escrita data de cerca de 6 mil anos. As palavras contam, explicam, avisam, modificam, vencem, formam, encantam, tocam.

***Esposo:** Como és bela, graciosa, amada, cheia de encantos! Teu porte se parece com o da palmeira de que teus seios são os cachos. Eu disse: "Subirei à palmeira, apanhar-lhe-ei as tâmaras." Sejam teus* *seios como cachos de uvas e o odor do teu sopro como o das maçãs. Tua palavra é o melhor dos vinhos: agradavelmente se derrama na minha boca umedecendo lábios e dentes.*

Esposa: *Pertenço ao meu bem-amado, e para mim se dirige seu desejo. Vem, meu bem-amado, saiamos para o campo; pernoitaremos nas aldeias! De manhã iremos aos pomares a ver se a vinha brota, se seus rebentos se abrem e as romãzeiras florescem. Lá te farei o dom do meu amor. As mandrágoras exalam seu perfume, temos em casa os mais saborosos frutos, frutos novos e antigos, bem-amado, que guardei para ti.*[1]

Essas são palavras da Bíblia, expressões de amor preservadas no Cântico dos Cânticos, atribuído ao rei Salomão.*

A poesia tem sido escrita por soberanos e políticos: Salomão, César, Nero, Mao Tsé-tung, Che Guevara, Havel, Pablo Neruda. As palavras expressam sentimentos, abrem portas para o desconhecido, criam cenários de mundos nunca vistos, permitem aventuras jamais ousadas: Júlio Verne, George Orwell, Hemingway, Melville. Perscrutam nossa alma: Proust, Musil, Joseph Conrad. Contadores de histórias, poetas e cantores foram respeitados em todas as culturas.

"De longe a melhor coisa é ser um mestre da metáfora", Aristóteles escreveu na sua *Poética* em 332 a.C.

QUEDA DA PROCURA

Hoje em dia, o romance vem perdendo força. A imaginação é substituída pela imagem instantânea. Em sua marcha triunfal, o cinema, as emissoras de televisão, os vídeos e os DVDs estão assumindo o lugar dos contadores de histórias e dos livros. Trata-se de uma cultura visual incorporada desde a infância. E ela está dominando o mundo –

*Tradução portuguesa da Liga de Estudos Bíblicos, coordenada pelo padre Antônio Charbel, publicada pela Editora Abril em 1966. (N. do T.)

em detrimento da palavra escrita. Com ela, o romance, o berço da fantasia – embora não esteja morto, como tem sido anunciado tantas vezes –, está se enfraquecendo a uma velocidade alarmante.

"Não tenho fé na sobrevivência do romance, ele está quase no fim", disse *Sir* Vidia Naipaul, vencedor do Prêmio Nobel de Literatura de 2001, observando que esse estilo literário vem "morrendo" há pelo menos um século.

Tunku Varadarajan, autor de editoriais do *Wall Street Journal Europe*, situa a observação do escritor numa perspectiva mais otimista, pelo menos do ponto de vista do romance. Ele se pergunta se Naipaul não estaria sendo "um pouco tacanho" e talvez quisesse dizer que ninguém escreve romances tão bons quanto os dele.[2] A resposta de Naipaul evoca Graciano na peça *O mercador de Veneza:*

> *"Eu sou o senhor Oráculo,*
> *E, quando abro a boca, que não ladre qualquer cão!"*

Quer se trate de falta de atração ou de ausência de qualidade, o resultado é o mesmo: o hábito de ler – e com ele as habilidades verbais e de comunicação – está em declínio.

A única categoria de romance que vem ganhando terreno neste mundo cada vez mais visual é o romance gráfico. A Barnes and Noble, a empresa que mais vende livros nos Estados Unidos, mantém seções separadas em suas livrarias para promover os novos títulos do gênero. Na primavera de 2006, conversei com James Killen, o comprador de romances gráficos da companhia. Ele examina e decide quais e quantos novos títulos nessa categoria a B & N deverá adquirir para suas lojas. Durante anos, vimos adaptações em quadrinhos de romances famosos (que acabavam sendo usadas por estudantes universitários em vez do texto verdadeiro). Mas agora as grandes vendas são de narrativas gráficas e romances gráficos originais. A principal mudança, Killen me contou, ocorreu em 2003 com a publicação de *Blankets* (Cobertores), de Craig Thompson, um livro de 600 páginas com memórias de infância. Perguntei a Killen como ele caracteriza o crescimento das narrativas gráficas e dos romances gráficos. Sua resposta: "Explosivamente exponencial."

"Até onde vamos?" eu queria saber. "Qual a altura do céu?" O Relatório de 11 de Setembro seria lançado como narrativa gráfica em 2006.

A questão sobre quanto é grave o problema dos romances convencionais foi respondida em parte pelos jurados de ficção do National Book Awards de 2004, que indicaram o romance *Florida*, de Christine Schutt, como um dos cinco finalistas que concorreriam ao prêmio anual. Esse título vendeu menos de 200 exemplares. Isso não é tudo: três outros livros que disputaram como finalistas o prêmio de melhor ficção de autor americano em 2004 venderam entre 700 e 900 exemplares cada um. A obra que ficou em quinto lugar, *Our Kind: A Novel in Stories* (Nossa espécie: um romance em histórias), de Kate Walbert, vendeu cerca de 2.500 cópias.[3]

O concurso é patrocinado pela National Book Foundation, uma organização sem fins lucrativos sustentada sobretudo por editoras e livreiros. O National Book Awards constitui sua atividade principal. Mas, como disse Larry Kirschbaum, presidente de longa data do Time Warner Book Group, eles estão se isolando completamente da cultura geral. "Estamos sustentando nossa morte", afirmou.[4]

Após anos de crescimento explosivo do número de títulos de livros americanos, em junho de 2006 as editoras registraram um declínio relativo ao ano anterior – 172 mil em 2005 contra 190.078 em 2004.[5]

As conseqüências

Em julho de 2004, o National Endowment for the Arts divulgou um estudo "que documenta a crise nacional", nas palavras de sua presidente, Dana Gioia. De 1982 a 2002, a leitura literária diminuiu entre brancos, afro-americanos e hispano-americanos, mais fortemente entre estes últimos, caindo 10 pontos percentuais. Por idade, os três grupos mais jovens registraram as maiores quedas. A taxa de declínio referente aos adultos mais jovens, entre 18 e 24 anos, foi 55% maior do que a relativa à população adulta total.

"Os Estados Unidos já não podem considerar o hábito da leitura ativa e engajada algo natural no país. À medida que um número maior de americanos deixa de apresentar essa capacidade, a nação vai se tornando menos informada, menos ativa e menos independente em termos intelectuais. Essas não são qualidades que uma sociedade livre, inovadora ou produtiva pode se dar ao luxo de perder. Nenhum fator isolado causou esse problema. E nenhuma solução isolada conseguirá resolvê-lo. Mas ele não pode ser ignorado e precisa ser combatido", sintetizou Gioia.[6]

A história da civilização é uma história da comunicação. Se a comunicação deixa de ser verbal e passa a ser visual, precisamos aprender uma linguagem nova para interagir. A vantagem competitiva num mundo visual será a educação em tecnologia e nas artes – um cérebro voltado para a tecnologia e um coração lírico. Precisamos dos computadores e dos poetas.

Como podemos ter certeza de que estamos mudando da palavra escrita e da nossa própria imaginação para o consumo de imagens instantâneas, isto é, para um mundo visual? Na parte I deste livro, ao abordar o Modelo Mental 2 – O futuro está embutido no presente –, enfatizei que a mudança é o resultado de uma confluência de forças. Quase nunca se trata de uma força individual ou somente de extrapolação linear. Se você acredita que está vendo uma transformação para algo novo, recomendo que pergunte a si mesmo: existem outros indícios de que isso está ocorrendo? Há mais forças empurrando nesse mesmo sentido? No caso em pauta, vemos sinais suficientes para identificar à nossa frente um mundo visual em detrimento do mundo escrito? A seguir, descrevo oito forças que estão pressionando nessa direção:

1. A morte lenta da cultura do jornal
2. Publicidade – de volta à idéia "uma imagem vale por mil palavras"
3. Design sofisticado para produtos comuns
4. A arquitetura como arte visual

5. Moda, arquitetura e arte
6. Música, videoclipes e filmes
7. A mudança do papel da fotografia
8. A democratização da arte de museu nos Estados Unidos

1. A MORTE LENTA DA CULTURA DO JORNAL

Comecei a ler o *New York Times* aos 19 anos de idade. Desde então, não perdi um só exemplar, não importava onde eu morasse ou estivesse no mundo, embora às vezes encontrasse dificuldade para obtê-lo e só o conseguisse com grande atraso. Sobre essa questão, sinto-me como Marshall McLuhan, que disse: "Ler seu jornal favorito é como tomar um banho morno." Para mim, ler o *New York Times* é como tomar um banho morno. Mas parece que um número cada vez menor de pessoas dá valor a essa experiência.

Em 7 de novembro de 2005, o *New York Times* anunciou que sua circulação caíra 2,6%. Sua diretora-presidente, Janet L. Robinson, afirmou: "O mercado da mídia tem sido desafiador em 2005, e nossa expectativa é de que continue assim no próximo ano."[7] Como outros jornais, o *Times* está lutando para conservar seus leitores e anunciantes diante da concorrência da internet, que agora é maior.

A circulação dos jornais americanos caiu mais 2,6% no período de seis meses encerrado em março de 2006, segundo dados da Newspaper Association of America divulgados em 9 de maio daquele ano. A circulação dos jornais dominicais diminuiu 3,1% no mesmo período.

O declínio na circulação dos jornais é uma realidade em todas as nações desenvolvidas. Nos países da União Européia, por exemplo, a redução foi de 5,26% em cinco anos. Durante o mesmo período, no Japão as vendas de jornais apresentaram uma retração de quase 3%.

A queda na circulação dos jornais está ocorrendo há anos. Na década de 1960, quatro entre cada cinco americanos liam um jornal diariamente – agora apenas metade dos americanos faz isso. A circulação do *Washington Post* diminuiu 3% em relação a 2005, enquanto o *Los Angeles Times* registrou uma queda superior a 6%. O desespero produziu um tipo novo de escândalo. Os jornais estão "fabricando" (para dizer de forma suave) números referentes à circulação. Flagrados no ato: o *Chicago Sun-Times*, o *Dallas Morning News* e o *Newsday*, que tinha cerca de 100 mil leitores-fantasmas, como se descobriu. Jornais antes publicados no tamanho grande, tradicional, estão mudando para o formato tablóide e, muitas vezes, veiculando matérias mais picantes, as que fazem a fama desse tipo de periódico. Enquanto isso, jornais gratuitos estão conquistando uma posição segura, e a internet vem atraindo leitores de todos os níveis e lugares.

A esta altura, tenho que fazer uma confissão. Quando me mudei para Viena, uma cidade grande e sofisticada, descobri, para minha surpresa, que o *New York Times* não estava à venda em lugar nenhum. Assim, durante cinco anos, fiz uma assinatura por correio do meu jornal favorito, pagando quase 5 mil dólares por ano. Mas agora, com o acesso tão fácil à versão diária na internet, decidi só receber o "jornal de verdade" aos domingos. Conclusão: não é a mesma experiência ler o *Times* na internet.

A queda das vendas dos jornais não é o único problema. Um declínio acentuado no número de anúncios classificados também vem assolando essas publicações. Rupert Murdoch, que é proprietário de um grande número de jornais, inclusive do *New York Post* e do *Sunday Times* londrino, certa vez descreveu a receita proveniente desses anúncios como "um rio de ouro". Agora, até ele prevê a morte dos classificados.

"Não conheço ninguém com menos de 30 anos que tenha alguma vez consultado um classificado de jornal", disse Murdoch. Em sua opinião, as estratégias editoriais são culpadas pelos problemas financeiros dos jornais americanos: "Fora de Nova York só existem jornais de monopólios. Alguns deles publicam boas matérias, porém elas tendem a ser prolixas, maçantes e elitistas, e não um reflexo do estado de espírito do público em geral." Sua circulação continuará caindo. Mas o empresário também criticou tentativas de aumentar a circulação no Reino Unido com a distribuição de um DVD junto com cada exemplar: "Pessoalmente detesto essa onda do DVD."[8]

Não se esqueça de que "não se obtêm resultados resolvendo problemas, e sim explorando oportunidades". Quer se trate de um DVD, de uma cafeteira ou de um rádio oferecido aos novos assinantes, esse tipo de estímulo não faz sentido. Isso só criará uma demanda por mais e melhores brindes, sem combater o problema da escassez de leitores. Os editores de jornais estão agindo como os fabricantes de máquinas fotográficas que dormiram no ponto durante a transição do sistema analógico para o digital. Dar um filme ou um álbum de fotos com cada câmara vendida não teria solucionado a questão.

No início desta seção, tive a cautela de falar na "morte lenta da cultura do jornal". As palavras-chaves aqui são *lenta* e *cultura*. Eu não disse "a morte dos jornais", ainda que muitas dessas publicações tenham morrido e outras estejam caminhando para isso. O que estamos testemunhando é o vagaroso fim da cultura do jornal, que estava relacionada com a importância dessa mídia em nossa vida. Esse é um aspecto que está claramente perdendo terreno em nosso cotidiano. E, à medida que os jornais se tornam menos importantes para nós, o que acontece com o empreendimento jornalístico passa a ser menos interessante também.

2. PUBLICIDADE – DE VOLTA À IDÉIA "UMA IMAGEM VALE POR MIL PALAVRAS"

Em Pompéia, havia paredes com propaganda; na Idade Média, os pregoeiros; nos Estados Unidos, o catálogo da Sears. Em publicidade, nada sintetiza melhor o que vem ocorrendo do que este velho clichê: "Uma imagem vale por mil palavras." Trata-se em tese de uma adaptação de um ditado chinês: "Mais vale ver pessoalmente do que ouvir mil relatos." De qualquer modo, a publicidade está se afastando da matéria escrita e se encaminhando para a "narrativa visual".

"Ninguém mais adquire um carro com base na sua descrição", diz o publicitário londrino Rooney Carruthers. "As pessoas compram por causa da imagem."

Contrastando com a Ikea, que usa imagens suaves e amigáveis

para mostrar o que ela representa, a *maison* italiana de Luciano Benetton optou por um caminho diferente: a publicidade "não apenas como um meio de comunicação, mas como uma expressão do nosso tempo". Na década de 1980, as campanhas publicitárias da Benetton sacudiram o mundo valendo-se de imagens da realidade cada vez mais provocadoras. Grande parte desse mérito é de Olivero Toscani, um agitador radical que não reluta em atirar a verdade bem na nossa cara.

Em 1984, ele passou a dirigir apenas as campanhas publicitárias da empresa. Foi um precursor que abalou todas as idéias convencionais sobre o papel da propaganda. Em seus primeiros trabalhos para a Benetton, Toscani apresentou imagens joviais de nações culturalmente heterogêneas. As cores variadas da coleção associavam-se às "cores" diversificadas dos clientes da Benetton em todo o mundo. Mostrando jovens engajados numa série de ações divertidas, Toscani apresentou um tema de harmonia racial e paz mundial. Surgiu assim a marca registrada inspiradora usada até hoje: "United Colors of Benetton" (Cores unidas da Benetton).

Essa atitude suave deu lugar à idéia de que os anúncios deveriam destacar problemas sociais e, assim, gerar discussões. O cartaz *Branco e preto* da Benetton, em que uma mãe negra aparece amamentando uma criança branca, foi concebido para promover a igualdade racial. Embora essa tenha sido a imagem mais premiada da empresa, ela desencadeou uma controvérsia sem precedente.

La Pietà foi a foto mais poderosa da campanha: mostra David Kirby, um jovem que estava morrendo de Aids, nos braços do pai. Toscani chamou-a de *La Pietà* numa alusão à escultura que Michelangelo fez de Nossa Senhora com o corpo de Cristo nos braços. A horrível realidade e a disseminação da doença gravaram de modo indelével essa imagem na mente das pessoas enquanto elas estavam correndo para o trabalho, indo às compras ou pensando em seus próprios problemas, sem que pudessem desviar a vista da foto.

Cada vez mais, Toscani estava lidando com as imagens chocantes que vemos o tempo todo na mídia. Mas, uma vez colocadas num cartaz, elas se tornavam bem mais fortes e perturbadoras. As pessoas tinham que parar e refletir sobre sua posição a respeito do assunto.

Toscani, que dirigiu as campanhas da Benetton até 2000, explicou: "Tudo o que fazemos envolve impulsos viscerais. Foi isso o que construiu a Benetton."[9] As imagens transpunham todas as fronteiras culturais, aumentando a consciência social com a apresentação de poderosos temas humanos e universais e defendendo a tese maior de que a comunicação global podia ser realizada melhor visualmente do que pela linguagem.

"Não estou aqui para vender pulôveres, mas para promover uma imagem [que vende pulôveres]", explicou Toscani. Benetton disse: "O propósito da propaganda não é vender mais [ouso duvidar disso]. Ela tem a ver com a publicidade institucional, cujo objetivo é comunicar os valores da empresa. Precisamos transmitir uma imagem forte e única, capaz de ser compartilhada em qualquer lugar do mundo."

MÚLTIPLA ESCOLHA

A aceitação crescente de alternativas aos anúncios impressos convencionais é uma das mudanças mais significativas do marketing em décadas e reflete um afastamento adicional da palavra em direção ao visual – ou ao uso de menos palavras.

Novas possibilidades estão surgindo em profusão na mídia. A multiplicação de anúncios de "produtos de toalete" permite às empresas atingir os gêneros masculino e feminino com total precisão (bem, quase isso). Uma propaganda de creme facial no espelho de um banheiro feminino dizia de forma vaga: "Não é o efeito da iluminação." Os anúncios estão por toda parte, em locais e coisas tão diferentes quanto guardanapos, canetas, cartões telefônicos, ingressos de museus, laterais de prédios, pontes de embarque dos aeroportos, livros escolares, no verso das chaves de plástico de hotéis, no verso das previsões dos biscoitos da sorte (com certeza boa sorte para os 17 milhões de biscoitos produzidos pela Wonton Food, Inc., em Nova York), na base de tulipas de cerveja e até no nome de crianças.

Alguém gritando "Budweiser" pode não estar desesperado por uma cerveja, mas chamando o filho. Numa pesquisa nos Estados Unidos, 49% dos entrevistados responderam que considerariam a possibilidade de batizar seu filho de "Coke", "Kraft" ou algo semelhante se a empresa pagasse meio milhão de dólares, enquanto 21% disseram que aceitariam uma oferta – se o preço fosse razoável.

Está pensando nos esportes? Esqueça os uniformes e os carros de Fórmula 1. O grande lance agora é a pele! Jogadores de vôlei lançaram a novidade, e algumas estrelas já estão oferecendo o corpo para exibir tatuagens temporárias. Quando contraídos, os músculos das costas de um boxeador podem mostrar o nome de um cassino. O lutador Bernard Hopkins teria recebido 100 mil dólares para expor nas costas, durante uma disputa de título, o nome de um cassino on-line, o GoldenPalace.com.

Isso não é nada comparado ao merchandising de produtos em filmes e programas de televisão ("Odiei o filme, mas o merchandising..."). Na União Européia, a ativa Bruxelas já está esboçando regras do que deve ser considerado apropriado ou não para a mídia em termos desse tipo de propaganda.

Nos Estados Unidos, o valor dos contratos de merchandising no cinema e na televisão cresceu de 174 milhões de dólares em 1974 para 3,5 bilhões de dólares em 2004, de acordo com a PQ Media, uma firma de pesquisas de mercado. Em cinco anos, poderá alcançar 7 bilhões de dólares, segundo essa empresa.[10]

O "merchandising virtual" é um processo que faz uso de imagens gráficas de computador e de edição digital para colocar produtos em programas de televisão *após* as gravações. Várias ofertas em diferentes formatos estão disponíveis para os anunciantes. Por exemplo, inserir um tipo de biscoito na estréia do filme, outro no lançamento do DVD e um terceiro na versão para vídeo portátil.

"Tudo o que uma pessoa consegue empacotar nós somos capazes de fazer – produtos farmacêuticos, xampus, comida pronta para entrega, bolsas, etc.", diz David Brenner, presidente da Marathon Ventures, em Wakarusa, Indiana, um nome de peso no merchandising virtual.[11]

A publicidade continua se tornando parte da indústria do entretenimento, e a questão maior é saber que papel a internet desempenhará nisso – além do fato de ser grande e importante. Um ponto está claro: a publicidade como um produto do século XX espelhou uma era de produção em massa muito bem-sucedida. Mas esse modelo faz parte do passado.

3. DESIGN SOFISTICADO PARA PRODUTOS COMUNS

A concorrência cada vez mais acirrada de um mercado global suscita muitas perguntas. A mais premente é: se todas as pessoas têm acesso à mesma tecnologia, o que faz uma empresa se destacar? Uma vez passada a novidade de uma tecnologia, a diferenciação é pelo alto contato, e muitos estão conscientes disso.

Ben Evans, diretor do Festival de Design de Londres, afirmou: "O design e a criatividade estão entre as vantagens competitivas básicas das empresas nas economias desenvolvidas." Robert Hayes, professor emérito da Harvard Business School, joga no mesmo time: "Quinze anos atrás, as empresas concorriam com base no preço. Hoje o ponto é a qualidade. Amanhã será o design."[12]

Scott Morrison sintetiza no *Financial Times* que hoje o objetivo tem que ser criar produtos e serviços que "pareçam elegantes, funcionem intuitivamente e despertem algum tipo de resposta emocional positiva no consumidor".[13]

Nicolas Hayek, presidente do Grupo Swatch, situou a visão teórica num contexto prático: "Se alguém for capaz de combinar uma tecnologia poderosa com a fantasia de um menino de seis anos, conseguirá fazer milagres." E ele fez.[14]

Não longe de Zurique, suas fábricas estão distribuídas por uma paisagem bem cuidada, cercada por altas montanhas. Sua história de sucesso começou ali em meados da década de 1970. A indústria relojoeira suíça vinha enfrentando a ameaça dos japoneses, que haviam conquistado o mercado com o lançamento do Digital Delirium, um relógio com a pulseira mais fina já confeccionada e o menor número de componentes. Em vez de tentar resolver o problema recorrendo aos tradicionais e sofisticados relógios suíços feitos à mão, Hayek identificou a oportunidade nas novas tecnologias e as adotou. Ele reestruturou o relógio convencional, reduzindo o número de peças de 157 para 50, e acabou derrotando os japoneses com um produto que apresentava uma espessura de apenas 1,89mm. Baratos, esses relógios eram montados num processo praticamente automático, sob o controle de poucas pessoas. No entanto, apesar do sucesso em termos tecnológicos, ainda existia uma estrada acidentada pela frente.

As vendas daquele lançamento não emplacavam. Hayek percebeu que não havia graça nenhuma numa maravilha tecnológica sem vida, sem poesia. Assim, combinou seu produto high-tech com cores de alto contato e designs extravagantes. Além disso, teve uma idéia genial de marketing. No mundo suíço dos relógios sofisticados, a Swatch estabeleceu a raridade no segmento dos produtos baratos, limitando o número de cópias produzidas de cada modelo. Agora cerca de 200 modelos são lançados por ano, alguns deles desenhados por artistas famosos, como Keith Haring, Paul Bury, Sam Francis e muitos outros.

Na "mensagem do Presidente", Nicolas Hayek guarda na manga *a ecologia da tecnologia:* "O Grupo Swatch possui uma cultura emocional muito especial. Produzimos beleza, sensualidade, emoção em relógios – e também criamos alta tecnologia para seu pulso. Emoção, poesia e alta tecnologia fazem parte do que sentimos em relação aos nossos clientes. Nós os amamos de verdade. Queremos que sejam felizes – queremos que *você* seja feliz."

Os negócios do dia-a-dia da empresa podem não ser tão altruístas assim, mas a Swatch aprendeu a ouvir a pulsação do nosso tempo. Num mundo de alta tecnologia, carente de imaginação, o design de alto contato dos produtos é agora tão essencial quanto eles próprios. O design acrescenta alma. A apresentação diferencia. O design é a marca do fabricante em sua área.

UMA LINGUAGEM UNIVERSAL DO DESIGN?

O design emergiu como uma das forças mais poderosas do mundo – uma força com muitas faces. Fala-se bastante na adaptação do design dos produtos aos diversos mercados em todo o mundo, em traduzi-lo para diferentes culturas. Uma ênfase do momento é desenhar "plataformas", ou "arquiteturas", em torno das quais os produtos – em especial automóveis – podem ser ajustados a consumidores específicos. Mas talvez o problema esteja no próprio design inicial. Enquanto as montadoras americanas apostam em diferentes carros para mercados distintos, a Mercedes vende os mesmos automóveis em todos os lugares. "Somente um Mercedes é um Mercedes."

Alguns produtos falam uma linguagem de design universal entendida por todas as culturas.

A bandeira do design está subindo no mastro do entretenimento

Indo ao encontro dos desejos das pessoas e do espírito da época, o iPod da Apple conquistou o mundo como uma onda musical, tornando-se o produto genérico global mais bem-sucedido. Não houve "necessidade de adaptação regional nem de consideração das línguas locais", disse Dylan Jones, editor da revista americana *GQ*. "Uma das coisas fáceis de esquecer sobre a brilhante criação de Steve Jobs é que ela é fundamentalmente internacional, e ele produziu uma máquina que é de fato panglobal."[15]

Às vezes um ótimo design não garante o sucesso – mesmo para a Apple. "Até parece que ele pertence ao Museu de Arte Moderna", dizia um anúncio do supercomputador da Apple, o G4 Cube, alguns anos atrás. Embora o produto fosse bonito, suas vendas não decolaram. Steve Jobs agora explica o seguinte: "Não foi uma falha no design, mas no conceito. Achamos que o público preferiria ter algo pequeno na mesa a coisas desnecessárias, e nos enganamos. Foi um conceito errado implementado de modo fabuloso."[16] Aliás, o Cube acabou fazendo parte da coleção de design do Museu de Arte

Moderna de Nova York (MoMA), enquanto o slogan simples da Nokia, "Conectando Pessoas", conquistou o mercado.

Essa frase não poderia ter sido mais simples: "Conectando Pessoas." Em essência, precisamos entender que telefones celulares, a exemplo de outras invenções, não são um fenômeno tecnológico, e sim um fenômeno social. Eles colocam as pessoas em contato, lidam com emoções. Pense no Modelo Mental 11 – Não se esqueça da ecologia da tecnologia: isto é, depois que todas as pessoas possuem um telefone celular, a relação entre os consumidores e seus aparelhos torna-se primordial.

O principal projetista da Nokia, Frank Nuovo, continua surpreso com a ausência de concorrência no design por tanto tempo. "Passaram-se quase 10 anos até vermos alguém lançar um olhar mais agressivo para os telefones celulares projetados industrialmente. Foi quando eles aqueceram os motores e produziram alguns designs decentes. Isso é ótimo, pois torna a questão mais desafiadora."[17]

Nuovo, que está em trânsito de 25 a 30% do tempo, vincula a capacidade que a Nokia tem "de transpor as fronteiras culturais com celulares de designs admirados no mundo inteiro" ao fato de seu grupo de projetistas possuir uma natureza internacional. Ele afirma que se orgulha sobretudo do fato de 30 nacionalidades estarem representadas em sua equipe de design. Isso dá às pessoas inspiração do mundo inteiro – a partir de diferentes grupos demográficos e áreas de estudo – para criar produtos capazes de alcançar o sucesso em todos os mercados.

Sucesso é o que não falta para a Vertu, a linha de celulares de luxo, aparentemente tratados como relógios sofisticados, produzidos com materiais valiosos, como safira, couro, aço inoxidável e metais preciosos, e vendidos a partir de 3.850 dólares. O kit padrão do Vertu MMII Stainless, que não é o modelo mais requintado, custa 7.200 dólares. Você gostaria de comprar o teclado dos seus sonhos junto com ele? Com teclas douradas? Isso custará mais 1.200 dólares. Esse produto não apresenta recursos avançados, apenas uma aparência magnífica e materiais caros, nada mais. Porém, alimenta o ego.

Certa vez participei de um encontro em Santa Fé em que vi Jim Taylor, escritor e professor de marketing de Harvard, demonstrar o poder da tentação visual. Ele retirou do bolso duas canetas esferográficas – uma Montblanc Masterpiece e outra comum –, desceu do pódio e pediu a uma pessoa da platéia que desenhasse algumas linhas com cada uma delas. Claro que não houve nenhuma diferença visível entre os traços. "Agora" – ele perguntou, balançando a folha de papel diante dos nossos narizes – "por que alguém estaria disposto a pagar 1.500 dólares por uma caneta que não faz nada a mais do que outra que custa um dólar?"

Eu diria: porque, após passar anos escrevendo um livro, autografá-lo com uma caneta de um dólar seria como comer caviar de beluga num pratinho de plástico.

Ikea, Swatch, Montblanc, Apple e Nokia são algumas das empresas que vendem seus produtos em todo o mundo, criando um design que não precisa se adaptar a diferentes culturas. Ao contrário do que ocorre com alguns artigos, os itens fabricados por essas companhias não têm sua função comprometida pelo design. Essas organizações priorizam a funcionalidade. "A forma decorre da função: há muito tempo esse princípio nos acompanha", diz Nuovo.

Asiáticos, europeus e americanos são todos mente e alma, razão e emoção. Um produto consegue estabelecer uma conexão quando está em equilíbrio com sentimento e função.

4. A ARQUITETURA COMO ARTE VISUAL

Você já notou como é significativo o número de arquitetos conceituados que se envolveram com design de lojas? Durante décadas, grandes nomes da arquitetura torceram o nariz à idéia de projetar uma mera loja de roupas ou um centro de compras comum.

Nunca a arquitetura foi tão aceita como arte visual quanto agora. Célebres arquitetos internacionais – Frank Gehry, Rem Koolhaas, Santiago Calatrava, Daniel Libeskind, Norman Foster, Richard Meier e Zaha Hadid – pelo menos empatam em popularidade com renomados artistas plásticos atuais: Gerhard Richter, Damien Hirst, Cy Twombly, David Hockney, Richard Serra, Robert Rauschenberg.

Em 2004, a nona Bienal de Arquitetura de Veneza, que é a exposição de arquitetura mais importante do mundo, foi denominada "Metamorph". O diretor do evento, Kurt Forster, escolheu esse nome porque ele realça a face mutável da arquitetura, que "assumiu tamanha abrangência e profundidade como se sugerisse o advento de uma nova era".[18] O tema da décima Exposição Internacional de Arquitetura, realizada em Veneza de 10 de setembro a 19 de novembro de 2006, foi "Cidades, Arquitetura e Sociedade".

É melhor ficarmos atentos a isso, pois até o governo federal americano entrou em cena. O esplêndido U.S. Courthouse and Federal Building, de Richard Meier, em Long Island, é um exemplo notável da iniciativa de um governo de procurar e contratar o melhor talento arquitetônico – ao contrário do que ocorria no passado, quando o trabalho era encomendado aos arquitetos que tinham os melhores contatos políticos. Um marco dessa mudança no conceito sobre a arquitetura e seu valor comercial foi, é claro, o Museu Guggenheim, de Frank Gehry, em Bilbao.

Liderando o desfile

Anos atrás, numa manhã ensolarada de primavera, voamos de Madrid a Bilbao, localizada no norte da Espanha, na região basca. O motivo: ver o Guggenheim, o projeto principal da revitalização da pequena cidade, que incluiu a reconstrução do aeroporto local e o início das obras da primeira linha de um novo sistema de metrô. Além disso, *Sir* Norman Foster supervisionou a edificação da ponte para pedestres Uribitarte, sobre o rio Nervión, criada por Santiago Calatrava, e o projeto de Cesar Pelli para a zona portuária, uma área cultural e comercial com 2/3 de parques e espaços abertos.

Um motorista nos conduziu do pequeno e movimentado aeroporto até a cidade. Ele nos contou como seu negócio havia melhorado e como a região basca renascera: agora, ganhar a vida era algo bem mais fácil para todos. Logo o museu se tornou visível, suas ondas de titânio refletindo a luz solar brilhante em dourado e bege, suas formas visuais absolutamente fascinantes integrando-se à vizinhança comum. Com tanta badalação em torno dessa obra, eu me preparara para uma pequena decepção. Mas o poder e a graça do prédio me fizeram entender por que esse Guggenheim icônico, que à distância lembra os laços de uma fita gigante, transformara aquela área num lugar de peregrinação, definindo um novo nível de beleza visual arquitetônica.

Esse milagre baseou-se em mentes abertas e na crença de que uma arquitetura grandiosa dá certo em qualquer lugar. O modelo mental subjacente foi *buscar uma oportunidade em vez de resolver os problemas* de uma população em declínio e de uma indústria enfraquecida. Foi um alto risco e um enorme sucesso. Bilbao vinha liderando o desfile de vender uma espetacular arquitetura contemporânea como destino turístico. Com o fim da produção de bombas atômicas, o preço do titânio (a matéria-prima básica do prédio) caíra a um patamar em que esse produto podia ser empregado como material de construção. Sem o computador, a dinâmica do projeto não poderia ter sido calculada e traduzida nas especificações necessárias à edificação do museu.

Nada disso cruzou minha mente enquanto eu contemplava o edifício. Tornei-me um peregrino que não hesitaria em retornar para outra daquela experiência mística, um prazer visual puro e exuberante que mudou minha concepção do que a arquitetura era e poderia ser.

Mais de 70 anos atrás, o New York Chrysler Building, de William Van Alen, construído em 1930, e mais tarde o Seagram Building, de Mies van der Rohe, de 1954, definiram os padrões de elegância, simplicidade e claridade dos arranha-céus. A arquitetura bem projetada, com um toque especial, tornou-se um grande conceito diferenciador para museus e empresas. Graças a arquitetos que realizam projetos icônicos, é possível que a "arquitetura como arte" seja agora mais amplamente aceita do que nunca. O prédio da Swiss Re em Londres é conhecido como o "Pepino Erótico" e lembra um pouco uma pinha de vidro brilhante. Esse edifício ganhou muitos prêmios e tornou o grupo ressegurador uma marca bem mais familiar para milhões de londrinos e visitantes. Um verdadeiro contraste com construções que se distinguem apenas por exibir o nome da empresa em letras garrafais.

Uma nova busca de identidade por meio do design

Quando o MoMA começou a organizar uma grande exposição sobre arquitetura e áreas públicas em todo o mundo, uma das primeiras paradas foi a Espanha. O curador-chefe de arquitetura e design do museu, Terence Riley, ficou tão impressionado com o desempenho da arquitetura e com a empolgação envolvendo a mudança da paisagem artificial daquele país que tomou uma decisão: a exposição, que seria sobre arquitetura mundial, passaria a ser sobre a Espanha como líder global em design arquitetônico. Tudo começou com a inauguração do Museu Guggenheim, de Frank Gehry, em 1997. A reviravolta que ele provocou, contou Riley, levou outras cidades espanholas a perguntar: "Por que não nós?"

Em suas palavras: "Prefeitos ganharam coragem, o risco foi incentivado. Após Gehry, existe toda essa tentativa de tornar o país mais aberto ao turismo cultural." Com certeza, um renascimento arquitetônico vem ocorrendo na Espanha, o que apresenta uma vitrine visual para o resto do mundo. O museu de Gehry é um exemplo de como *o futuro da cultura está embutido no presente.*

Após décadas de governo fascista, o despertar democrático tem impulsionado a Espanha. E, antes do período de Franco, como observa Riley, "nos séculos XVIII e XIX, o país ateve-se à sua definição contra-reformista de si mesmo – tornou-se um Estado antimoderno, autocrático e ortodoxo". A atividade atual "é uma tentativa séria dessas cidades de compensar a diferença entre elas e outros países europeus". A Espanha de hoje está ultrapassando de longe outras partes da Europa na extensão e na ousadia de sua nova arquitetura. Uma indicação do volume da atividade arquitetônica nesse país é o fato de a construção civil ter se tornado seu maior setor econômico, superando até o turismo. Um progresso notável, uma vez que a Espanha é há anos o destino turístico número um ou dois do mundo (posições que alterna com a França).

Embora obras de celebridades da arquitetura – como Zaha Hadid (três projetos), Jacques Herzog e Pierre de Meuron (sete projetos), Jean Nouvel (cinco projetos), além de Rem Koolhaas e Frank Gehry (um novo hotel em La Rioja) e Richard Rogers – tenham sido apresentadas, dos 53 projetos exibidos na exposição do MoMA, realizada de fevereiro a maio de 2006, 70% eram de arquitetos espanhóis. Agora o país promove competições arquitetônicas para todos os novos prédios públicos. Algumas delas só aceitam concorrentes com menos de 40 anos.

O clube dos viajantes VIP

A mudança para um mundo visual, onde o estímulo do design pode ser a proposição exclusiva de vendas de uma região ou produto, abriu as portas para novas oportunidades de negócios. Uma delas conduziu aos hotéis com espaços projetados por designers famosos, os chamados *designer hotels*. Bom para nós. Minha mulher e eu viajamos muito e não somos insensíveis ao encanto visual. Alguns anos atrás, a caminho de Oxford, decidimos passar por Londres, e não tivemos dúvida sobre onde ficar: no Sanderson, o elogiadíssimo hotel de Ian Schrager, projetado por Philippe Starck, no norte do Soho. Ele abriu as portas de "um palco mágico para os viajantes VIP do mundo".

Nossas expectativas eram altas quando o carro parou diante do prédio, a antiga sede de uma empresa do fim da década de 1950. "O Sanderson é, em essência, um jogo mental. Em termos culturais, é o espaço mais completo que fizemos. Difícil de entender. Um hotel de ilusão – ilusão de óptica. Truques poéticos. Você não sabe o que está vendo. Onde estão as paredes? Qual é o estilo?",[19] disse Starck.

Como descrever nossos sentimentos quando as portas se abriram? Bem, foi como desembrulhar aquele presente da tia Cotinha na noite de Natal. O que dizer?

"Vocês precisam entender que os hóspedes tornam-se atores nesses espaços", disse Anda Andrei, presidente de design da rede Ian Schrager Hotels, numa entrevista para a *Vanity Fair*. "As pessoas não entram simplesmente no saguão. Em vez disso, elas podem se perguntar: será que estou com um visual bacana enquanto atravesso este saguão?"

Os bancos em que nos sentamos diante do balcão da recepção do Sanderson eram um pouco duros – haviam sido feitos com tambores da selva. Poderíamos ter assumido uma postura menos elegante enquanto aguardávamos as chaves do quarto. No entanto, tudo mudou quando o funcionário, muito gentil, nos conduziu ao elevador que nos levou até nosso pavimento. As palavras de Starck ecoavam na nossa mente: "Neste elevador a pessoa mergulha no universo. Ela voa. Existe um desfile de cultura."

Deixamos o universo no quinto andar e caminhamos sobre grossos tapetes até chegarmos ao quarto. Abri a porta. Minimalista. Branco. Iluminado. Pequeno. Por que não tínhamos reservado uma suíte? Mas aquilo, é claro, era falha nossa.

"É o espaço mais etéreo que já vi", Andrei dissera. "É um pouco feminino. É bem sexy. Se eu me hospedasse aqui, não sairia do quarto."

Minha mulher virou-se para mim: "Este lugar não parece um daqueles quartos onde as pessoas esperam antes de entrar na sala de cirurgia?" Ela me perguntou isso de cara séria, impedindo qualquer tentativa de nos candidatarmos ao clube dos viajantes VIP. Cientes de que não tínhamos conseguido entrar no clima da "bruma sofisticada, a nuvem mental, em que cada sinal abre uma porta para o cérebro" (Philippe Starck de novo), na manhã seguinte nos mudamos para um hotel antiquado ali por perto.

O design exagerado compara-se à adoção de uma nova tecnologia sem pensar em sua ecologia. O que é aumentado? O que é diminuído? O que é substituído? Menos é mais, porém deixe alguma coisa! Os *designer hotels* encontrarão sua clientela enquanto for moda ficar ali, contudo a novidade se desgasta, e as necessidades básicas permanecem. Por mais diversificada que seja a definição de gosto, o design em causa própria não é a resposta.

Em 2005, o *Financial Times*, que costuma ser sensato, afirmou em editorial que o consumo conspícuo "já era" e que a auto-realização é que está em voga por meio de "experiências de luxo", observando que a Armani e a Bulgari entraram no negócio dos hotéis de luxo.[20] As "experiências de luxo" podem crescer no *mix*, porém não substituirão outras formas de consumo conspícuo.

5. MODA, ARQUITETURA E ARTE

Num livro sobre arte e moda, Alex Coles cita o lendário crítico de arte Clement Greenberg: "...que disse algo como 'a arte sempre teve um cordão umbilical de ouro ligando-a às pessoas ricas' – mas esse cordão também lhe permitia uma distância crítica. Com a inserção da arte no efetivo contexto do mundo do dinheiro, essa distância desapareceu completamente." Coles estava apontando para "uma grande mudança" no *grau* em que as empresas de moda estão adotando a arte.[21]

Não é de admirar que, num mundo abarrotado de produtos de luxo, as marcas de prestígio procurem novas formas de nos seduzir. Os mercados para esses artigos estão saturados – com excesso de oferta –, e a demanda é insuficiente. *Solucionar um problema ou buscar oportunidades novas?* O que fazer? Ou, nas palavras de Karl Lagerfeld: "Como manter vivo o desejo?"

Explorar uma simbiose de arte e moda é a resposta. Marcas sofisticadas, como Dom Pérignon e Chanel, estão lançando mão de filmes criativos de cinco minutos destinados a criar um contexto de fantasia e arte séria para seus produtos. As *maisons* estão indo além dos comerciais-padrão, recorrendo a astros da direção e supermodelos. O cineasta australiano Baz Luhrmann domina perfeitamente a arte de contar uma história. Num anúncio para a Chanel, de cenas rebuscadas, ele dirige Nicole Kidman como a mulher dos sonhos de todo homem. Armani voltou-se para Michelle Pfeiffer, que o chamou de alma gêmea, e nos convida a ver o mundo através dos seus óculos de sol. Uma Thurman é a embaixatriz da marca global TAG Heuer, e o charme de George Clooney mescla-se ao gosto do Nespresso. O diretor geral da LVMH (Moët Hennessy Louis Vuitton), Jean Marc LeCave, diz: "Hoje em dia, precisamos de nomes que sejam reconhecidos no mundo inteiro, de Tóquio e Xangai a Nova York e Paris."

Karl Lagerfeld tirou fotos para a campanha DP98 da Dom Pérignon, combinando imagens que despertam o desejo num novo cenário: o borbulhar do champanhe, a beleza de uma mulher, a idéia de uma maneira de viver, a atração do inatingível. Essas cenas transmitem um estilo de vida de conto de fadas para quem sonha com isso.[22]

Andy Warhol disse certa vez que a "moda não é mais o que vestimos para ir a determinado lugar; ela é todo o motivo pelo qual vamos até lá".

O cordão umbilical de ouro

O cordão de ouro entre arte e dinheiro nunca foi tão refinado e bem alimentado quanto na longa história do mundo aristocrático e seu patrocínio às artes. Reis e rainhas, papas e potentados viviam cercados de arte e poesia, música e arquitetura grandiosa. Luís XIV, o "Rei Sol", associou seu nome para sempre ao castelo imperial mais famoso: Versalhes. Os soberanos do nosso tempo, a nobreza endinheirada da moda e do comércio, estão retornando a essa cultura, juntando os três elementos do cordão umbilical atual: arte, moda e arquitetura.

Quando percorremos o chamado triângulo dourado de Paris – Avenue Montaigne, Avenue George V e Rue François 1er –, vemos os grandes nomes da moda enfileirados como pardais num fio: Dior, Chanel, Rochas, Hermès, Cartier, Prada, Issey Miyake, Yohji Yamamoto, etc.

Em meio a esse luxo extravagante, um edifício de sete andares se destaca: a sede luxuosa, no estilo art déco, da Louis Vuitton, o maior prédio do mundo de uma só empresa. No andar superior, a Vuitton criou uma galeria de arte, o Espace Culturel Louis Vuitton. Uma área de 400m^2, com uma rotunda de 5m, aguarda pelo público; um terraço externo oferece um panorama da cidade de tirar o fôlego. Embora os visitantes possam chegar à galeria pela loja, há uma entrada própria na Rue de Bassano, 58. Um elevador, projetado pelo artista dinamarquês Olafur Eliasson, proporciona uma experiência singular. Num espaço totalmente escuro e à prova de som, "o visitante é convidado a vivenciar sua própria viagem interior de autodescoberta" numa subida de 20 segundos até o local da exposição. Não quero ser crítico, mas, se houver algum conteúdo no interior da pessoa, um passeio de 20 segundos será muito rápido.[23]

Em janeiro de 2006, quando visitamos o prédio da Louis Vuitton, assim que a porta do elevador se abriu, fomos catapultados do nosso espaço interior direto para a nudez da exposição "Alphabet Concept", de Vanessa Beecroft. Ela criou esse conjunto de obras de arte como uma colaboração para a Louis Vuitton. São 13 fotografias em que o logotipo LV e as letras do nome da marca são formados por arranjos de corpos femininos nus. "A nudez torna-se seu próprio tipo de vestimenta, o que não difere do conto de Andersen sobre a roupa do velho imperador", disse ela.

Beecroft, uma artista italiana conhecida por suas imagens de belas modelos que se despem em galerias e museus, já encenara o espetáculo memorável da quase-nudez para a enorme festa de inauguração da loja Louis Vuitton do Champs-Elysées em outubro de 2005, no Petit Palais, próximo dali.

A galeria da LV apresenta cinco exposições por ano, concentrando-se em quatro temas – tradição, arte, moda e viagem – que inspiraram essa marca em seus 150 anos de história. O CEO da Louis Vuitton, Yves Carcelle, disse que na sua empresa houve um consenso real de que uma casa de luxo poderia ser um veículo para colocar a arte, em especial a moderna, em contato com o público. "Museus podem ser intimidantes – o visitante sente que não deve falar demais nesses lugares. Aqui se pode falar, e isso cria um relacionamento diferente com a arte", afirmou.[24] A própria loja está repleta de arte de vanguarda encomendada a artistas contemporâneos consagrados. Há no mundo da arte a preocupação de que esses artistas estejam se tornando mercenários? Talvez. Vanessa Beecroft sintetiza o conflito:

> "A burguesia gosta de usar os intelectuais para lavar sua alma; acredita que obras progressistas, de vanguarda, fazem bem à sua imagem. Será que me usaram? Com certeza, e bem barato – não pagaram grande coisa, como fazem os museus. Mas, em alguns aspectos, gosto de ser usada. Senti-me intimidada na loja – há um exagero ali, sapatos em demasia, bolsas em demasia, coisas em demasia junto com a arte. Porém, gosto de me sentir intimidada: é como estar numa zona de guerra."[25]

Peter Marino, o arquiteto que projetou o interior da loja, perguntou: "Quando os grandes pintores do Renascimento fizeram as capelas Medici, agiram como mercenários?" E respondeu: "Não, e isso permanece. Porém, agora não são mais os papas que encomendam obras de arte, e sim grandes corporações."[26]

O cordão umbilical de ouro continua válido.

Quase um século atrás, Mario Prada criou a marca Prada na Itália. Desde 1978, Miuccia, sua neta, dirige o negócio. Sob seu comando, a Prada tornou-se líder na inovação de tecidos e design. Junto com Patricio Bertelli, ela criou em 1997 a Fondazione Prada, uma galeria de arte importante em seu país, e reestruturou a fundação de arte contemporânea PradaMilanArte, que organiza duas exposições de artistas internacionais por ano.

Quem entra na loja da Prada de Rem Koolhaas, no SoHo, em Nova York, tem a oportunidade de apreciar um tipo diferente de espetáculo.[27] Um espaço de 2.200m^2 que custou a bagatela de 40 milhões de dólares e não vende praticamente nada, mas que dá à pessoa um prazer visual para elogiar a moda em exibição ali. "Essa loja combina de verdade com a estratégia de uma etiqueta de luxo, porque é necessário proporcionar aos clientes uma experiência luxuosa singular, de A a Z", diz Miuccia Prada.[28]

Para ela, espaços desse tipo são ferramentas de comunicação importantes. "Portanto, o retorno não se resume ao número de bolsas vendidas – ele é medido também pelo modo como essas lojas definem nossa imagem." De fato, a inauguração da loja da Prada no

SoHo, em dezembro de 2001, foi objeto de uma grande cobertura na mídia. "Pense nisso como uma exposição permanente num museu", escreveu Herbert Muschamp, o crítico de arquitetura do *New York Times*. O evento de abertura foi prestigiado por convidados célebres, como o então prefeito de Nova York, Rudolph Giuliani. Assim, ao que parece, o design realizou, ao menos em parte, o que Miuccia Prada queria.

E a empresa não pára. Desde essa inauguração, entraram em operação mais duas unidades importantes: uma em Tóquio, projetada por Herzog e De Meuron, e outra em Beverly Hills, Los Angeles, também de Rem Koolhaas, mas com Ole Scheeren. A Prada já gastou mais de 100 milhões de dólares nessas butiques exuberantes, e parece que a de Xangai será a próxima.

Nesse cenário, o museu de Frank Gehry em Bilbao acabou contribuindo para o mundo da moda. Issey Miyake contraiu a "febre de Bilbao", e o resultado foi a loja da Tribeca ao lado da Prada: um equilíbrio delicado, de tirar o fôlego, entre compras e entretenimento na loja. Tanto faz se sua ida até lá for para consumir ou para olhar, você percorrerá de olhos arregalados esse espaço de puro Gehry, onde um monstruoso tornado de titânio rodopia por uma butique de dois andares com $280m^2$. As compras sofisticadas estão se estabelecendo como uma fase em Bilbao ou estamos falando apenas de extravagâncias e caprichos passageiros? Frank Gehry disse: "Acho que Issey e eu podemos estar atrás da mesma coisa em nosso trabalho. Ambos tentamos expressar o movimento e brincar com materiais novos não usados antes."[29]

O vírus do design das lojas sofisticadas está se disseminando no espaço de vendas varejista, que se situa no patamar abaixo. Com a experiência de compra aumentando na extremidade superior e as compras pela internet se intensificando na ponta inferior, o design vem se tornando cada vez mais importante no varejo.

6. MÚSICA, VIDEOCLIPES E FILMES

*Anytime, Anywhere.**

Em 1957, nos Estados Unidos, a diversão começava com o *jukebox*, a vitrola automática que funcionava com moedas. As "vitrolas" de hoje encolheram, entretanto o que oferecem se multiplicou. O Dell Jukebox (DJ) cabe na palma da mão como um baralho de cartas e toca até 16 horas de música – como se tivéssemos 100 discos de vinil para escolher as faixas. No entanto, as canções sozinhas já não dão conta do recado. Estamos na era do visual, dos videoclipes, da MTV.

A mudança para uma cultura visual global contou com uma grande contribuição da MTV.

Essa emissora começou transmitindo quase exclusivamente videoclipes de três minutos, uma nova opção na televisão que mudaria a cultura visual e exerceria uma influência excepcional sobre a experimentação e o marketing. (*I want my MTV.*)**

"A permanência da MTV, na interseção do instável negócio musical com o inconstante interesse comercial da televisão, pode ser atribuída a um só modelo mental: sua insistência, há 24 anos, em que o próprio canal é o astro", escreveu Kate Arthur, no *New York Times.*[30] O talento pode surgir e desaparecer, mas a MTV perdura.

A Rede MTV possui 112 canais em todo o mundo, incluindo o Comedy Central e o Nickelodeon.

Podemos atribuir à MTV a redução do chamado tempo de atenção dos espectadores e o incentivo à cultura do design.

Desde então, essa emissora ampliou a programação, e "os videoclipes assumiram uma empolgante, ainda que incerta, vida própria bem distante da nave-mãe que os lançou", afirmou o jornalista Jon Caramanica na edição de 31 de julho de 2005 do *New York Times*. A

---

*"Em qualquer época, em qualquer lugar." Título de uma canção de Sarah Brightman. (N. do T.)

**"Quero minha MTV." Frase da canção *Money for Nothing*, do Dire Straits. (N. do T.)

proliferação dos videoclipes em outras telas foi tão discreta quanto profunda. Para o mundo visual global, essas produções energizaram o marketing visual, com Prince, Michael Jackson e Madonna, todos se reinventando. O videoclipe, como observa Caramanica, tornou-se uma das únicas formas de mídia que realmente se adaptam a todas as telas e a todos os aparelhos.

A chegada do vídeo iPod juntou duas das inovações mais significativas da música pop, prometendo colocar o mundo visual inteiro em nossas mãos. Conecte sua *webcam* ao computador, crie seu próprio *reality show* e fique famoso. A internet está prestes a ser a grande pedida para aspirantes ao estrelato e para celebridades reais. O objetivo disso tudo, por mais caótico que pareça, é levar mais imagens a mais pessoas e mais depressa, criando a explosão de um mundo visual. Downloads diretamente no iPod de estréias mundiais de filmes em sites como YouTube e Yahoo!. A vanguarda continua avançando.

Videogames como forma de arte

Os videogames, que conquistaram coletivamente boa parte do espaço e do tempo antes ocupado pela televisão, vêm atraindo a atenção como uma forma de arte. Os americanos, por exemplo, agora gastam mais dinheiro com esses produtos do que com filmes. E, segundo o professor da Universidade de Wisconsin James Paul Gee, essas atrações se tornaram "a principal atividade cultural da geração de 30 a 35 anos ou mais jovem, assim como foram os filmes e a literatura para as gerações anteriores".[31]

A história das mídias é que, em seu início, a nova modalidade repete o conteúdo da anterior. Em seus primeiros dias, o rádio transmitia peças teatrais; a televisão filmava programas de rádio e exibia filmes antigos. Os videogames tentaram usar filmes, contudo os resultados foram desastrosos. É de conhecimento geral nesse setor que um jogo baseado em *E.T.* representou o maior fracasso dessa área. Mas a "inveja do cinema" ainda afeta as grandes empresas dessa indústria de 10 bilhões de dólares, diz Eric Zimmerman, da gameLab. Segundo ele, o impulso de fazer as pessoas chorar foi "uma idéia equivocada da representação emocional". E acrescenta: "Os videogames são, por natureza, incrivelmente envolventes em termos emocionais. Trata-se de sistemas dinâmicos, participativos. Esse é um nível de narrativa que os filmes não alcançam."[32]

E o professor Gee complementa: "Ainda nem arranhamos a superfície dos jogos que poderíamos criar sem que alguém atirasse em alguém."

O contador de histórias Steven Spielberg, que está muito envolvido na mídia do videogame, diz que ela atingirá a maioridade "quando alguém confessar que chorou no nível 17".[33]

Na edição de 4 de dezembro de 2005 do *New York Times*, no excelente artigo "The Gamer as Artiste", John Leland ressaltou que exposições de museus, conferências acadêmicas e cursos universitários têm analisado os videogames como arte. A conferência Motores de Histórias, realizada na Universidade de Stanford em 2004, examinou os videogames como um meio de criar narrativas "numa época em que os públicos dos veículos tradicionais de histórias, como livros, jornais, filmes e redes de televisão, estão em declínio".

Quais os sucessores atuais dos contadores de histórias? Para prever o futuro, observe o placar do jogo. Nos Estados Unidos, as vendas de videogames em 2005 foram superiores a 10 bilhões de dólares, com a Sony e a Microsoft, os dois fabricantes dos consoles mais populares – o PlayStation 2 e o Xbox, respectivamente –, preparando lançamentos. Os maiores sucessos comerciais foram *Grand Theft Auto: San Andreas* e *Halo 2* – cada um deles vendeu mais de 5 milhões de cópias. Talvez nenhum leitor deste livro conheça esses jogos, mas, para muitos jovens em todo o mundo, eles são parte da passagem para o mundo visual.

Filmes

O sentimento de perplexidade que tomou conta de todos diante dos rumos do mundo visual envolveu também Hollywood, que, em janeiro de 2006, estava tentando algo novo na difusão de suas imagens. Um filme chamado *Bubble – Uma nova experiência*, sobre um crime misterioso numa cidadezinha do Ohio, foi o primeiro "lançamento universal" da indústria cinematográfica, com estréia simultânea nos cinemas, em DVD e nas emissoras de televisão por assinatura.

O empresário da internet envolvido na distribuição de *Bubble*, Todd Wagner, vê o fenômeno como a incursão tardia da indústria cinematográfica na era digital. "Para mim, está claro que os tempos mudaram", ele afirmou. "O que está se modificando é a prática de Hollywood de impor aos clientes onde e quando poderão consumir seus produtos. Esse tipo de imposição na área da música seria o mesmo que dizer: 'Se você quiser ouvir essa canção pelo rádio, terá que esperar cinco meses.'"[34]

Enfatizando essa mudança de paisagem, Rick Finkelstein, presidente e diretor das operações da Universal Pictures, assinalou: "No final, teremos redes domiciliares, e as pessoas poderão assistir ao que quiserem quando quiserem e no aparelho que quiserem."[35]

De novo: *qual é o placar do jogo?* Desde 2003, a arrecadação anual das bilheterias dos cinemas americanos tem se aproximado dos 9,5 bilhões de dólares. Em 2005, as vendas de DVDs chegaram a 15 bilhões de dólares, 30% a mais do que no ano anterior. Os lançamentos nesse mercado aumentaram de 1.500 em 1997 para mais de 11 mil em 2005. E, não custa lembrar: a Wal-Mart é o maior vendedor mundial desses produtos.

O próximo grande lance em planejamento: distribuição digital por satélite diretamente para cerca de 110 mil telas de cinema em todo o mundo. O DVD também desempenha um papel relevante na tendência global para a descentralização do entretenimento: da diversão para as massas à diversão maciça para o indivíduo. É um negócio novo. De fato, em 2003 os americanos gastaram 14,4 bilhões de dólares em filmes para ver em casa, ou seja, *bilhões* de dólares a mais do que destinam a ingressos de cinema.

Embora seja enorme, o interesse desses consumidores em colecionar DVDs praticamente não foi previsto. Ainda assim, esses produtos, que têm contribuído de forma maravilhosa para o entretenimento domiciliar, não são capazes de oferecer conteúdo de alta definição e interatividade de banda larga.

Finalmente, a nova tecnologia vem sendo cada vez mais adotada em razão da crescente afluência mundial – há um mercado de classe média global em incrível expansão para os produtos eletrônicos e o entretenimento. A demanda, de tão forte, suplanta as novas e inevitáveis guerras pelos padrões tecnológicos. Antes, a decisão sobre os padrões cabia aos governos – embora seja impossível para qualquer um deles prever as necessidades e os desejos de milhões de clientes potenciais.

Hoje em dia o mercado define o padrão. Assim, no contexto maior, só os consumidores podem decidir de forma legítima a respeito disso. É a tendência global predominante. A convergência de tecnologia e entretenimento, há tanto tempo apontada por essa indústria, é um processo dinâmico em que cada etapa instrui todas as fases seguintes.

Em última análise, para que *qualquer* tecnologia nova acabe se tornando um sucesso, esse processo precisa envolver o consumidor de forma plena. À medida que o mundo se aproxima da era da mídia de alta definição, o livre mercado vai decidindo sobre aquilo que tem o poder de atrair a atenção – e o que não tem.

7. A MUDANÇA DO PAPEL DA FOTOGRAFIA

Conheces a região do laranjal florido?
Ardem, na escura fronde, em brasa os pomos de ouro;
No céu azul perpassa a brisa num gemido...
A murta não se move nem palpita o louro...
Não a conheces tu?
Pois lá... bem longe, além,
Quisera ir-me contigo, ó meu querido bem!

– Johann Wolfgang von Goethe, 1749-1832*

**Canção de Mignon*. Tradução portuguesa do filólogo carioca João Ribeiro (1860-1934). (N. do T.)

Durante séculos, a única forma de explorar a beleza visual do mundo era através dos olhos dos outros: por meio do pincel e do cavalete de um pintor ou da narrativa de um viajante intrépido. Marco Polo pintou quadros de uma China desconhecida, Goethe introduziu-nos à sua Itália. Frutos de experiências e emoções pessoais, esses cenários da realidade não eram tão verdadeiros assim. Até que surgiu a fotografia, que nos permitiu ver pelo olho real de uma lente.

A televisão mudou tudo ao trazer países e culturas remotas para dentro de nossas salas de estar. A fotografia sobreviveu, no entanto seu propósito começou a mudar.

> "A câmara é um instrumento de detecção. Fotografamos não apenas o que conhecemos, mas também o que não conhecemos."
>
> – Lisette Model, 1901-1983[36]

Lisette Model nasceu em 1901 numa rica família vienense. Desenvolveu uma abordagem direta, sem rodeios. Suas fotografias, tiradas com uma Rolleiflex, são física e emocionalmente viscerais – são recortes precisos de imagens que causam um impacto forte e direto. Ela se tornou conhecida por ter produzido em 1958 uma série de retratos de pessoas à margem da sociedade.

Naquela época, em torno de 1957-1960, a jovem Diane Arbus estudou fotografia na New School, em Nova York. Lisette Model foi sua professora. Arbus cresceu num ambiente rico e privilegiado em Central Park West, e nada lhe faltou em termos materiais. Seus pais enviaram-na às melhores escolas progressistas de Nova York. Sua abordagem da fotografia assemelhava-se à de Lisette Model:

> "É importante tirar fotos ruins. São elas que têm a ver com o que nunca fizemos antes. Essas fotos podem nos levar a identificar algo que não havíamos notado para que sejamos capazes de reconhecê-lo quando o virmos novamente."
>
> – Diane Arbus, 1923-1971

Para o MoMA, ela foi "uma das artistas mais originais e influentes do século XX". De março a maio de 2005, o museu apresentou a exposição "Diane Arbus Revelations".

No chamado mercado de fotografia clássica, uma cópia de *Identical Twins* (Gêmeos idênticos), Roselle, Nova Jersey, de Diane Arbus, foi vendida por 478.400 dólares num leilão da Sotheby's. *Calla Lily* (Copo-de-leite), 1986, de Robert Mapplethorpe, foi arrematada por 242.700 de dólares no mesmo leilão. Preços de seis dígitos tornaram-se rotina. Em 1999, adquiriram *Glass Tears* (Lágrimas de vidro), de Man Ray (uma das seis cópias conhecidas), por 1,3 milhão de dólares, o maior preço pago por uma fotografia até aquele momento. A foto digital, que permite a manipulação escancarada das imagens, fez com que as velhas fotografias clássicas parecessem mais autênticas e valiosas. Porém, hoje existe um grande mercado para fotografias digitais. Uma enorme fotografia de Andreas Gursky, de 1977, digitalmente manipulada foi vendida por 613 mil dólares, um recorde para um fotógrafo contemporâneo.

Entretanto, a fotografia tem enfrentado dificuldades em ser reconhecida pelo MoMA. Quando Alfred Barr criou essa instituição em 1929, ele fez da arquitetura e da fotografia fundamentos da cultura das artes visuais – ambas, portanto, teriam participação explícita no museu. Em 2004, o MoMA promoveu uma exposição de fotos de moda e, por causa disso, gabou-se de ter realizado o primeiro evento significativo do gênero. O auto-elogio soou um tanto vazio. A exibição, intitulada "Fashioning Fiction", revelou-se tão tediosa e pretensiosa quanto as instalações e os vídeos. Além disso, chegou um pouco tarde, considerando o fato de que, nas últimas décadas, o MoMA e outros museus apresentaram mostras de "arte contemporânea" que consistiam em instalações insípidas e vídeos maçantes, todos de valor artístico questionável. Mas foi um começo, embora se dissesse que, se o museu não tivesse permanecido temporariamente no Queens (durante a reforma da sede em Manhattan), a exposição jamais teria acontecido.

Em 14 de fevereiro de 2006, num leilão da Sotheby's em Nova York, uma fotografia de 1904 foi arrematada por 2,92 milhões de dólares, o recorde mundial para uma fotografia de qualquer período. Foi *The Pond, Moonlight* (Lago ao luar), de Edward Steichen, o primeiro gigante da fotografia americana do século XX. Tal preço revela ao menos uma compreensão subliminar de que estamos vivendo num mundo pictórico.

8. A DEMOCRATIZAÇÃO DA ARTE DE MUSEU NOS ESTADOS UNIDOS

Nos últimos anos, os museus de arte de Nova York vêm atraindo mais público do que todos os eventos esportivos da cidade reunidos. O número de museus americanos está se multiplicando rapidamente, e muitas dessas instituições são projetadas por arquitetos célebres. Exposições de arte fenomenais têm batido recordes de público. Filiais do Museu Guggenheim de Nova York estão se disseminando pelo mundo como cogumelos na floresta. A unidade mais espetacular, sem dúvida, é o Guggenheim de Bilbao, projetado por Frank Gehry, que atrai mais de 900 mil visitantes por ano. Adicionem-se unidades em Veneza, Las Vegas e Berlim, além das negociações que estão em andamento para a abertura de outras em Hong Kong, São Petersburgo e Guadalajara. A piada nos círculos de arte é que um dia haverá mais museus Guggenheim do que lanchonetes McDonald's.

A arte contemporânea tornou-se a mercadoria mais cobiçada do mundo sofisticado. Como escreveu Emma Crichton-Miller no *Financial Times:*

> "A arte contemporânea não é um simples produto nem um prazer cultural privado – ela se tornou um modo de vida. Antes, o que distinguia alguém como inteligente, refinado e bem-sucedido eram coisas como iate, carro esportivo ou cavalos de corrida. Agora é uma coleção de arte. Atualmente, é um quadro de Gerhard Richter ou uma escultura de Takashi Murakami o que mostra que a pessoa chegou lá. As galerias tornaram-se o epicentro da alta sociedade."[37]

O topo da pirâmide

Um dos jogos mais empolgantes no nosso mundo de orientação visual é o mercado de obras de arte, e o placar do jogo é registrado pelos leiloeiros, que vendem as pinturas e esculturas. Os preços, que nunca foram tão altos, estão batendo recordes sucessivos.

No leilão do verão de 2005, a Sotheby's vendeu a tela *Femme au Grand Chapeau* (Mulher com um grande chapéu), de Kees van Dongen – o retrato de 1906 de uma prostituta –, por 9,2 milhões de dólares. Uma paisagem pintada por Paul Signac em 1886 foi comprada por 6,6 milhões de dólares. Dois recordes mundiais no campo dos clássicos foram batidos em dias seguidos na Sotheby's com a venda de duas obras de Canaletto, artista italiano que pintou lindas vistas venezianas do Grande Canal. A primeira delas, de 1754, foi arrematada por inacreditáveis 20 milhões de dólares. Em seguida, a tela *O Grande Canal visto do Palazzo Balbi* foi adquirida por 32,6 milhões de dólares, superando o recorde do dia anterior.[38]

Acabamos nos acostumando com preços astronômicos por pinturas de Van Gogh e Picasso. (O quadro *Menino com cachimbo*, desse artista espanhol, foi vendido por 104 milhões de dólares em 2004.) Porém, com a redução da oferta e o aumento da demanda num mundo que vem se enchendo de bilionários, o preço das obras de muitos artistas também aumentará. Em junho de 2006, o magnata dos cosméticos Ronald Lauder comprou por 135 milhões de dólares – então o valor mais alto já pago por uma pintura – o retrato de Adele Bloch-Bauer, feito em 1907 pelo austríaco Gustav Klimt.

O medalhão do presidente

Confesso ter um interesse incomum por arte. Coleciono arte moderna há mais de 30 anos e, às vezes, digo que escrevo livros para poder comprar obras de arte – o que não está longe da verdade. E essa devoção me deixou em apuros mais de uma vez.

Quando eu trabalhava para a Casa Branca, o presidente Lyndon Johnson, que sempre queria anunciar algo em seus discursos, falou sobre o lançamento do programa Presidential Scholars, criado para reconhecer e homenagear formandos do ensino médio que se destacavam nos estudos. Dado meu interesse pela arte, pediram-me que selecionasse um escultor para criar a representação do presidente que constaria do medalhão a ser concedido aos estudantes.

Em busca de sugestões, durante vários dias liguei para todos os artistas, marchands e críticos de arte que conhecia. O nome mais citado foi Jacques Lipchitz,[39] um dos principais escultores do século XX, que estava morando na cidade de Nova York. Telefonei para ele e pedi que fizesse uma escultura do presidente. Ele concordou na hora: "Será uma grande honra."

Jack Valenti (na época assessor pessoal do presidente e mais tarde presidente da Motion Picture Association) forneceu-me uma série de perfis de bom tamanho de Johnson – "só do lado direito". Levei-os a Lipchitz, que solicitara permissão para fazer uma prova inicial de argila num encontro pessoal, "para dar vida ao trabalho". Pensei: "Isso será um problema", mas fui informado de que Johnson estaria disponível.

No domingo antes da data marcada, uma segunda-feira, fui a Nova York buscar Lipchitz e instalei-o no Hotel Hay-Adams, diante da Casa Branca, só que do outro lado do Parque Lafayette. Na segunda-feira, aguardamos no escritório externo por várias horas até sermos informados, no fim da tarde, de que não seria possível ver o presidente naquele dia. Aquilo se tornou um ritual diário: apanhar Lipchitz, caminhar até à Casa Branca, esperar o dia inteiro e voltar desanimado ao hotel. A cada dia, Lipchitz, já com mais de 80 anos, ficava mais cansado e desestimulado.

Por fim, na sexta-feira em torno das oito da noite, nos disseram que o presidente estava muito ocupado, mas que poderíamos entrar para observá-lo enquanto ele assinava correspondências. Uma vez com Johnson, Lipchitz recuperou a vivacidade, acrescentando freneticamente pequenos pedaços de argila ao seu modelo de 30cm. O presidente mal percebeu.

Na caminhada de volta ao hotel, Lipchitz mostrou-se superempolgado por ter se encontrado com Johnson. "É um homem muito poderoso." Lipchitz, ele próprio uma figura vigorosa, observou em seu inglês imperfeito: "Ele... ele... tem colhões. Talvez três!"

Na semana seguinte, fui a Nova York apanhar o modelo pronto. O perfil feito por Lipchitz foi o de um presidente muito poderoso (mas sem nenhuma beleza). Exibi a peça no escritório de Walter Jenkins na Ala Oeste (na época, ele era o chefe do gabinete do presidente). Alguns de seus auxiliares se juntaram a nós. A escultura foi recebida com um silêncio constrangedor, enfim rompido por um dos presentes: "Quando o presidente vir isto, o bicho vai pegar."

Johnson odiou a escultura. Odiou mesmo. Porém, sua mulher, Lady Bird Johnson, reverteu a situação. Como entendia do assunto, ela disse ao marido que rejeitar o trabalho de Lipchitz provocaria um grande escândalo na comunidade artística, um eleitorado importante para o presidente. Ele não entendeu a obra de arte, entretanto compreendeu a questão política.

Exploração das oportunidades de aumento da demanda visual

A confluência da globalização com o predomínio emergente das artes visuais abriu um novo campo para os curadores de arte internacionais, que passaram a ser contratados como freelances para organizar um número imenso de exposições de arte. Esses profissionais costumavam estar ligados aos museus para os quais trabalhavam, mas agora os melhores se libertaram para atender, entre outros eventos, as mais de 200 bienais de arte realizadas continuamente em todo o mundo, inclusive em Johanesburgo, Istambul, Cairo, Kwangju (Coréia), Taipé, Yokohama e Xangai (também na China: Guangzou, ou Cantão, e Shenzhen).[40]

A conceituada revista de arte *Art+Auction* atribui ao suíço Harald Szeemann, que começou a atuar como curador-diretor freelance na década de 1980, a invenção do modelo de negócios para organizar exposições de arte em grande escala. Alguns anos atrás, Szeemann tornou-se um empresário internacional independente. Foi ele quem revitalizou a exposição "Documenta", em Kassel, Alemanha, e inaugurou a mostra "Aperto", na Bienal de Veneza de 1980. Organizada originalmente em 1893 como uma mostra mundial de arte, a Bienal de Veneza foi a primeira bienal. Suas exibições tiveram início em 1896. A "Aperto", como informa a *Art+Auction*, foi a mostra enciclopédica "no coração da bienal que teve o propósito de contornar as limitações dos pavilhões nacionais [que seguiam o modelo das feiras mundiais do século XIX] e dar destaque a artistas mais jovens não descobertos".[41] Hoje em dia, a maioria dos conhecedores de arte itinerantes visita de vez em quando a bisavó de todas as bienais – a de Veneza (compareci a todas elas, exceto a duas, a partir da década de 1980) –, enquanto os netos da primeira bienal estão espalhados por nosso mundo visual.

Impossível apresentar toda a arte, por maior que seja o número de bienais. Isso abre oportunidades para que pessoas em quem possamos confiar selecionem e consigam obras de arte para as exibições. O papel dos curadores está em sintonia com nosso tempo, e espero que seja um campo em grande expansão.

Nos museus, vem aumentando o número de exposições com patrocínio, como "Armani" e "A Arte da Motocicleta", no Guggenheim, e "Chanel", no Metropolitan Museum of Art de Nova York. Mas, quando em fevereiro de 2005 o MoMA de Nova York inaugurou as galerias de arte temporárias no andar superior do seu novo prédio com uma seleção de 64 obras da coleção de arte do UBS (Union Bank of Switzerland), a crítica do *New York Times* Roberta Smith reclamou dizendo que aquilo era um "canto de louvor aterrador a uma valiosa coleção de um patrocinador corporativo".[42] Tais queixas são raras agora – e, na verdade, 40 das 64 obras da exposição do UBS haviam sido doadas ao museu. As empresas estão mudando o foco, passando da aquisição de arte para o apoio à arte. "Há cerca de uma década, as companhias americanas não estão especialmente ativas no mercado. Elas têm canalizado o dinheiro destinado à arte para programas culturais comunitários, em vez de comprarem peças elas mesmas",[43] disse Marc Porter, presidente da Christie's Americas.

Porter aponta para o Chase, que possui uma coleção de mais de 20 mil obras de arte – em parte, graças à sua fusão em 2001 com o

JPMorgan, que também tinha um acervo substancial – e agora vem apoiando mostras e exposições de sua própria coleção em museus.

O UBS, proprietário de uma das melhores coleções corporativas do mundo, tem se concentrado nas mostras de museus. A reputação, mais do que o investimento, define o papel desse banco no mundo das artes visuais.

Mas algumas empresas continuam adquirindo arte, com destaque para o Deutsche Bank, hoje um dos maiores colecionadores de arte corporativos, com mais de 50 mil peças. Friedhelm Hütte, co-curador da coleção, afirma que o que motiva o banco a adquirir obras de arte não é o investimento nem o marketing. Ele considera a arte "um dividendo alternativo, emocional e espiritual" e acredita que o apoio da empresa a artistas jovens constitui uma "responsabilidade social".[44]

Nos Estados Unidos, as grandes empresas fornecem muito apoio aos projetos de arte comunitários. Contudo, na Europa esse tipo de suporte é escasso ou inexistente, o que torna o Deutsche Bank ainda mais excepcional. "Tudo começou 78 mil e-mails, 36 mil cartas, cinco anos e 1.455 obras de arte atrás", disse Michael Klein cinco anos após ser escolhido o curador de arte da Microsoft.[45] Mesmo para essa companhia, a vida não se resume a bits.

Klein submeteu-se a uma entrevista e "saiu-se muito bem", um dos ex-membros do comitê comentou melancolicamente quando se descobriu que eles nem sempre estiveram em harmonia.

"Mostrei uma gravura de Alex Katz que achei que deveríamos adquirir. Era uma ótima peça, e eu tinha até conseguido um desconto. Alguém levantou a mão e disse: 'Você não vai empurrar sua estética por nossa garganta abaixo.' Foi o fim. A reunião acabou. Eu deixei claro para a Microsoft que era eles ou eu. A empresa me queria ali, portanto ela precisava saber que eu não trabalharia com um comitê", contou Klein.

Ele permaneceu. O comitê foi embora. Aos 52 anos, Klein vem se destacando em todo o país como importante curador de uma coleção de arte corporativa. Ele é bom, mas não é só por esse motivo que sua estrela está em ascensão. Numa época em que muitas coleções de empresas estão encolhendo ou desaparecendo, a da Microsoft vem se expandindo. "Claro que está crescendo", disse ele. "Desde que entrei aqui, existem 12 novos prédios neste campus. Minha função é torná-los interessantes por meio da arte."

Enquanto as oito forças que relacionei até aqui estão liderando a transição para o mundo visual como as chefes da banda, muitas outras vêm simplesmente aderindo ao desfile.

COLORIZAÇÃO DO MUNDO

As políticas "revoluções coloridas"

Na primavera de 2005, o *New York Times* publicou uma matéria sobre revoltas políticas em diferentes partes do mundo. A manchete dizia: "A revolução será colorida."

Parte da minha tese do mundo visual é que o mundo inteiro vem sendo colorido. Por sinal – um toque de ironia aqui –, o próprio *New York Times* deu esse passo revolucionário poucos anos atrás, na época em que começou a publicar imagens coloridas, entre fotografias e desenhos. Agora suas fotos coloridas são imbatíveis.

A cor associada ao ativismo político recebeu um grande impulso com todo aquele laranja que vimos na revolta dramática na Ucrânia. "Aqueles milhares de pessoas na Ucrânia vestindo roupas laranja nem precisavam abrir a boca. Dava para saber o que elas representavam",[46] observou Leatrice Eiseman, diretora do Pantone Color Institute.

Desde a Revolução Laranja na Ucrânia, temos testemunhado uma nova atenção às cores como símbolos de uma causa. Anos atrás, associávamos, de forma direta, o vermelho aos comunistas e o preto aos fascistas – e bem antes disso as cores já eram usadas em bandeiras e estandartes. Agora os movimentos políticos estão recorrendo a um espectro de cores para vincular à sua causa. O primeiro caso moderno de que me lembro foi a cor amarela – nos comícios a favor de Corazón Aquino nas Filipinas. No Iraque, a cor da tinta em que os eleitores mergulhavam os dedos – púrpura – tornou-se o indicador de que eles haviam votado. No Irã, o cor-de-rosa simboliza dissidência; na Bielo-Rússia, o azul; no Quirguistão, o amarelo e o rosa. Vimos a Revolução Rosa na Geórgia. Nos Estados Unidos, agora temos estados vermelhos (republicanos) e estados azuis (democratas).

Karen Beckwith, professora de Ciência Política no College of Wooster, em Ohio, sintetiza o uso da cor como arma:

> "Como é que o Estado reage? É algo muito difícil de derrotar. Não se pode sair por aí e obrigar as pessoas a tirar a roupa. Além disso, o Estado ignora quem são os organizadores. E é incrível a solidariedade demonstrada. A pessoa sabe que não está sozinha. Nem precisa carregar um cartaz. Ela própria é o protesto."[47]

Um indicador da eficácia da cor em movimentos políticos é o fato de que os funcionários governamentais da China, temerosos dos levantes e de sua própria vulnerabilidade, criticam regularmente as "revoluções coloridas". Quando Pequim voltou atrás nos planos de permitir a publicação de jornais estrangeiros em seu território, Shi Zongyuan, diretor da Administração Geral de Imprensa e Publicação, foi direto: "Sempre que penso na 'revolução colorida', sinto medo." Em Pequim, muitas autoridades consideram essa revolução uma ameaça ao domínio do partido. Em novembro de 2005, o jornal oficial *Diário do Povo* publicou artigos condenando a mídia dos Estados Unidos por abalar "os modelos mentais e os fundamentos culturais" de outros países ao exportar os valores, no estilo americano, de liberdade e democracia.[48]

Com o presidente George W. Bush clamando pela promoção global da democracia e as "revoluções coloridas" derrubando governos na Geórgia, na Ucrânia e no Quirguistão, os altos funcionários do Partido Comunista Chinês estão nervosos, porém a maioria da população da China não percebe isso, pois está ocupada demais examinando novas oportunidades de ganhar dinheiro.

Pulseiras coloridas e suas mensagens

Em maio de 2004, a Nike produziu 5 milhões de pulseiras "Livestrong" para homenagear Lance Armstrong, atleta que sobrevivera ao câncer e tentava vencer o Tour de France pela sexta vez consecutiva. As peças custavam um dólar e estavam disponíveis em lojas de todo o país. O dinheiro seguiu para a fundação que Armstrong criou para ajudar na luta contra a doença. A Nike informou que foram vendidos mais de 50 milhões de pulseiras.

Armstrong venceu o sexto Tour de France e o seguinte, o sétimo, em 2005. Foi sua pulseira amarela que deu início nos Estados Unidos à mania das identificações coloridas. O uso desse acessório na cor amarela mostra apoio a Lance Armstrong e à sua campanha contra o câncer.

Mas agora as pulseiras estão disponíveis em cores variadas, que representam o estímulo a causas diversas, como o incentivo às tropas americanas e o auxílio humanitário às vítimas do tsunami. A aliança das organizações não-governamentais que espera "tornar a pobreza uma página da história" escolheu a cor branca para sua pulseira, o que é interessante, uma vez que esse programa está voltado principalmente para a África negra. Os times esportivos aderiram à mania. Os torcedores da equipe de beisebol Chicago Cubs ostentam uma pulseira azul com a palavra "Acredite". Os times de beisebol venderam mais de 9 milhões desses adereços coloridos em 2005.

Durante o verão de 2005, as "pulseiras com mensagem", feitas de borracha de silício, conquistaram as ruas dos Estados Unidos. É ótimo que alguém possa indicar seu time ou sua causa usando essa espécie de acessório da solidariedade. À medida que o visual vai substituindo a palavra escrita, a codificação se dá pelas cores.

Controle por meio da cor

Uma das novidades no gerenciamento das informações é a visualização dos dados. As empresas que se encontram soterradas em informações estão recorrendo a sistemas de visualização para observar os dados de forma pictórica. E as cores têm prestado uma contribuição cada vez maior a esse processo. Em 7 de julho de 2005, as rotas de tráfego das chamadas telefônicas da T-Mobile em Londres começaram a ficar anormalmente ocupadas. Os alarmes nas telas dos telefonistas foram se tornando vermelhos. Em pouco tempo, o centro de gerenciamento do serviço de telefones celulares do Reino Unido constatou que o expressivo aumento no uso desses aparelhos havia sido provocado pelos atentados terroristas ocorridos na cidade na manhã daquele dia. A T-Mobile lidou com 86 milhões de chamadas em sua rede britânica naquela data e com cerca de 500 mil mensagens de texto a cada 15 minutos. Graças a um sistema de representação visual do que estava se passando, a empresa não sofreu nenhuma pane grave em seu serviço.

Ao se virem diante de um número cada vez mais gigantesco de dados, a T-Mobile e milhares de outras companhias estão usando um software de visualização que converte em forma pictórica, gráfica ou animada os dados numéricos de planilhas e tabelas. Isso faz parte de um mundo visual, e só as coisas mais importantes são submetidas a esse processo. "Travamos uma batalha constante para decidir o que é crítico, o que realmente precisamos visualizar", diz Martin Pigott, diretor de operações de serviço da T-Mobile. "O excesso de informações é bem pior do que a falta delas."[49]

Os muitos exemplos deste capítulo mostram como as oito forças estão nos conduzindo a um mundo visual. O predomínio da imagem terá conseqüências: algumas diretas, como a marcha acelerada da arte ao encontro do mundo do consumo, e outras não intencionais, como o declínio da leitura. Onde quer que você atue no mercado, o Modelo Mental 11 – Não se esqueça da ecologia da tecnologia – torna-se cada vez mais importante. As inovações fracassarão sempre que a pulsação do nosso tempo não for ouvida. Capte o ritmo ou, em alguns casos, envie adrenalina suficiente ao mercado para mudar essa cadência.

Aplicação dos Modelos Mentais

Modelo Mental 1 – Embora muitas coisas mudem, a maioria delas permanece constante: Não se trata de opções excludentes. Tanto a palavra quanto a imagem permanecerão. Mas, em muitos casos, a palavra escrita será substituída pela representação visual; a narrativa literária, pela ilustração. No mutável *mix* da comunicação que envolve palavra e imagem, o visual dominará. O desafio é avaliar a melhor composição em termos verbais e visuais em cada campo de empreendimento.

Modelo Mental 2 – O futuro está embutido no presente: Sempre que você vir mudanças ocorrendo, procure outros sinais que apontem na mesma direção. Tomadas em conjunto, as oito forças principais listadas neste capítulo são um exemplo de como elementos individuais, observados no presente, podem formar um novo cenário do futuro. O número de forças e seus indícios variam, mas nunca baseie sua conclusão numa só indicação.

Modelo Mental 11 – Não se esqueça da ecologia da tecnologia: As mudanças que resultam da torrente visual de orientação tecnológica podem causar um impacto profundo no campo em que você opera e no ambiente do mercado a que você se dirige. Pergunte a si mesmo o que nessas áreas será aumentado, o que será diminuído e o que será substituído em decorrência das transformações.

Capítulo 2

ECONOMIA MUNDIAL

De fronteiras territoriais a fronteiras econômicas

No fluxo da história, as fronteiras entre os países foram redesenhadas muitas vezes. Mas as lutas atuais não envolvem territórios geográficos, e sim territórios econômicos. As nações estão competindo pela supremacia econômica, e a medida do sucesso econômico é o Produto Interno Bruto (PIB).

Mas até que ponto os PIBs são significativos para as decisões econômicas e o bem-estar, se as efetivas fronteiras econômicas e as atividades econômicas, embora entre países, estão dentro de setores globais? O que proporciona dados econômicos relevantes e uma base para as decisões econômicas não é a produção dentro do território de um país, e sim o que é gerado globalmente por uma área de negócios – por exemplo, na indústria automobilística ou na indústria farmacêutica. Chamo esses setores de negócios globais de "domínios econômicos". Portanto, a medida do sucesso econômico em mercados globais interligados não deveria mais ser o Produto Interno Bruto dos países, mas os Produtos Brutos de Domínios Econômicos. O indicador importante será o Produto Bruto do Domínio, o novo PIB numa economia mundial.

Enquanto as empresas concorrem globalmente por fatias de mercado dentro de seu domínio, os países competem para abrigar os participantes de sucesso do domínio. Ao mesmo tempo ocorre uma disputa mundial pelos melhores talentos em todas as áreas. A educação deverá ser a prioridade econômica número um de todas as nações que quiserem ter êxito nessa corrida.

Precisamos reformular e tornar mais precisa nossa compreensão das inter-relações econômicas. Nos caminhos gêmeos da globalização e da descentralização, o que temos testemunhado não é a globalização dos países, e sim a globalização das atividades econômicas. No entanto, perpetuamos a ficção de que a economia global compõe-se exclusivamente das atividades econômicas (PIBs) dentro de cada um dos 243 países, que são então totalizadas para fornecer o tamanho do conjunto.

O PIB de um país – o Produto Interno Bruto – corresponde à soma dos bens e serviços produzidos *dentro* das suas fronteiras, seja qual for a nacionalidade das empresas contribuintes. Desse modo, a fábrica da Hyundai inaugurada no Mississippi produzirá automóveis que serão computados como parte do PIB dos Estados Unidos, e não como parte do PIB da Coréia do Sul. O PIB de cada país é tratado como um sistema fechado – o que quase nenhuma nação é. Depois, anuncia-se que a "economia" cresceu 2,1% ou caiu 1,6%. A precisão dos números é uma verdadeira piada.

Esses valores, se tidos como o placar do jogo do progresso econômico, deixarão de fornecer um resultado significativo para uma pessoa ou uma empresa em qualquer país.

As verdadeiras fronteiras *econômicas* e os números da economia global deveriam ser estabelecidos em torno de atividades econômicas globais – como a produção e distribuição de automóveis, que envolve quase todas as nações –, e não em torno de países, pois cada um deles está engajado apenas em partes dessas atividades.

Chamo essas áreas específicas da economia de *domínios econômicos:* o domínio automobilístico, o domínio farmacêutico, o domínio dos serviços financeiros, o domínio do turismo, etc.

Embora a Alemanha esteja estagnada como país, com pouco ou nenhum crescimento, e padeça de uma taxa de desemprego em torno de 10%, as companhias alemãs que estão operando globalmente em seus domínios – como a BMW, a Siemens e a Adidas – continuam se saindo muito bem. As exportações das empresas alemãs cresceram mais de 7% em 2005.

Medir a economia mundial pelas atividades econômicas sem considerar as fronteiras territoriais não quer dizer que os países deixarão de ser entendidos como países. Pelo contrário, no processo de ficarem cada vez mais *interdependentes* em termos econômicos, eles acentuarão suas identidades, tornando-se mais nacionalistas no aspecto cultural, assunto que abordarei ainda neste capítulo. Mas, na coleta das peças do novo cenário econômico do mundo, devemos enfocar o que vem acontecendo nos domínios, e não o que está ocorrendo nos países. Não estou me referindo à acusação da esquerda política das décadas de 1970 e 1980 de que as "corporações multinacionais" estavam dominando o planeta. Estou mencionando atividades econômicas de todas as espécies que estão se disseminando pelo mundo em substituição a atividades geopolíticas.

PAÍSES NÃO CRIAM ECONOMIAS

Nos últimos anos, ao passarmos pela globalização, começamos a falar dos países em termos econômicos: os Estados Unidos como a maior potência econômica do mundo; o Japão, o astro econômico em queda; a Alemanha, a maior economia da Europa num período de estagnação. Não queremos saber o destino da Alemanha, porém perguntamos o que acontecerá com a economia alemã. Falamos do expressivo dinamismo da economia da China – e especulamos quando ela "superará" os Estados Unidos. Quando o Brasil se tornará a grande potência econômica que sempre prometeu ser? E quando a Rússia terá enfim uma economia de livre mercado?

Claro que tudo isso não passa de um modo de falar ou mesmo de uma bobagem, pois os países não criam economias. São os empresários e as companhias que formam e revitalizam as economias. A atribuição dos governos deveria ser promover um ambiente favorável aos empresários e às empresas, e não atrapalhar o desenvolvimento econômico. (A maioria dos governos acredita que sua função é estabelecer normas e regulamentos. A Microsoft e o Google jamais teriam se desenvolvido na França. Agora, na União Européia, as regras e a burocracia estão sendo transferidas e ampliadas por Bruxelas.) O reposicionamento do papel dos governos está embutido na ecologia de um mercado global.

EXPLORAÇÃO DE OPORTUNIDADES NOS DOMÍNIOS ECONÔMICOS

Quando um americano ou um alemão pergunta "Como anda a economia do meu país?", a preocupação real é "Como está o turismo?" ou "Como vai a indústria automobilística?".

Para o trabalhador da Fiat em Lyon ou para o trabalhador da Ford em Detroit, o que interessa é como está o desempenho da Fiat ou da Ford, independentemente de qual seja a situação da França ou dos Estados Unidos. A Fiat é uma empresa global, assim como a Ford, e ambas fazem parte do enorme setor, ou domínio, automobilístico global. Todas as companhias – vidraceiros, distribuidores, fabricantes de carrocerias, de motores e de baterias – estão interligadas, constituindo um gigantesco domínio automobilístico (sem fronteiras) que produz os carros do mundo. Por ser um fenômeno econômico global, o domínio automobilístico é bem mais transparente do que qualquer país. É muito mais fácil saber como vai um domínio econômico do que como andam a Alemanha e a França ou, ainda mais complicado, como funciona a economia global.

Se nos concentramos no placar do jogo, precisamos saber qual é o jogo cujo placar procuramos. Os atuais PIBs eram os PNBs – Produtos Nacionais Brutos. O antigo índice do PNB correspondia à soma de tudo o que era produzido, digamos, na Alemanha *mais* todas as coisas fabricadas em outros países por empresas alemãs. (PNB = o total nacional de bens e serviços produzidos por um país num ano.)

Com o aumento da globalização e da integração das atividades econômicas, isso se tornou algo muito difícil de controlar. Assim, há cerca de 16 anos, os departamentos de comércio da maioria dos países abandonaram o PNB. Em seu lugar, inseriram o PIB, que é igual ao valor monetário de todos os bens e serviços produzidos num país num ano. Esse índice considera apenas os produtos e serviços criados *dentro* do seu território, não importa a nacionalidade da empresa. As atividades das companhias americanas estão tão integradas àquelas do resto do mundo que já se pode dizer que não existe algo como uma economia americana.

A única coisa que acabará importando será o PMB – Produto *Mundial* Bruto – de uma única economia mundial, e haverá apenas uma forma de entender e medir a economia global: examinando produtos de *domínios* brutos seletivos – um novo PIB, só que para domínios.

A Alemanha como uma entidade geográfica e política não cria sua economia – esta é formada pelas empresas alemãs e pelos empresários alemães, muitos deles parte de um domínio econômico maior, um setor econômico global. A economia da Europa não é criada pela União Européia geopolítica, mas por companhias presentes nesse continente, algumas delas associadas a outras organizações em todo o mundo. Pensar e falar sobre uma economia alemã constitui uma *falácia conceitual.* Tal coisa não existe mais – a não ser que se conte de modo arbitrário apenas o que é produzido dentro das fronteiras desse país e se declare que isso é a economia alemã. Não há um meio de separar o que é "alemão" do que não é porque a economia da Alemanha está profundamente integrada à do resto do mundo.

Existem milhões de pequenas empresas que, por sua vez, fazem parte de domínios econômicos maiores, assim como cidades e aldeias integram países. Na verdade, o setor de negócios que mais cresce na economia global é o dos empresários que atuam na internet.

Em todos os continentes, esses profissionais vêm procurando aproveitar ao máximo as oportunidades de negócios globais, em vez de se prenderem a problemas locais. Cem anos atrás, o imperador da Áustria e sua família só podiam saborear seu chocolate especial favorito, produzido numa confeitaria chique dos Alpes, quando estavam no seu palácio de verão em Bad Ischl. Hoje em dia, esse mesmo chocolate é oferecido e distribuído a seus refinados apreciadores em todo o mundo por meio da internet. Artistas vietnamitas trabalham em casa produzindo pinturas que são vendidas pela rede para pessoas de diferentes países. Um fabricante de facas de Viena oferece seus produtos on-line usando a DHL ou a FedEx como sistema de distribuição. Um empresário da Califórnia criou o site 1daybanner.com e garante aos clientes em todo o globo uma faixa de qualquer tamanho um dia após a confirmação do pedido, o que é um grande estímulo para manifestantes que vivem em lugares onde não há fabricantes desse tipo de artigo. A eBay, uma das maiores empresas globais de comércio eletrônico, criou uma enorme rede mundial de compradores e vendedores e fatura mais de 10 bilhões de dólares por ano. No meu próprio caso, com contratos para publicar meus livros e realizar palestras, venho trabalhando há anos em mais de 50 países com apenas uns poucos associados – meu domínio global. Meu modelo é simples e agora relativamente velho; no entanto, como há mais tecnologia facilitadora, é um modelo de domínio cada vez mais importante. Todos nós fazemos parte de domínios maiores e específicos em termos econômicos: editorial, de alimentos, de leilões, etc.

No início da década de 1980, em Québec, uma cidade sem nenhuma tradição circense, um grupo de jovens que fazia malabarismos, engolia fogo e andava em pernas de pau criou o High Heels Club. No processo de desenvolver seu programa, decidiram promover um festival para trocar idéias e talentos com outros grupos. Quatro anos depois, em 1984, nascia o Cirque du Soleil. Seu objetivo era transcender as regras tradicionais e desafiar a realidade dos limites. Essa companhia reinventou o antigo circo institucional, mostrando um mundo de sonhos que podia ser compartilhado em todo o globo. Realizou uma marcha triunfal pelo mundo e hoje movimenta 2 bilhões de dólares no domínio do entretenimento.

Na pequena Finlândia, empresários criaram a Nokia. O foco que essa empresa tem no domínio global dos telefones celulares e sua consciência quanto à importância de um ótimo design conquistaram o mundo.

Há quem esteja semeando o mercado de forma bem criativa.

Estudantes da cidade costeira de Arhus, na Dinamarca, ofereceram-se para povoar o mundo. Diariamente, dezenas de alunos do sexo masculino comparecem ao Cryos International Sperm Bank Ltd., o maior banco mundial de esperma, para fazer depósitos anônimos. A Cryos envia o esperma congelado para clientes em mais de 40 países. Um estudante cujo esperma foi encaminhado a vários pontos do globo acabou sendo responsável pela geração de mais de 100 crianças. Só nos resta especular quais serão as conseqüências de tudo isso, mas esse é um bom exemplo da criação de um domínio global próprio. (A propósito, obtive meus genes dinamarqueses da maneira tradicional: minha mãe é dinamarquesa.)

Em termos globais, existem numerosos domínios que, em vez de lutarem para entender como a economia global funciona ou como está a situação econômica do seu país, agem de forma prática dentro do seu próprio âmbito econômico.

O MUNDO DOS DOMÍNIOS É COMO OS ESPORTES

A forma mais fácil de reformular seu pensamento é começar por um domínio esportivo. Imagine que você deseja ser um jogador de futebol. Nesse caso, o que é importante? O melhor treinamento e a melhor formação para tornar-se um bom atleta, seja qual for sua posição. Obter o máximo de informações sobre o que vem acontecendo no mundo desse esporte: quais são os principais times, jogadores e treinadores? Os principais times escolherão os jogadores mais bem preparados, e estes serão capazes de selecionar sua equipe. Seu sucesso e sua posição dentro do domínio do futebol dependerão de talento, ambição, flexibilidade e empenho em alcançar a meta.

Você lidará com a operação da sua rede dentro do domínio futebolístico assim como o sistema telefônico global lida com as chamadas telefônicas. Existem 2 bilhões de telefones em uso no mundo, e você e eu podemos ligar para qualquer um deles, que pode optar por ligar para mim ou para você. Mas não fazemos isso. Dentro do sistema maior, cada um de nós cria seu próprio domínio de números telefônicos para os quais liga ou tende a ligar, ignorando o resto do sistema maior.

Não conhecer os demais esportes não prejudica sua atuação em sua modalidade esportiva. Desconhecer as outras partes da economia global não diminui sua participação no domínio global. Saber o que é relevante para seu esporte ou domínio e para as áreas associadas a ele lhe dará margem competitiva, entretanto não é preciso estar por dentro dos outros domínios globais.

A economia global auto-organizada é constituída por um sem-número de domínios auto-suficientes. A globalização é um fenômeno *bottom-up*, em que todas as ações são desencadeadas por milhões de indivíduos – a soma desses atos é a "globalização". Ninguém está no comando e não é possível prever qual será a soma de todas as iniciativas individuais antes que o resultado se manifeste. Uma economia global só pode ser o efeito da "ordem espontânea".

Em vez de pensarmos em países que abrigam empresas, precisamos imaginar as próprias companhias tornando-se as unidades básicas da economia global.

Todos os domínios dotados de grande poder têm algo em comum: cada uma das suas partes funciona como se fosse o centro da rede. Quando estamos em casa, num lugar qualquer do mundo, trocando e-mails pela internet com pessoas em outros pontos do planeta, nos sentimos no centro, como ocorre com todos os participantes de redes globais. Isso é algo muito poderoso.

O GOVERNO MUNDIAL VIRÁ A SEGUIR?

Você consegue se imaginar votando para um presidente do mundo? Muitas pessoas me perguntam se a globalização levará a um governo mundial. Espero que não. Para que acrescentar um governo mundial numa época em que estamos subtraindo poder das mãos dos governos nacionais por meio da privatização e das comunicações globais? O domínio das ONGs (organizações não-governamentais), uma invenção recente, vem se organizando globalmente em torno da economia e além dela. Isso tem contribuído muito para a descentralização global do poder político. Na década de 1980, havia pouquíssimas ONGs. Agora são milhões delas por todo o mundo – livres das restrições das fronteiras nacionais e tornando o palco global ainda mais denso. Uma queixa empresarial generalizada nos encontros do Fórum Econômico Mundial, em Davos, na Suíça, é que essas organizações assumiram o controle da agenda (aquecimento global, pobreza, responsabilidade social das empresas, etc.).

A mudança para o pensamento em termos de domínios econômicos está por toda parte. Se uma pessoa atua no setor financeiro, ela entende com toda a clareza que está operando num domínio financeiro, sem considerar a soberania. Veja o caso dos corretores de câmbio. Eles não dão a mínima para as fronteiras dos países. O mundo é seu domínio.

Talvez relatórios de domínios econômicos pudessem ser iniciados como índices auxiliares aos relatórios do PIB. Com o tempo, eles suplantariam estes últimos, que já não informam o que vem de fato acontecendo na economia global.

Não me parece exagero dizer que pensar em termos de domínios econômicos globais requer novos modelos econômicos e perspectivas políticas originais.

Uma vez que você tenha reformulado seu modelo mental e começado a reunir as peças do novo quebra-cabeça, verá os sinais apontando na direção de domínios globais em muitos campos. Agora falarei de uma das forças que sustentam os domínios econômicos.

A DESCENTRALIZAÇÃO É A CHAVE

A força por trás do desenvolvimento dos domínios econômicos é a descentralização. O paradoxo é que ela fará a globalização funcionar.

Há várias décadas, temos visto a globalização aumentar e a centralização diminuir. Temos testemunhado o declínio da centralização como um mecanismo organizador em muitas partes do mundo, mais dramaticamente com a queda da União Soviética em 1991.

A onda mundial de privatizações, iniciada na década de 1980, também representou um afastamento da centralização, um distanciamento das indústrias nacionalizadas – do governo em direção ao setor privado. A redução geral das regulamentações centrais veio a seguir. Está claro para mim que, para ter sucesso, para continuar crescendo e ser sustentável, *a globalização depende totalmente do grau em que a descentralização continuará a ocorrer em âmbito mundial.*

Trata-se de uma mudança para uma escala apropriada, que vai até o indivíduo, uma interação entre milhões de pessoas e empresas, domínios econômicos agindo cada um em seu próprio interesse. O crescimento e a estabilidade do mundo dependem inteiramente do nível de descentralização que ele alcança.

Observe como a descentralização das nações é agora simbolizada pela ação de mais de 20 governos – por enquanto – para permitir que a imagem de seus cidadãos apareça nos selos postais. No Canadá, na Austrália, em Cingapura, na Áustria e nos Estados Unidos, entre outros países, uma pessoa pode adquirir selos postais autênticos com sua imagem estampada – não a do rei, a da rainha, a do presidente nem a do primeiro-ministro, mas a dela e a de seu vizinho.

Vou recorrer a um exemplo do mundo científico. Na ciência, os físicos das partículas, que estudam as menores estruturas da natureza, associaram-se aos cosmologistas, que pesquisam o universo como um todo. Um fenômeno similar ocorre nos setores da política e da economia, em que as partículas e o cosmo estão ligados – descentralização e globalização. E a interação entre ambos é um modelo para a análise da economia global.

A DESCENTRALIZAÇÃO DA ECONOMIA

Como sabemos, a tecnologia da informação (TI) está permitindo o aumento da descentralização, da flexibilidade e da criatividade nas empresas. Em certo sentido, muitas companhias vêm se reconstituindo como redes de empreendedores. Mas ainda estamos nos estágios iniciais da liberdade humana nos negócios, que, com o tempo, poderá ser tão importante para essas organizações quanto a adoção da democracia foi para os governos.

Mas alguns continuam agitando resolutamente a bandeira do protecionismo. Nesse desfile, o primeiro-ministro francês Dominique de Villepin marcha na primeira fila. O patriotismo econômico foi o slogan que ele criou, ignorando a realidade econômica. Seu apelo é direcionado à proteção das empresas nacionais e seu entusiasmo se baseia na imaginação de que os interesses das grandes empresas estão em harmonia com os interesses dos seus respectivos países.

O argumento de Dominique de Villepin contra a possível compra da Danone pela PepsiCo foi a de que o leite e a água usados eram franceses. Na verdade, a Danone gera na França apenas 22% da sua produção mundial, e seus funcionários nesse país representam somente 14% do total global. Apoiar essa empresa, portanto, é dar suporte a colaboradores e clientes fora da França, uma base instável para a bandeira do patriotismo.

A Danone não é um caso isolado. Atualmente apenas 37% das 100 maiores empresas européias se localizam em seus países de origem. Até o fim desta década, essas companhias deverão gerar a maior parte da receita em outras nações: metade na Europa e 1/3 pelo mundo afora. No topo da lista está a Nestlé, que já produz 98% da sua receita fora da Suíça. Cerca de 97% dos seus 247 mil funcionários estão trabalhando em outros países. O CEO e oito membros do conselho diretor não são suíços, enquanto cerca de 63% das ações da companhia estão em mãos estrangeiras. Resta a pergunta: até que ponto a Nestlé é suíça?

Nos Estados Unidos, a situação não é muito diferente. As empresas americanas estão vendendo três vezes mais por meio de suas fábricas no exterior do que por exportações diretas.

A empresa siderúrgica indiana Mittal Steel tornou-se a maior do setor após comprar a Arcelor, uma organização com sede em Luxemburgo. Apesar de todo o alarde provocado por esse fato, essa companhia não produz um grama sequer de aço na Índia, e seu proprietário e CEO mora em Londres. A lista continua.

Nos anos que estão por vir, quanto mais manejáveis forem as peças, melhor será o funcionamento do mundo. Os computadores permitem às empresas e ao planeta organizar e rastrear a complexidade – isto é, a complexidade de possuírem muitas unidades pequenas. Os sistemas computadorizados tornam possível descentralizar o controle, aumentar a contribuição dos indivíduos ao longo da cadeia de informações e explorar melhor o talento. Por muito tempo, a Microsoft vem sendo em essência uma rede de programadores de software que se comunicam diretamente com Bill Gates.

Existem mais de 430 mil pessoas que ganham a vida como vendedores da eBay. (Se elas constituíssem uma empresa, essa organização seria uma das cinco maiores dos Estados Unidos.) Podemos dizer, portanto, que esses indivíduos (quase meio milhão de pessoas) são de fato proprietários autônomos de suas próprias lojas varejistas, com um mercado global para seus produtos – juntos, eles realizam negócios de mais de 10 bilhões de dólares.

Está ocorrendo também uma descentralização dos cargos: agora há muitos presidentes e CEOs nas organizações. A GE possui oito ou nove CEOs. A Bertelsmann, a poderosa empresa alemã de mídia, conta com 10 executivos principais só nos Estados Unidos. Além de proporcionar as vantagens da descentralização, esse sistema estabelece uma grande estratégia de incentivo aos funcionários: como não existe um único CEO, mas um deles para cada divisão da companhia, os colaboradores podem se empenhar para subir na hierarquia do seu setor. Bill Weldon, presidente e CEO da fabulosamente bem-sucedida Johnson & Johnson, fala sobre o tamanho dessa empresa cujas vendas anuais beiram 50 bilhões de dólares:

> "Não raciocinamos em termos de uma empresa de mais de 40 bilhões de dólares. Pensamos em 200 unidades de negócios menores, cada uma delas concentrada no mercado em que atua. Vejo isso da seguinte forma: é como se quiséssemos empurrar 200 grãos de areia morro acima. Isso é bem mais fácil do que empurrar uma pedra de 90kg – se ela escapulir e rolar de volta,

estaremos em apuros. Caso centralizássemos e reduzíssemos a infra-estrutura, poderíamos diminuir mais os custos? Claro que sim. Mas e quanto àquilo de que teríamos que desistir para baixar os custos? Abriríamos mão dessa capacidade para derrotar a lei dos grandes números?"[1]

Quanto maior uma entidade de qualquer espécie, maior o número de partes cada vez menores e mais eficientes que ela deve possuir para ter sucesso. As grandes empresas estão descentralizando não porque isso esteja na moda, e sim porque elas precisam se tornar mais eficientes e mais capazes de reagir prontamente à nova concorrência criada com o ingresso de quase todos no jogo global. Por isso a GE possui oito CEOs. É por esse motivo que a Johnson & Johnson pensa e age como 200 empresas (200 CEOs). Está implícito no mundo atual que, no futuro, o sucesso empresarial será determinado pela inovação e pela agilidade no mercado. Adotando esse enfoque, companhias pequenas e dinâmicas ou organizações que se reconstituíram em confederações de empreendedores derrotarão concorrentes de peso e burocráticos quase que na totalidade das vezes.

O VENCEDOR É PEQUENO, ESPERTO E FLEXÍVEL

A descentralização corporativa espelha o sucesso crescente de empresas empreendedoras, enxutas e ágeis.

Uma pequena equipe austríaca detectou uma oportunidade na crescente defasagem entre os progressos na área da cirurgia e a falta de apoio tecnológico – e assim se tornou uma fornecedora global de microscópios avançados para esse setor. Uma nova geração de cirurgiões havia modificado a cirurgia com a invenção de técnicas refinadas e complexas, que permitiam operar com flexibilidade em microdimensões. Só faltavam os microscópios operacionais adequados.

A empresa Life Optics criou o Varioscope, um microscópio usado como óculos que oferece autofoco e zoom, além de iluminação integrada e câmara de vídeo CCD, tudo isso no tamanho de uma pequena lupa. Esse equipamento substitui os microscópios cirúrgicos tradicionais, que são grandes, desajeitados, inflexíveis e, pior de tudo, não ajustáveis. Ele permite que os cirurgiões empreguem com mais facilidade técnicas cirúrgicas complexas e refinadas – por exemplo, nas operações de próstata, com o objetivo de evitar as seqüelas comuns da impotência e incontinência, o que representa um alívio para os pacientes.

Nenhuma das grandes empresas de eletrônica óptica consegue atuar sem "contornar" as patentes da Life Optics. Essa empresa criou um novo domínio mundial e está consolidando seu lugar nele. Com a melhoria significativa dos resultados das cirurgias, tem aumentado a difusão do Varioscope, agora vendido em mais de 60 países. Uma vez revelado o benefício de um novo instrumento, a adoção desse equipamento é só uma questão de tempo.[2]

A QUEDA DO ÚLTIMO MONOPÓLIO: A PRIVATIZAÇÃO DAS MOEDAS NACIONAIS

Hoje em dia, nenhum domínio está tão firmemente numa só mão quanto o das moedas nacionais, que não foi afetado pelos programas de privatização das últimas décadas.

A partir dos anos 1980, Margaret Thatcher iniciou o programa de privatização de empresas, que vem sendo copiado em todo o mundo. A rapidez e a extensão da privatização global das companhias – incluindo monopólios de serviços públicos, telecomunicações, serviço postal, ferrovias e monopólios ferroviários e bancários – estão entre as tendências mais extraordinárias que já testemunhamos. Agora que os monopólios governamentais passaram às mãos da iniciativa privada e se tornaram competitivos mundo afora, é hora de abolir os bancos centrais. Para o desenvolvimento futuro da economia global, é preciso que haja moedas competitivas, que concorram diretamente com as moedas nacionais, assim como foram necessárias empresas telefônicas competitivas para disputar diretamente com as companhias telefônicas nacionais.

Entre 1837 e 1866 existiu nos Estados Unidos o que chamamos

hoje de "a era da liberdade bancária". O papel-moeda era emitido e lastreado por estados, empresas, bancos privados e até indivíduos. Havia uma concorrência real no mercado.

Uma onda de moedas novas invadiu o mundo. Mais de 4 mil comunidades no planeta criaram sua própria moeda com objetivos sociais – dos 400 sistemas monetários privados surgidos no Japão para pagar a assistência aos idosos ao Ithaca Hours, em Ithaca, Nova York, um sistema de papel-moeda em que se credita tempo numa bolsa de bens e serviços sociais.

Essas "moedas de cortesia" incluem os programas de milhagem, a moeda emitida pelas empresas aéreas com a qual agora em alguns lugares é possível pagar chamadas telefônicas, táxis, restaurantes, hotéis e mercadorias – ainda que a pessoa nunca tenha viajado num avião.

E temos também "moedas alternativas", como os cartões de crédito e outros meios de pagamento eletrônico em franco crescimento. Os cupons dos programas de milhagem também poderiam ser considerados moedas alternativas, pois podem substituir o dinheiro. (A revista *The Economist* calculou que o estoque total de milhas não resgatadas dos programas de milhagem supera todas as notas de dólar em circulação no mundo.)[3]

Durante a Bienal de Veneza de 2003, quase no fim da nossa estada, minha mulher e eu visitamos o pavilhão de Taiwan, abrigado no Palazzo delle Prigioni, junto à Piazzetta San Marco. Quando entramos, vimos que grande parte do chão estava coberta de cabeças de alho, todas elas bonitas, rechonchudas e branquinhas. Descobrimos que se tratava do anúncio de uma nova moeda.

Fomos convidados ao G-Mart: G de *garlic* (alho). O lastro das notas era o alho orgânico, "uma mercadoria que será desejada e totalmente reverenciada em 2030, quando o alho se tornará a moeda de troca do mundo". A artista chinesa Shu Lea Cheang afirmou que sua instalação era "um contraste com nosso sistema econômico atual, levantando as questões do valor e do significado do dinheiro". Ainda tenho centenas de notas de 10 mil unidades do G-Mart, todas resgatáveis por alho orgânico.

O mundo está criando um caleidoscópio virtual de "moedas de cortesia" e alternativas. Mas elas são inteiramente subsidiárias das moedas nacionais emitidas pelos governos – monopólios que permanecem incontestados, porém não para sempre.

O último passo da descentralização será a privatização da mãe dos monopólios – as moedas nacionais. A revolução no modelo mental é entender que o dinheiro é uma mercadoria, como carros, geladeiras, batatas e ouro.

Os monopólios governamentais das moedas fracassaram. Politicamente, o malogro é estrutural. Esses monopólios exibem os mesmos defeitos de todos os outros: obrigam a pessoa a usar o produto, ainda que insatisfatório, e, acima de tudo, impedem a descoberta de métodos melhores de satisfazer uma necessidade à qual não se sentem estimulados a atender.

Um bom exemplo de monopólio foi o Trabant, um carro fabricado na antiga Alemanha Oriental. Monopolista e com fama de tosco, ele surgiu em conseqüência da escassez de aço e combustível e foi afetuosamente apelidado de Trabi. Era a "epítome do socialismo: ruim, incapaz de fazer muitas coisas, pouco eficiente, mas que, de alguma forma, conseguia andar".[4] De qualquer modo, era o único automóvel que os alemães-orientais podiam comprar. O governo fixava o preço, embora o carro quase nunca fosse melhorado. Mesmo assim, era o sonho de muitas pessoas naquele país socialista e comunista. Ali tudo era incerto – ainda no início da década de 1980, multidões acorriam aos mercados quando circulavam notícias de que bananas ou laranjas haviam chegado. Na verdade, a própria economia da Alemanha Oriental se assemelhava a um Trabi.

As pessoas não costumam perceber que os monopólios das moedas não são muito melhores do que o monopólio do Trabi. É uma crença comum entre os economistas, desde os pensadores clássicos do século XVIII, que uma das funções mais importantes do governo é criar um mecanismo monetário e emitir moeda. (Por sinal, essas não estavam entre as tarefas que, segundo Adam Smith, caberiam ao Estado.) Agora essa convicção vem sendo desafiada.

Uma análise mais atenta mostra com toda a clareza que os governos continuarão falhando no suprimento do dinheiro "de valor". E o poder de compra de todas as moedas monopolistas continuará caindo – à custa dos cidadãos:

- De 1971 a 1991, por causa da inflação, o marco alemão perdeu mais de 52% de seu valor, embora o desempenho alemão fosse o melhor daquele período.
- Em 1991, o valor do dólar americano era 70% menor do que em 1971.
- A libra britânica perdeu mais de 84% do valor que tinha em 1971.
- Nos Estados Unidos, o valor da moeda entre 1995 e 2005 caiu 33%.
- Examine qualquer período de qualquer monopólio de moeda e verá que o resultado será o mesmo.

E todos nós pagamos por isso – pela ineficiência dos monopólios da moeda.

Paul Volcker, ex-presidente do Federal Reserve, afirmou num discurso em 1990 que os bancos centrais "não estavam na vanguarda da economia de mercado", que "a instituição do banco central é um fenômeno quase que exclusivo do século XX" e que originalmente os "bancos centrais foram vistos e criados como meios de financiar o governo".

Há muito tempo se diz que os governos "apenas imprimirão papel-moeda". Agora eles criam dinheiro por meios digitais também. A tecnologia é o recurso que viabiliza novas moedas e novos sistemas monetários.

Não sabemos ao certo aonde tudo isso nos levará. No entanto, uma nova liberdade de escolha parece ser a palavra de ordem. As opções transcenderão o que podemos imaginar, se houver liberdade para procurá-las e explorá-las.

A boa notícia é que o processo já começou a derrubar os monopólios de moeda dos governos. E qualquer dose de uma grande inflação estimulará mais juros, à medida que os governos se apoderarem ainda mais do valor monetário. Portanto, pense fora do cenário da moeda monopolista. O futuro do dinheiro é ser "de cortesia", alternativo e competitivo.

Alan Greenspan, cujo mandato como presidente do Federal Reserve terminou em 2006, disse: "Veremos uma volta às moedas privadas no século XXI." É um cenário ambicioso, mas acredito nele.

O COMPARTILHAMENTO GLOBAL DO TALENTO – MAIS UMA VEZ OS ESPORTES ABREM CAMINHO

De mãos dadas com a descentralização e com os domínios econômicos globais está o compartilhamento do talento. A terceirização, hoje tão comentada, é o novo auxiliar da descentralização global. Ela posiciona o recrutamento do talento individual num nível global e descentraliza até chegar ao indivíduo.

Alguns anos atrás, quando era sem dúvida o melhor time de futebol do planeta, o Real Madrid possuía apenas dois jogadores espanhóis. O futebol europeu é famoso por ter equipes com mais atletas estrangeiros do que locais. Hoje mais de 100 brasileiros jogam em times europeus. Os times de futebol são um modelo de terceirização do talento altamente qualificado.

Os Estados Unidos são exímios nisso. Mais de 30% dos jogadores da liga principal de beisebol presentes à abertura da temporada de 2006 não eram americanos de nascimento. Nas ligas secundárias, o percentual de atletas nascidos no exterior é incrível: 50%. (É a terceirização em grande estilo.) E o basquete vem se difundido em todo o mundo. Os jogos da NBA, a associação nacional de basquete dos Estados Unidos, são transmitidos em 205 países e em 43 línguas. A nação que mais contribui com atletas para a NBA é a Sérvia, com 10. Na temporada de 2005, 15% dos principiantes eram estrangeiros, e seis deles participaram do *all-star game*, a partida de exibição entre os melhores jogadores de uma liga esportiva americana. Acho que podemos dizer que atualmente metade dos melhores atletas da NBA nasceram no exterior.

O San Antonio Spurs, vencedor do campeonato de 2005 da NBA, é também o time mais internacional da associação. Na verdade, possui mais jogadores estrangeiros do que americanos: 7 dos seus 12 atletas são estrangeiros.[5] Esse time também tem os direitos sobre aquele que é provavelmente o melhor jogador de basquete da Europa, o argentino Luis Scola, de 2,05m, que agora está num time da liga espanhola, o Tau Cerámica. Em 26 de junho de 2006, um atacante italiano de 2,10m e 102kg, Andrea Bargnani, que integra a equipe da Benetton na Europa, tornou-se o primeiro atleta estrangeiro a ser selecionado como número um na seleção de aspirantes à NBA.

O modelo dos esportes traz implícita uma prévia do que acontecerá nos domínios econômicos. Oferta e procura determinam o mercado. Os times selecionam seus atletas, e os melhores jogadores escolhem a equipe que desejam integrar. Como eu disse, cada um é responsável por seu posicionamento dentro de um domínio.

Certas áreas geográficas podem contrabalançar seus problemas econômicos explorando as oportunidades do jogo global. A mudança deve ser adotada quando os benefícios são concretos.

A CUSTOMIZAÇÃO EM MASSA DO TALENTO

No mundo dos negócios, hoje podemos recrutar o talento a partir de muitos níveis e de habilidades diversificadas, onde quer que ele se encontre no planeta, como já acontece há tempos nos esportes. Contratamos alguém de outra empresa com as melhores habilidades para fortalecer nossa organização e temos como fazer isso por meios eletrônicos e globalmente. Explorando o conceito de Stan Davis de customização em massa,[6] chamo essa época em que estamos entrando de "era da customização em massa do talento".

Estamos levando Adam Smith da divisão de mão-de-obra para a divisão do talento, da customização em massa de camisas e jeans para a customização em massa do talento. Habilidades individuais ajustadas a necessidades em âmbito global. Os times esportivos são o modelo – eles realizam a promoção da mão-de-obra industrial terceirizada mais barata a talento terceirizado caro. Agora, em vez de pensar em jogadores de futebol, imagine essa situação no caso de engenheiros, médicos, projetistas, cientistas, administradores, etc. O mundo está se reagrupando num nível mais alto.

Hoje em dia, a estratégia para evitar o inchaço e a burocratização é aumentar a terceirização dentro do próprio país e no exterior – incluindo funções antes intocáveis, como a gestão de recursos humanos. (As atividades de recursos humanos da British Petroleum são agora totalmente controladas por uma firma da Califórnia.) Em 2006, a DuPont, gigante do setor químico, terceirizou seus recursos humanos – inclusive o planejamento do quadro de funcionários, as relações trabalhistas e a gestão do desempenho –, confiando-os à Convergys Corporation, de Cincinnati, Ohio. O contrato de 13 anos, no valor de 1 bilhão de dólares, abrange 60 mil colaboradores e 100 mil pensionistas em 70 países.

Essa evolução oferece às empresas de médio e pequeno porte oportunidades surpreendentes de atender companhias maiores, embora durante anos o mantra dos CEOs e dos diretores de recursos humanos tenha sido: "Nossos recursos humanos são nosso patrimônio mais valioso" (mas agora estamos dispostos a pagar a estrangeiros para geri-los).

Assim como o time americano de basquete Houston Rockets contratou o jogador chinês Yao Ming, a Sony do Japão admitiu o americano Howard Springer como CEO. Esse ex-executivo da CBS não fala japonês e sequer mantém um escritório no Japão. A resposta de Springer às críticas por não se mudar para esse país nem aprender a falar japonês foi: "Não moro em Hollywood, mas sou responsável pela produção de filmes. Não canto, porém respondo por uma empresa de música."[7]

A TERCEIRIZAÇÃO PODE SER FEITA DO OUTRO LADO DA RUA OU DO OUTRO LADO DO MUNDO

No Missouri, que não costuma ser considerado um epicentro de inovação, o McDonald's deu um passo de 1.500km para melhorar o serviço. Quando um cliente pára seu carro diante da janela do caixa e solicita um suculento hambúrguer, ele jamais imagina que seu pedido está viajando 1.500km até um funcionário da empresa no Colorado. Esse colaborador tira uma foto eletrônica do cliente, exibe seu pedido numa tela (para ter certeza de que está certo) e depois o encaminha junto com a foto de volta para a cozinha do Missouri antes que o consumidor tenha sequer começado a se dirigir à janela de entrega.[8]

Será que os trabalhadores do Missouri estão perdendo empregos para o pessoal do Colorado? Sim, claro que estão, assim como os profissionais do Colorado estão ganhando postos de trabalho. E os clientes do Missouri estão obtendo um serviço melhor e mais rápido.

Não são apenas os pedidos de hambúrgueres do McDonald's que fazem uma viagem a serviço. Radiologistas da Índia estão analisando raios X – enviados pela internet – de pacientes americanos. Isso reduz os custos e aumenta a produtividade da assistência médica nos Estados Unidos. Quem poderia ser contra esse fato? Sim, eu sei: os radiologistas americanos.

Uma vez que os raios X podem ser analisados a um custo mais baixo na Índia, nada impede que médicos de qualquer lugar do mundo recorram aos radiologistas indianos. Se a produção de um automóvel é mais barata na Coréia, que ele seja fabricado lá. Caso custe menos processar uma pesquisa telefônica na Irlanda, é nesse país que isso deve ser feito. A renda aumenta em ambos os lados, porque os recursos são redistribuídos de forma vantajosa. O comércio é um jogo de soma positiva – e Adam Smith foi o primeiro a entender isso.

Claro que a terceirização maciça de empregos industriais no exterior vem ocorrendo há décadas. O que começa a acontecer agora é a terceirização do talento em proporções muito maiores para a obtenção de habilidades e conhecimentos bem mais diversificados. Transplantar o trabalho de profissionais altamente qualificados constitui uma mudança nas condições comerciais da competição global. O sistema de comércio mundial está se reagrupando num nível mais elevado. Já se fala sobre isso há bastante tempo, porém hoje as empresas podem e tentarão reunir os melhores talentos em todo o planeta. Não se trata de formar, por exemplo, a mais bem preparada equipe de engenheiros americanos para um projeto, mas de criar a melhor equipe de engenheiros do mundo. Até o momento, os maiores destinos de terceirização dos Estados Unidos são – nesta ordem – Índia, China, Malásia e República Tcheca. Na extremidade mais qualificada, devem ser acrescentados Cingapura, Canadá e Nova Zelândia.

A resposta para todos em relação a esse desenvolvimento extraordinário é a melhoria da educação e do treinamento. Essa tem sido a solução há um bom tempo, no entanto agora todos nós temos que levá-la realmente a sério. Os Estados Unidos mantêm uma forte liderança na cada vez mais competitiva economia global, entretanto poderão perdê-la se não encararem o sistema escolar básico com rigor. Há anos, a qualidade do ensino nesse nível de graduação vem caindo, e, assim como ocorre na indústria siderúrgica nacional, os subsídios continuam subindo enquanto o produto declina. A educação primária e secundária nos Estados Unidos é um setor em queda: o desempenho dos seus produtos está piorando cada vez mais. Trata-se de um monopólio – sustentado por subsídios, protegido por sindicatos fortes e com uma gerência fraca e sobre a qual não recai nenhuma responsabilidade concreta. A situação é tão ruim que minha única esperança é que esse setor seja privatizado e a concorrência opere sua magia corretiva. O sistema de ensino superior americano é o melhor do mundo pelo fato de ser competitivo.

Durante anos, venho insistindo com os países que sua prioridade econômica número um deve ser a educação e o treinamento. Pessoas e nações interessadas em participar da economia global devem ter a educação como principal preocupação. O papel básico da instrução tem sido uma das constâncias do passado e continuará a ser no futuro.

Eu e minha mulher estivemos no Vietnã, onde testemunhamos o formidável empenho desse país em se transformar numa grande fonte de terceirização global. Ali, a matemática tem sido uma matéria importante no currículo escolar (a única área em que os comunistas eram bons era a da educação), e hoje o país vem fortalecendo o ensino de informática. Os salários são baixíssimos. A World'Vest Base, uma empresa de Chicago, possui 38 funcionários em Hanói que navegam pela Web rastreando mercados de ações obscuros. Eles repassam essas informações a clientes especializados em mercados emergentes que atuam em diversas partes do mundo. O salário inicial desses jovens colaboradores, que têm formação superior em finanças ou contabilidade, é de 100 dólares por mês.

Em Ho Chi Minh City, a Atlas Industries mantém mais de 100 funcionários que transformam desenhos arquitetônicos em projetos para empresas de construção britânicas. O Vietnã está se preparando para competir diretamente com a Índia pela terceirização no futuro próximo.

O FIM DA MÃO-DE-OBRA BARATA

Sabemos que a busca de mão-de-obra barata fora das fronteiras de um país está cessando por dois motivos:

1. Os salários estão subindo de forma acentuada nas economias emergentes, e, de qualquer modo, eles refletem a produtividade. (A produtividade do México corresponde a 1/5 da registrada nos Estados Unidos.) E é axiomático que, quanto maior o comércio mundial, maior o nivelamento dos salários.
2. O *componente* mão-de-obra nos produtos manufaturados vem caindo drasticamente: em 1970, estava em torno de 25%; agora está em torno de 4%.

GLOBALIZAÇÃO CORRESPONDE A AMERICANIZAÇÃO?

Os caminhos gêmeos da globalização e da descentralização estão nos afastando dos Estados-nações e nos conduzindo aos domínios econômicos, não como uma maneira diferente de organizar o mundo, mas como uma nova forma de entendê-lo. Dois preconceitos permanecem: a Ásia está roubando empregos, enquanto os Estados Unidos estão destruindo culturas nacionais. Esse não é o futuro que vejo embutido no presente.

Com a mesma freqüência com que ouço as queixas de que a China está engolindo os empregos do Ocidente, escuto falar da preocupação com a influência do modo de vida americano no Oriente. A questão é: globalização corresponde a americanização? Minha resposta sucinta é: não. Ao medirmos a globalização, podemos contar chamadas telefônicas, fluxos de moeda, trocas comerciais, etc. No entanto, a disseminação de cultura e idéias não é algo tão fácil de mensurar. Embutido no presente está o paradoxo não reconhecido de que a mudança cultural dentro dos Estados Unidos é maior do que a transformação mundial induzida por esse país. É o mundo que está alterando o mundo. A reformulação que a imigração está promovendo dentro do território americano é mais profunda do que a influência que os Estados Unidos estão exercendo no planeta.

A chamada americanização do mundo, tão comentada e criticada, envolve apenas as decisões mais superficiais em termos psicológicos: o que comemos, os filmes que vemos, os jeans que vestimos. Pense nisto: nos Estados Unidos há mais restaurantes chineses do que lanchonetes McDonald's.

Esse país já é de longe a nação etnicamente mais diversificada do globo. Daqui a 40 anos, 100 milhões dos 400 milhões de pessoas que estarão vivendo nos Estados Unidos serão latinos. Assim, os latinos e os asiáticos constituirão 1/3 da população local. Hoje em dia, o islamismo é a segunda maior religião no país depois da fé cristã. A segunda língua estrangeira mais falada ali hoje é o chinês. Essas transformações representam uma mudança profunda na identidade dos americanos e na natureza da nação.

Em sua maior parte, as pessoas em todo o mundo estão procurando fortalecer suas identidades culturais. O paradoxo é que, quanto mais universais nos tornamos, mais nos preocupamos (consciente ou inconscientemente) com nossa identidade cultural. Essa é uma das constantes que vai contra todas as profecias de homogeneização. Em qualquer lugar do planeta, as coisas que são de fato importantes para cada um de nós estão no nosso sangue. Nossa língua materna, nossa família, nossa comunidade, nossa herança cultural. E a força com que as preservamos difere de país para país e de pessoa para pessoa. O papel dos Estados-nações será, cada vez mais, celebrar a identidade e a herança cultural e cuidar da educação.

A economia continuará sobrepujando a política na administração da economia global, e o impacto desta última sobre nossa vida é bem maior do que a retórica da política. O futuro está embutido nas decisões econômicas atuais. Por isso precisamos de índices melhores para acompanhar a globalização econômica. As relações e atividades nesse setor estão se integrando e auto-organizando em todo o planeta. A janela que nos permite visualizar e entender a integração econômica mundial são os domínios econômicos.

Aplicação dos Modelos Mentais

Modelo Mental 5 – Veja o futuro como um jogo de quebra-cabeça: A previsão do futuro às vezes se inicia com uma sensação. Nos últimos anos, comecei a observar que os índices econômicos baseados em Estados-nações vinham perdendo cada vez mais seu valor prático. O peso econômico estava mudando dos Estados-nações para o que identifico agora como domínios econômicos. Para prever os acontecimentos econômicos, as peças em que precisamos ficar de olho são os domínios.

Modelo Mental 10 – Só acrescente se puder subtrair: Tendemos a traçar um círculo amplo demais em torno do que achamos que precisamos saber. Nem tudo o que acontece na economia global é relevante para nós. Nossa área de interesse deve se limitar ao nosso domínio econômico. Como os domínios operam de forma independente, enquadre o seu e, depois, só acrescente algo se puder subtrair uma informação menos importante.

Modelo Mental 2 – O futuro está embutido no presente: As informações sobre os domínios econômicos estão muito mais disponíveis e são bem mais confiáveis do que as que se referem aos PIBs dos países. Essa transparência maior ajudará a criar um quadro mais fiel das atividades econômicas globais. De início, o índice do domínio econômico poderia acompanhar o ultrapassado índice do PIB, até, por fim, substituí-lo.

Capítulo 3

CHINA

A periferia é o centro

Muitas pessoas se preocupam com uma possível fragmentação da China. De fato, esse país está se fracionando, trilhando os caminhos gêmeos da globalização e da descentralização mais do que qualquer outra nação. Esse é um processo essencial à sua sustentabilidade, que confere mais eficiência e poder às suas divisões – cidades, províncias e regiões. A periferia é o centro.

Quando Deng Xiaoping visitou os Estados Unidos em 1979, ele foi levado à periferia de Atlanta para uma visita à fábrica da Ford, que na época produzia mais carros num mês do que toda a China num ano. Nessa ocasião, Deng disse: "Nós, chineses, nos defrontamos com a tarefa de transformar nosso atraso e alcançar rapidamente as nações avançadas. Queremos aprender com vocês." Ele afirmou que esperava fazer do seu país uma potência industrial até 2000, naquela época a 21 anos de distância.[1] Em 1979, os chineses fabricavam 13 mil carros. Em 2004, 25 anos após a visita de Deng, mais de 5 milhões de automóveis foram produzidos na China por 120 montadoras.

Deng deu início a reformas agrícolas em 1978 e viajou aos Estados Unidos no ano seguinte para celebrar a normalização das relações entre os dois países e anunciar que a China estava aberta aos negócios. Lembro-me de que compareci a uma recepção para ele em Washington e que fiquei um tanto perplexo, assim como muitas outras pessoas, com aquele homem que, embora fosse tão pequeno fisicamente, tinha planos tão grandiosos.

Minha experiência pessoal com a China começou 41 anos atrás. Nessa época fui morar na Tailândia para ajudar a acelerar o desenvolvimento agrícola desse país. Um dos gerentes de uma empresa com a qual eu vinha trabalhando viajou comigo a Taiwan, que vivia ainda o início da industrialização. Apesar disso, suas medidas de reforma agrária eram impressionantes, e fui até lá verificar como haviam sido implementadas. Enquanto escrevo isto, lembro-me de uma refeição que fizemos em Taichung em 1967. Fomos a um lugar especial escolhido por meu amigo, mas hoje em dia qualquer restaurante de Taiwan, por mais modesto que seja, supera de longe a qualidade da comida que nos serviram ali, sem falar na higiene. Durante a refeição, como atração extra, um homem de aspecto sombrio, que parecia saído de um filme sobre Gêngis Khan, virou-se para nossa mesa e encenou um espetáculo como engolidor de fogo. Ao lado do restaurante, centenas de operários quase nus faziam escavações para as fundações de um prédio. Eles recolhiam a terra com pás e a levavam em cestos nos ombros. Um estado de primitivismo quase incompreensível dominava aquela região.

Agora, quanto mais antigas minhas lembranças da China, mais extraordinárias me parecem as mudanças ocorridas. Ainda hoje, a cada uma das três ou quatro visitas anuais que faço a esse país, fico surpreso e impressionado.

SOB A RODA DA HISTÓRIA

Em 1957, Mao Tsé-tung previu: "O sistema socialista acabará substituindo o sistema capitalista. Essa é uma lei objetiva que independe da vontade do homem. Por mais que os reacionários tentem conter a roda da história, mais cedo ou mais tarde a revolução ocorrerá e, inevitavelmente, triunfará."[2] Essa foi sua compreensão do que estava embutido no presente. Na época da minha primeira visita a Taiwan, a China continental ainda vivia sob a mão de ferro desse homem que controlou quase 1 bilhão de pessoas por mais de 25 anos num país de 9.572.900km^2, maior do que o Brasil. Ele derrotou um exército de mais de 4 milhões de integrantes para chegar ao poder e matou ainda mais gente para conservá-lo.

Nixon iniciou a normalização diplomática com a China em 1972. Algum tempo depois, fiz minha primeira visita à China continental. Não foi fácil: o controle das autoridades era rigoroso e havia pouquíssima tolerância com os visitantes que quisessem circular livremente. Não há cores em minhas lembranças: casas mais do que modestas, roupas cinza secando em varais, as ruas cheias de chineses vestidos com os "uniformes Mao" cinzentos. Nunca entrei num avião para ir de uma cidade a outra. Como faziam muitas pessoas, eu voava somente entre localidades chinesas e Hong Kong, minha base para qualquer exploração da China continental.

Depois da morte de Mao, em 1976, e da luta pela liderança do país, Deng Xiaoping enfim se tornou presidente do partido. Ele se consolidou como o principal agente de mudança da China, empenhado em instituir políticas econômicas de mercado, uma reforma econômica de grande alcance. Seu célebre aforismo indicou o caminho: "Não importa a cor do gato, contanto que capture os ratos." E o gato socialista, apesar da previsão feita por Mao em 1957, não vinha pegando rato nenhum quando Deng assumiu o poder. Por causa disso ele substituiu o gato.

Durante a década de 1980, Deng começou a fomentar zonas econômicas especiais em cidades selecionadas. A transição daqueles dias primitivos à atual e supermoderna Xangai, que na década de 1920 foi uma das maiores cidades da Ásia, é o que deixa as pessoas perplexas. Deng faleceu em 1997 e, com certeza, ficará na história como o homem que emancipou a China dos grilhões do maoísmo.

CAPITALISMO EM CARACTERES CHINESES

Não existem mais comunistas no território chinês, e a evolução da China moderna promoverá, com o tempo, as reformas políticas. Confie no processo. O setor privado é agora o componente mais dinâmico da economia chinesa, crescendo cerca de 20% ao ano, mais do que o dobro do que se registra na economia como um todo. A emergente classe de empresários está colocando em marcha a modernização do país.

A partir de 1995, o supermercado francês Carrefour deu início à construção da segunda maior rede de lojas da China. No início de 2006, havia estabelecido 70 superlojas no país e está acrescentando mais 15 ao ano, ignorando a exigência de aprovação de joint ventures varejistas pelo governo central. Os acordos são fechados diretamente com as administrações das cidades.

Desde a primeira visita que fiz à China, em 1967, venho presenciando todas essas mudanças. Meus contatos são feitos sobretudo com líderes e empresários. Realizo palestras para estudantes e me encontro com eles em várias universidades da China. Sou membro do corpo docente da Universidade de Nankin. Ao longo dos anos, me reuni também com membros do Conselho de Estado (que equivale ao gabinete do presidente num país ocidental), inclusive com o ex-presidente Jiang Zemin.

Encontrei-me com ele em 1998, pouco depois da publicação de *Megatendências Ásia*[3] em chinês. Durante uma das minhas visitas a Pequim, fui informado de que o presidente estava interessado em se reunir comigo. Concordei com prazer. Naquela época, todos nós começamos a perceber que algo novo estava de fato acontecendo na China. Nosso encontro ocorreu no Zhongnanhai, a sede dos líderes do governo central. Jiang disse que estávamos na mesma sala em que Mao recebia seus convidados.

Durante essa reunião privada de duas horas, aprendi muito sobre a China e sobre aquele homem. Jiang me perguntou qual seria, no contexto do crescimento econômico, o maior problema do seu país. Hesitei em julgar a situação, mas ele realmente queria saber. Assim respondi: "Creio que a questão mais difícil é como tornar as principais estatais chinesas eficientes num ritmo que não acarrete desemprego excessivo num dado momento." Um equilíbrio delicado, ambos concordamos.

Jiang continuou: "De acordo com um dos nossos ditados, devemos agarrar os grandes e deixar os pequenos para lá." Meu coração de empreendedor disse na mesma hora: "Espero que eu seja um dos pequenos!"

A parte mais memorável do nosso encontro ocorreu a partir da segunda hora, quando tivemos uma conversa muito pessoal. Falamos sobre a infância – ambos havíamos crescido numa fazenda – e sobre nossa escolarização. Ele me contou que havia sido operário de linha de montagem de automóveis em Xangai durante a Revolução Cultural. Tudo isso em inglês, numa época em que ninguém no Ocidente sabia que Jiang falava esse idioma. A certa altura, para meu espanto, ele recitou para mim, de cabeça, o discurso de Gettysburg, de Abraham Lincoln. Esse pronunciamento termina com as palavras: "...que esta nação, com a graça de Deus, venha a gerar uma nova liberdade – e que o governo do povo, pelo povo e para o povo jamais desapareça da face da Terra."

Imagine o presidente chinês recitando esse texto. Não sei dizer se, para ele, aquelas elas eram meras palavras de um discurso ou se tinham um significado especial. Até hoje fico em dúvida.

EM QUE POSIÇÃO ESTÁ A CHINA?

A China tornou-se com certeza a "oficina do mundo" e costuma ser temida como o dragão que devora nossos empregos com um "nhac" de satisfação. Até aí, nada de novo sob o sol. Voltando na história: durante a Revolução Industrial, a oficina do mundo foi a Grã-Bretanha, mais tarde os Estados Unidos e, depois, na última quarta parte do século XX, o Japão e a Coréia. Agora é a China.

Mas esse país não assumirá tal papel apenas fabricando mais produtos do que qualquer outra nação. A China também desenvolverá tecnologias atuais e criará outras novas. Ela domina o setor da produção da indústria global de confecções – em 2004, exportou 95 bilhões de dólares em roupas.[4] Cerca de 25 mil estilistas trabalham na China, os melhores centralizados em Xangai, onde existe uma forte expectativa de que, em poucos anos, possam competir com os centros de moda de Milão e Nova York. Além de oficina do mundo, esse país, com o tempo, se tornará um dos pólos mundias de design tanto da indústria quanto da moda. Hoje estamos exportando os empregos de ontem para a China; amanhã, ela estará exportando alguns dos produtos da próxima geração para nós.

O QUE ESTÁ "EMBUTIDO" NA CHINA HOJE?

Lembre-se de que, quando queremos prever o futuro, um modelo mental importante é nos concentrarmos no placar do jogo. Isso não é fácil quando se trata da economia da China. A agitação e o alarde sobre o crescimento desse país levaram a exageros sobre a rapidez desse progresso. Agora, muitas pessoas estão prevendo quando sua economia ultrapassará a dos Estados Unidos.

Para analisar a situação da China e prever como ela estará daqui a 10 anos, é preciso situar seu crescimento extraordinário no contexto global. Seu PIB per capita de 2004 não ficou sequer em centésimo lugar no mundo. A base econômica da China é muito pequena comparada à dos Estados Unidos, cuja economia não deixará de progredir. Mesmo que as taxas de crescimento se mantenham nos níveis atuais, serão necessários pelo menos 30 ou 40 anos até que a China alcance o padrão de vida americano.[5] Não se esqueça tampouco de que "as coisas pelas quais esperamos são as que demoram mais para acontecer", e às vezes nem acontecem.

Num comentário sobre o pavor que os americanos têm de serem ultrapassados pela China, o colunista Ben Stein mencionou a União Soviética da década de 1950:

> "Isso me lembra como a mídia e a CIA ficaram em polvorosa após o lançamento do Sputnik em 1957, prevendo que a União Soviética logo conquistaria a hegemonia mundial nas áreas tecnológica e econômica. Esse discurso se baseava numa série de pressupostos furados e numa boa dose de histeria. Evidentemente nada disso aconteceu."[6]

Em determinada época, acreditava-se que a União Soviética dominaria o mundo – agora se diz que é a China. Precisamos estar mais atentos aos perigos das extrapolações lineares.

A idéia do predomínio da China foi reforçada quando, em 20 de dezembro de 2005, o país anunciou que sua economia era bem maior do que se estimara. Os novos números indicavam que ela havia provavelmente ultrapassado as da França, Itália e Grã-Bretanha, tornando-se a quarta do mundo, após as dos Estados Unidos, Japão e Alemanha.

"Temos agora um nova fotografia instantânea da economia chinesa", disse Hong Liang, economista da Goldman Sachs em Hong Kong. "Ela é não ligeiramente maior – é muito maior."

A China revisou seu quadro econômico depois que um censo econômico nacional de um ano – o primeiro desse tipo, envolvendo mais de 3 milhões de auditores e supervisores – revelou que uma produção econômica de 280 bilhões de dólares havia ficado oculta em 2004. (Bem, é uma grande nação.) Isso elevou o PIB do país para 2 trilhões de dólares. O PIB dos Estados Unidos é superior a 12 trilhões de dólares. Uma boa parte desses 280 bilhões de dólares parece ter se originado do setor de serviços, que se fortalecera (passando de 32 para 41%), e do aumento no número de empresas de pequeno e médio porte. (Como disse o ex-presidente Jiang: "Deixemos os pequenos para lá.")

A melhora na posição econômica da China indica que há menos dependência da indústria e das exportações do que se costumava pensar, uma boa notícia para empresas que queiram vender seus produtos. O país continua crescendo à extraordinária taxa de 10% ao ano, o que vem acontecendo há quase três décadas. Isso mostra que sua economia está dobrando a cada sete anos e meio.[7]

Hong Liang disse que "a implicação mais importante" do anúncio foi: "A China sofre de alguma doença estrutural ou câncer ou será que existe algo errado com a radiografia?" Ele observou o seguinte: "Nos últimos anos, muitos economistas renomados citaram a elevada taxa de investimentos em relação ao PIB como um problema grave. Agora parece que a máquina de raios X é que apresentava um problema, e não o paciente."[8]

A discussão da supremacia econômica atual não é uma questão Estados Unidos versus China. É a eBay versus Jack Ma, fundador da Alibaba.com e do site de compras TaoBao, em Hangzhou, a quase 100km ao sul de Xangai. A CEO da eBay, Meg Whitman, diz que a China é uma "conquista obrigatória" para que sua empresa se torne global. Agora ela resolveu enfrentar Jack Ma.[9]

A eBay e o site TaoBao estão lutando com unhas e dentes pelo mercado chinês. Jack Ma diz: "A eBay pode ser um tubarão no oceano, mas eu sou um crocodilo no rio Yang-tsé. Se lutarmos no oceano, eu perco; porém, se nos enfrentarmos no rio, eu ganho." Segundo dados divulgados pela Analysys International em 2005, o TaoBao.com, da Alibaba, liderava o mercado na China com o maior número de transações entre consumidores finais (o chamado C2C, *consumer-to-consumer*) e, possivelmente, superaria a eBay em número de assinantes em 2006.[10]

O TaoBao detém mais de 40% das vendas em leilões on-line na China, enquanto a e-Bay fica com 53%. Nas assembléias de trabalhadores, os funcionários do TaoBao agitam bandeiras com seu mascote: formigas operárias. A idéia é a seguinte: unidas, as minúsculas formigas conseguem derrotar um elefante. (No final de 2005, Meg Whitman adquiriu uma participação no TaoBao – se não dá para vencer o concorrente, junte-se a ele.)

A formação de Jack Ma faz dele a pessoa certa para conectar os mundos dos negócios ocidental e chinês. Ele cresceu no início do florescimento econômico da China, na década de 1980, na cidade histórica de Hangzhou, perto de Xangai. Ansioso por aprender inglês e se aperfeiçoar nessa língua, prestou serviços gratuitos de guia turístico para visitantes estrangeiros na cidade. Em 1988, graduou-se pelo Instituto de Educação de Hangzhou, com especialização em inglês. Durante vários anos, lecionou esse idioma e comércio internacional no Instituto de Engenharia Eletrônica de Hangzhou. Um sócio como Jack Ma é uma vantagem incrível para qualquer empresa que esteja diante de um dos desafios que envolvem a introdução de uma marca na China: a barreira da língua chinesa.

A PERIFERIA É O CENTRO

Enquanto o Ocidente vivencia sua competição com a China como uma experiência quase avassaladora, a disputa dentro do próprio país é ainda mais acirrada.

Quase todas as conversas sobre a China giram em torno dos seus avanços industriais, enquanto as mudanças na sua paisagem urbana são subestimadas ou consideradas improváveis, a não ser que a pessoa esteja lá para testemunhar o renascimento de muitas metrópoles. Velhos centros urbanos estão sendo demolidos e milhões de pessoas estão se mudando para os grandes projetos habitacionais que vêm moldando a China do século XXI.

Esse país possui 166 cidades com população superior a 1 milhão de habitantes – em comparação com 12 no Japão, 9 nos Estados Unidos e uma na Grã-Bretanha.* Muitos centros urbanos chineses praticamente desconhecidos têm população de 6, 7 ou 8 milhões de pessoas. A rápida urbanização do país tirou da pobreza milhões de indivíduos que residiam em áreas rurais.[11]

Como membro do conselho diretor de uma empresa de Taiwan, participei em 2002, com o presidente da companhia, Fred Li, e os outros diretores, de uma reunião com os administradores de uma cidade. Nós só sabíamos o nome desse lugar porque ele aparece no rótulo de uma popular cerveja chinesa: Tsingtao. Trata-se de uma cidade com 7 milhões de pessoas que, no ano anterior, apresentara o espantoso crescimento econômico de 32%. E, como Fred dissera, Tsingtao é um dos centros urbanos mais bonitos da China. Ficamos num hotel cinco estrelas novinho em folha. Ao lado, um parque de

---

*No Brasil, são 14 cidades com mais de um milhão de moradores – a capital federal, 11 capitais de estados e dois municípios paulistas. (N. do T.)

diversões, do tipo Disney, acabara de ser inaugurado. Do outro lado da moderna estrada, à beira do mar Amarelo, luxuosas mansões de praia quase terminadas aguardavam que as pessoas ricas do local as comprassem ou alugassem.

Quase todas essas cidades se transformaram em imensas áreas de construção. Todas elas desejam fazer parte do mundo e estão erguendo seus próprios aeroportos internacionais. A imprensa ocidental focaliza as três metrópoles: Pequim, Xangai e Guangzou (Cantão). Porém, por todo o país, dezenas de cidades renascidas estão, como dizem os chineses, "brotando como cogumelos após uma chuva de primavera".[12]

Um dos líderes desse renascimento urbano é o velho centro industrial de Harbin, no corredor norte da China. Seu nome apareceu nos noticiários em 2005 quando uma explosão numa fábrica de produtos químicos, 322km rio acima, contaminou o suprimento de água local. Mas isso não atrasou um dos projetos urbanos mais ambiciosos do país. Harbin agora está construindo um novo centro da cidade, chamado Songbei, para 9 milhões de pessoas. Ele será estabelecido depois do rio Songhua, em cuja margem Harbin se localiza.

Songbei terá 740km^2 de torres de escritórios, arranha-céus residenciais, casarões luxuosos, hotéis cinco estrelas, complexos de compras e entretenimento, zonas comerciais e parques industriais. Seu tamanho será quase igual ao da cidade de Nova York.

A duas horas de trem ao norte de Xangai, Nankin está criando um novo centro com 96km^2. Isso também está ocorrendo em outras cidades, incluindo Ningpo, Yangzhou e Nanchang. Zhengzhou está desenvolvendo um plano diretor para uma nova área central da cidade, com 150km^2. Changchun, no norte, está transferindo seu distrito comercial para uma nova zona.

O modelo para esses centros futurísticos parece ser Pudong, a grande e nova extravagância na margem leste do rio Huangpu, em Xangai, onde mais de 200 arranha-céus foram construídos apenas nos últimos 10 anos. Xangai está agora preparando uma área de 527ha às margens do rio para receber 50 mil moradores e 270 fábricas, inclusive o maior estaleiro do país, com o objetivo de construir um espaço para a Exposição Mundial de 2010.

Existe uma concorrência feroz entre as cidades de segundo nível em relação a Xangai, Pequim e Guangzou (Cantão). Aderindo à globalização na mesma proporção em que descentralizam, elas estão escapando do controle do governo central em Pequim. Como dizem os chineses: "O dragão mais poderoso não consegue esmagar a cobra local." Na China atual, Pequim finge que governa e as províncias fazem de conta que são governadas. O velho ditado de que nesse país "a periferia é o centro" é mais verdadeiro do que nunca.

Toda essa corrida rumo à modernidade faz com que muitos observadores se posicionem de modo exagerado à frente do desfile, fazendo previsões de que a China se tornará a maior potência econômica do mundo já na próxima semana. Mas extrapolar as expectativas é tão enganador quanto ser muito comedido. Cuidado com esse modelo mental! Para julgar a situação desse país e o rumo que ele está tomando, é necessário avaliar as diferentes peças do quebra-cabeça chinês, comparando-as entre si.

O NOME DA ROSA CONTA NA CHINA

No chinês falado há reconhecidamente um alto nível de diversidade interna. Muitas variantes do idioma são diferentes o suficiente para serem incompreensíveis entre si. Dependendo do sistema de classificação empregado, existem entre seis e 12 grupos regionais principais. Os mais falados são mandarim, *wu* e cantonês, nessa ordem.

Os caracteres chineses são morfemas independentes da pronúncia. Mesmo assim, as ortografias dos dialetos não são idênticas. Há divergências vocabulares. Além disso, enquanto o vocabulário literário é, em grande parte, compartilhado por todos os dialetos, os vocabulários coloquiais são muitas vezes distintos. O chinês coloquial escrito costuma envolver "caracteres dialetais", que nem sempre são entendidos em outros dialetos, ou caracteres considerados arcaicos no chinês-padrão escrito, o que torna a tradução um verdadeiro pesadelo para os ocidentais. Alguns erros de tradução de slogans chegam a ser cômicos: "Não saia de casa sem ele", da American Express, acabou tendo o sentido de "Fique em casa com ele"; "Peça do jeito que você gosta", da Burger King's, tornou-se "Rejeite o ideal socialista"; "Obedeça à sua sede", da Sprite, virou "Você é obrigado a beber".

Embora eu acredite que o design possa ter uma linguagem universal, introduzir marcas comerciais na China constitui um grande desafio. Digo isso mesmo sendo alguém de pensamento positivo. Apesar de todas as oportunidades que a China oferece, sua língua esconde algumas armadilhas.

E é fácil cair nelas. O site da Câmara Americana de Comércio na China apresentou um relatório da Baker & McKenzie sobre os problemas de uma empresa do porte da Coca-Cola.

> "A história de como a Coca-Cola escolheu sua marca chinesa foi contada várias vezes. No entanto, merece ser recontada aqui como o melhor exemplo de como deveria funcionar a fusão da transliteração com os métodos conceituais. De acordo com o Sr. H. F. Allman, ex-assessor jurídico da Coca-Cola na China, a empresa descobriu que, antes da realização da sua grande campanha de marketing nesse país, muitos comerciantes haviam criado símbolos adotando qualquer grupo antigo de caracteres que soasse remotamente como 'Coca-Cola', sem se importar com o significado. Um símbolo improvisado traduzia a marca como 'égua amarrada com cera'; outro exortava os clientes a 'morder o girino de cera'. (...) A empresa acabou escolhendo *ke kou ke le*. Em mandarim, isso soa muito parecido com Coca-Cola, além de ter um sentido positivo: 'permitindo que a boca se alegre'.[13] Bacana. A Pepsi-Cola, por sinal, traduziu sua marca como *bai shi ke le*, ou 'tudo o que deixa você feliz'."

Em *Megatendências Ásia*, escrevi que, para trabalhar na China, é essencial (e muitas vezes exigido por lei) ter um sócio chinês. Traduzir o sentido e a emoção que a empresa quer ver atribuídos ao seu logotipo é indispensável à sobrevivência do negócio. Nesse aspecto, poupar dinheiro não compensa. A Coca-Cola contratou Alan Chan, um dos poucos designers gráficos consagrados treinados em Hong Kong, para reformular artisticamente sua marca. O primeiro logotipo em escrita chinesa da companhia desde 1979 foi lançado em fevereiro de 2003.

Apesar de todos os problemas, muitas empresas americanas estão mais profundamente envolvidas com a China do que as pessoas imaginam. A PepsiCo, por exemplo, é o maior produtor de batatas do setor privado do país. A empresa envolveu-se no cultivo desse vegetal com o propósito de aumentar a qualidade e o fornecimento da matéria-prima de seu negócio de batatas chips no território chinês. Nem toda batata serve. Ela precisa ser cultivada no formato ideal – de preferência redonda e de tamanho médio –, colhida no momento exato para cumprir o cronograma de suprimento e manuseada com todo o cuidado, como se fosse um ovo. Uma tarefa nada fácil, considerando os rudes métodos de plantio e distribuição tradicionais da China.

A McDonald's vem trabalhando há anos com fornecedores para aumentar a qualidade dos seus produtos. No entanto, arrendar terra cultivável na Mongólia Interior e em Beihai, a parte sul da região de Guangxi, como fez a Pepsi, para comandar uma produção rural é uma experiência nova. "A PepsiCo não é uma empresa agrícola", diz Bob Shi, diretor operacional do negócio de *snacks* da companhia na China. "Mas, para criarmos um mercado, tivemos que tomar medidas extras como essa."[14]

A Pepsi decidiu desenvolver uma presença global dominando o mercado de *snacks*, em vez de enfrentar diretamente a vantagem do refrigerante da Coca-Cola. Em todo caso, isso não fica evidente para quem caminha pelo maior bulevar de compras de Xangai, a Estrada Nanjing, de 3,2km, onde há pelo menos quatro vezes mais símbolos da Pepsi do que de sua concorrente.

O DRAGÃO SE VESTE

Muitos anos atrás, quando *Megatendências*[15] foi publicado na China, recebi um convite para dar uma palestra na Universidade de Xangai. Lembro-me de que fui recebido com grande entusiasmo nesse evento. Caminhei por um corredor central enquanto os estudantes me aplaudiam ritmadamente. Isso nunca me aconteceu nos Estados Unidos.

Minha palestra deve ter despertado muitas emoções, e tivemos uma ótima sessão de perguntas e respostas. De novo, recebi a confirmação de que os estudantes chineses estão entre os mais cativantes e inteligentes do mundo. Após a apresentação, eles entraram em fila para que eu autografasse seus livros. Durante esse agradável processo, fui percebendo que praticamente cada exemplar tinha uma capa diferente – apenas uns poucos estavam com a que me fora enviada pela editora. Não demorei para entender: as cópias piratas superavam por uma boa margem os livros verdadeiros.

Lembrei-me dessa experiência quando li sobre Giorgio Armani na China. Entendi como ele se sentiu quando lhe ofereceram um relógio Armani falso por 22 dólares em Xangai. "Era uma cópia idêntica de um relógio Emporio Armani", contou. Nesse país, a diferença entre relógios Armani e livros é que o autor não espera ganhar dinheiro com suas obras, mas se preocupa com a fidelidade ao texto original.

Nas palavras de Armani: "As falsificações poderiam causar certa confusão entre os clientes. Por outro lado, é lisonjeiro ser copiado. Se alguém o imita, é porque você está fazendo a coisa certa." O estilista pareceu muito menos satisfeito quando disse que ficara sabendo que havia algumas lojas na China – Giorgio Armani, Armani Fiori e Emporio Armani – com as quais não tinha nenhuma relação.[16]

Está previsivelmente embutido no presente que, uma vez que as próprias marcas chinesas sejam vítimas da pirataria, haverá mais rigor na repressão a esse problema, assim como aconteceu em Taiwan.

Apesar do percurso cheio de solavancos que devemos esperar entre a aritmética da sua população e a incrível corrida rumo à modernidade, a China é o ímã das oportunidades. Para os piratas da moda locais e para as maiores marcas da moda do mundo, esse mercado é o novo ópio, e os grandes nomes estão se digladiando para montar um negócio lá. Xangai, que está entre as metrópoles em rápido crescimento nesse país, oferece algumas das melhores áreas urbanas.

Ao longo do enorme rio Huangpo, situa-se um dos nossos locais favoritos nessa cidade: Zhongshan Dong Lu, mais conhecido como "o Bund". Durante o auge de Xangai, no início do século XX, o Bund era ocupado por bancos, *tradings*, consulados e hotéis europeus, americanos e japoneses – isso antes que os comunistas assumissem o poder e os usassem para seus propósitos.

Em 2002, antes de partirmos na viagem a Tsingtao com Fred e Ivy Li, minha mulher e eu nos encontramos com eles em Xangai para tratar de negócios. Nossos amigos chineses deram a dica de um lugar novo absolutamente imperdível: M, no Bund. Uma chef de cozinha australiana, Michelle Garnaut, fora conquistada pela dinâmica do Bund. Ela alugou o andar superior e o terraço de um prédio da década de 1920 e, apesar dos muitos e costumeiros problemas com as autoridades locais, abriu um restaurante maravilhoso. Michelle foi, de certo modo, uma pioneira. Seguiu em frente, desconsiderando o aviso de que Xangai não estava preparada para um restaurante fino, o que, aliás, não era verdade. Numa noite quente de início de verão, sentamo-nos no terraço, onde comemos leitão crocante, até hoje nosso prato favorito ali, e bebemos vinho australiano. (A China ainda está num estágio um tanto primitivo de produção de vinhos.) Seis andares abaixo do restaurante, riscas de luz brancas e vermelhas marcavam o percurso dos carros ao longo do bulevar de oito pistas. Do outro lado do rio, as luzes do distrito de Pudong, em rápido crescimento, tremulavam através da escuridão.

Pouco depois de o M conquistar uma multidão de gourmets, ficou claro que Xangai estava pronta não apenas para jantares requintados como também para as belas-artes e os figurinos sofisticados. Agora, quando estamos nessa cidade, além de irmos ao Bund para nosso jantar já tradicional no M, percorremos as galerias de arte que foram inauguradas no prédio ao lado, almoçamos num dos seus três espetaculares restaurantes e visitamos a nova loja Armani, a primeira de um projeto que prevê a instalação de mais 30 unidades no país até 2008.

Essa grife não está sozinha. A maioria das grandes marcas vem abrindo filiais na China. Entre os sucessos mais evidentes estão a Alfred Dunhill e a Louis Vuitton, que planejavam abrir mais quatro lojas no país em 2006, chegando a um total de 13. A LVMH (Moët Hennessy Louis Vuitton) informa que os clientes da China continental ocupam agora o quarto lugar em suas vendas anuais globais. A meta da Prada era ter 25 lojas na China continental até o fim de 2006. A Zegna possui 42 lojas em mais de uma dúzia de cidades chinesas. Quando adquiri um terno dessa grife em Pequim alguns anos atrás, isso foi tão natural quanto comprar chá verde em Milão.

Todos os grandes fabricantes de relógios estão explorando o potencial da China. O Grupo Richemont Luxury (que inclui a Cartier) tem se mostrado muito ativo nesse sentido, assim como o Grupo Swatch. Nick Hayek (filho do fundador Nicolas Hayek), o CEO da Swatch, planeja abrir entre 500 e mil lojas na China até 2010, quando espera estar vendendo até 6 milhões de relógios por ano. Cerca de 20% dessas unidades estarão localizadas em Xangai.[17]

O mercado de produtos de luxo da China vem aumentando 20 a 30% ao ano, a maior taxa de crescimento desse setor no mundo. Esses artigos ainda são um campo raro no país, mas a concorrência chinesa já desponta no horizonte. Será como o Japão, que durante décadas forneceu têxteis para a indústria da moda até descobrir o tremendo valor agregado de transformar esse material em moda sofisticada. É o que acontecerá com a China.

O VALOR DO DESIGN

Em outubro de 2004, Naomi Campbell deu uma palestra sobre desenvolvimento da carreira na Universidade de Xangai. Ela foi nomeada diretora artística convidada da escola de modelos vinculada à universidade. Shen Zhiwen, vice-diretor da escola de modelos, informou que outras supermodelos internacionais receberão convites para dar aulas e fornecer instruções no futuro. "A China é o maior fabricante e consumidor de roupas do mundo", ele disse. "Há no país mais de 50 mil empresas de vestuário, porém somente cerca de 10 mil modelos profissionais, o que deixa uma defasagem significativa. As passarelas internacionais precisam de mais manequins asiáticas, sobretudo chinesas, porque as *maisons* européias querem penetrar nesse imenso mercado."[18]

Em outubro de 2003, Xangai abriu as portas para sua primeira semana de moda, organizada pelo governo local. A cidade lançou o festival internacional de moda, realizado na primavera, e a semana de moda, promovida no outono. Esses dois eventos são vistos como um passo importante para alcançar outros centros internacionais da moda.

Na primavera de 2004, Pequim recebeu centenas de admiradores do mundo *fashion*, executivos, modelos, fotógrafos e jornalistas de diversos países na Semana da Moda da China. Os desfiles proporcionaram uma ampla oportunidade para estilistas do país e do exterior exibirem suas coleções outono/inverno. Um ano depois, na Semana da Moda de Pequim, 33 novos estilistas de 19 países estavam apresentando suas coleções sob o tema "Minha Visão da China". A Semana promoveu o 12.º Concurso Internacional de Moda para Jovens Estilistas, concedendo o Prêmio Hempel e proporcionando aos novos talentos uma chance de brilhar.

Jovens estilistas do exterior, sobretudo dos Estados Unidos e da Europa, estão afluindo a Pequim e Xangai em busca de oportunidades inexistentes em seus países. Vera Wang, conhecida por seu império americano de vestidos de noiva, tornou-se a primeira estilista com raízes chinesas a ser reconhecida globalmente. "Temos que trabalhar mais nos tecidos e figurinos para conquistar os consumidores e tentar entrar no mercado mundial em breve", ela disse.

Wang alcançou um reconhecimento que seus pais jamais poderiam imaginar. Seu pai, filho do ministro da guerra de Chiang Kai-shek, deixou a China natal junto com a mulher em 1947 para começar vida nova nos Estados Unidos. Retornando às origens, Vera Wang abriu uma loja para noivas (The Perfect Wedding) no Hotel Pudong Shangri-La, em Xangai. Ela oferece trajes elegantes, delicados e suavemente coloridos que dão uma nova sofisticação ao mundo branco do casamento.

Os chineses estão tomando consciência do design como valor agregado – para eles. Hoje em dia, mais de 400 faculdades do país oferecem cursos de design. Juntas, elas formam mais de 10 mil projetistas industriais por ano – em 2000, esse número era de apenas 1.500. O design é agora um dos cursos mais populares nas universidades chinesas. Estão surgindo centenas de consultorias nessa área, particularmente nas três grandes cidades: Xangai, Pequim e Guangzou (Cantão). Nas empresas chinesas, os departamentos de design têm equipes cada vez maiores.

"É por meio do design que as companhias aumentam a competitividade", diz Yu Zida, vice-presidente responsável pela supervisão dos designs da Haier Group Co. Essa colossal fabricante chinesa de eletrodomésticos, que opera em 150 países, foi mencionada nos noticiários em 2005 como uma possível compradora da Maytag.[19] O grupo Haier possui 120 projetistas industriais em sua equipe.

Há sete anos, a Haier America vem atuando nos Estados Unidos, onde seu maior negócio é uma linha de adegas portáteis, além de refrigeradores pequenos e outros eletrodomésticos. A maioria das pessoas ignora que se trata de uma companhia chinesa. O nome mudou para Haier no início da década de 1990, com a entrada de um sócio alemão.

A Haier e a Lenovo, a fabricante de computadores que comprou a divisão de PCs da IBM em maio de 2005, são agora as duas marcas chinesas mais famosas. A Lenovo, reconhecida pelo bom design, dobrou a equipe de designers para 80 pessoas e, em 2006, ganhou o Prêmio de Excelência em Design Industrial por seu moderno telefone. A Sony, a Samsung, a Motorola, a Nokia, a General Motors e a Volkswagen, na tentativa de acompanhar os chineses, abriram escritórios de design na China. Na visão das empresas globais, à medida que os chineses forem se aperfeiçoando na área do design, elas precisarão desenvolver produtos específicos para atender a psique chinesa.

Na China, é mais importante parecer rico do que ser rico, e alguns produtos criados para esse mercado não servem para outros países. O Grupo Lenovo fez um tremendo sucesso com um telefone celular que comporta gotas de perfume e enche o ambiente de um cheiro adocicado enquanto a bateria esquenta. Os projetistas da Volkswagen em Xangai agora decoram o interior dos carros com imitações de madeira, algo fora de moda no Ocidente, mas popular entre os compradores chineses, porque faz com que seus automóveis se destaquem. "A contenção na China é algo indesejado", diz Stefan Fritschi, projetista-chefe da operação da Volkswagen em Xangai. "As pessoas querem impressionar o vizinho."[20] Isso faz sentido para mim. Ainda me lembro de que, quando as famílias chinesas começaram a comprar refrigeradores, elas os colocavam na sala de estar para impressionar as visitas.

A VIRGIN DE BRANSON TENTA AGRADAR AO DRAGÃO

Sir Richard Branson possui grandes planos para a China: "Para qualquer empresa, hoje é loucura não ter um envolvimento com a China."[21] Em 2006, David Baxby, executivo principal da Virgin Asia Pacific, mudou-se de Sydney para Xangai.

A Virgin Atlantic vem oferecendo vôos diários de Londres para Xangai desde o final de 2005 e logo acrescentará Pequim à rota. Em 2006, a empresa dobrou seus vôos Londres–Hong Kong para dois por dia. No início daquele ano, a participação da Ásia na receita de 20 bilhões de dólares da Virgin era de 10%. Branson espera que essa contribuição chegue a 25% em cinco anos.

Outro plano da Virgin é lançar o Virgin Mobile, um serviço de telefone celular, na China. "Acreditamos que é possível fazer alguma coisa lá. Se acertarmos, poderemos ganhar um mercado enorme", diz Branson, repetindo um comentário muito comum sobre a China. Qualquer negócio envolvendo telefones celulares nesse país se assemelharia às operações da Virgin nos Estados Unidos e na Grã-Bretanha, com a empresa fornecendo a marca, o marketing e o know-how promocional. Independentemente de Branson executar ou não esse projeto na China, os consumidores chineses estão prestes a ver – e provar – muito mais da marca Virgin.

Será possível até dormir numa cama da Virgin. Branson planeja inaugurar uma rede de hotéis e academias de esportes em 2008. Refrigerantes dessa marca estarão disponíveis também.

No final de 2005, a Virgin abriu uma de suas *megastores* de música em Xangai, um lance audacioso, considerando a agilidade dos falsificadores na China. Mas Branson é audacioso: "Algumas pessoas acham que estamos malucos por causa do problema da pirataria, entretanto minha impressão é de que precisamos oferecer aos consumidores chineses um local de vendas legítimo." Um amigo que temos em Xangai nos disse o seguinte quando estivemos lá em novembro de 2005: "Talvez possamos realmente comprar músicas decentes aqui. Muitas pessoas pensam que o Ocidente tem apenas uns poucos artistas: Elton John, Mariah Carey, Os Meninos Cantores de Viena e Pavarotti." Graças a Branson, alguns milhares de nomes podem agora ser acrescentados à lista.

Branson não está apenas ampliando a variedade de produtos: a Virgin pretende abrir a porta para outras esferas. Pouco antes do Natal de 2005, ele revelou o local de lançamento da Virgin Galactic, seu empreendimento de turismo espacial. Nem preciso dizer o que Branson conquistará primeiro, se o espaço ou a China.

A ASCENSÃO DOS RICOS

Um indicador importante do grau de progresso do capitalismo na China é o aumento do número de pessoas ricas. Existem agora sete bilionários na China e mais de 100 outros indivíduos com fortunas médias de meio bilhão de dólares americanos. A Merrill Lynch estimou que o país possui 300 mil milionários – um número que outros julgaram de "conservador" a "muito conservador".[22]

O economista Milton Friedman vem falando há anos sobre a escolha entre socialismo e capitalismo como uma opção entre justiça econômica e liberdade econômica. A "justiça" econômica está do lado socialista, com seus esquemas de distribuição. Quem escolhe a liberdade econômica, o lado capitalista, opta pela possibilidade de as pessoas ganharem tanto dinheiro quanto sejam capazes – isso quer dizer que, necessariamente, alguns indivíduos com muito talento para fazer fortuna serão bem-sucedidos. Assim, por uma espécie de indicador inverso, vemos que a China, com seus muitos milionários e bilionários, adotou a liberdade econômica, que se adapta bem à sua longa história de empreendedorismo, praticado sobretudo pelos chineses ultramarinos durante a era comunista. Ao observar o placar do jogo, não deixe de avaliar a força econômica dos chineses no ultramar.

OS PORTA-BANDEIRAS DA CHINA

Se a China está a caminho de buscar a supremacia global, seus desportistas serão os primeiros a chegar lá. Os esportes são uma "guerra sem tiros", segundo George Orwell. Com o recuo dos Estados-nações, os fãs dos esportes passam a ser os novos porta-bandeiras globais. Estamos entrando numa era de esportes de espectadores. Como sabemos que esse fenômeno continuará e crescerá? Porque vimos, no processo de globalização, que, quanto mais os povos se tornam independentes em termos econômicos, mais eles afirmam sua identidade cultural. O mesmo acontece na China. Os times esportivos dão às pessoas uma forte sensação de comunidade nacional, algo com que se identificar à medida que aumenta a dependência econômica em relação ao mundo.

O terreno está assentado: nos Jogos Olímpicos de Atenas em 2004, a China conquistou 32 medalhas de ouro, enquanto os americanos ficaram com 35. Que ninguém se surpreenda se a China obtiver mais ouro do que qualquer outro país em 2008 em Pequim.

O basquete não é algo novo para os chineses. Esse esporte foi apresentado a eles por missionários cristãos logo após ter sido inventado por James Naismith em Massachusetts, em 1896. Popularíssimo na China, é praticado nesse país há 100 anos. Nas Olimpíadas de 2004, a China ficou em oitavo lugar no basquete. Mas a liderança atual dos Estados Unidos pode acabar em breve. Em 10 anos, de acordo com Xia Song, um executivo de marketing esportivo e locutor de jogos, "o basquete chinês pode ser uma das forças dominantes do mundo".

O primeiro jogo da NBA disputado na China ocorreu em 2005, em Xangai: o Sacramento Kings contra o Houston Rockets, que tinha o atleta chinês Yao Ming, de 2,28m, o mais alto jogador de basquete do mundo, fazendo a ponte entre a China e os Estados Unidos.

Desde 1997, a China possui uma liga de basquete profissional de 14 times. Como parte do novo programa para melhorar o nível de habilidade dos jogadores, a Associação Chinesa de Basquete realizou testes nos Estados Unidos em 2005 e está importando dois jogadores americanos para cada uma das suas 14 equipes. Os times chineses estão autorizados a pagar aos atletas americanos até 30 mil dólares mensais – mais do que oferecem muitas agremiações européias.

Na outra direção, Yao Ming é o "porta-bandeira" mais famoso e bem pago da China. No mundo do basquete, fala-se de uma nova dinastia Ming. Quase tão popular na China quanto esse jogador é Allen Iverson – o artilheiro da NBA, pelo menos até o momento em que escrevo este livro. Com 1,85m, em comparação com os 2,28m de Ming, Iverson tem um tamanho mais "natural", um superastro com quem mais chineses podem se identificar.

A competição para promover eventos esportivos mundiais na China – outro passo na longa marcha do comunismo cinzento para a cultura colorida dos esportes e das celebridades – levou ao país em 2004 as maiores empresas do setor, com a realização, em Xangai, da primeira corrida de Fórmula 1 em território chinês. A construção do autódromo para o evento custou 325 milhões de dólares. Seus 150 mil lugares foram todos vendidos com meses de antecedência no primeiro ano em que ocorreu a competição. Michael Schumacher, que terminou em 11.º lugar, afirmou: "Foi a melhor pista de corrida que já vi."[23] Aderir ao circuito de espectadores da Fórmula 1 não é o único objetivo do país. *Corredores* chineses estão agora tentando chegar lá, começando pela Fórmula 3.

Tudo isso, é claro, faz parte de um plano maior da China de se tornar uma potência no mundo dos esportes, além de ser "outro sinal do esforço incessante de Xangai para sediar mais eventos de prestígio do que qualquer outro lugar do planeta".[24] A China prevalecerá nos esportes globais bem antes de dominar a economia global – se é que virá a dominá-la.

CARROS NA CHINA

Um fazendeiro numa carroça puxada por um búfalo é uma imagem icônica da China. Mas essa imagem, assim como a de imensos grupos de ciclistas nas cidades, está se tornando cada vez mais parte do passado desse país. Com um número crescente de pessoas vivendo nos centros urbanos em expansão, as distâncias já não podem ser transpostas a pé nem de bicicleta. O aumento da riqueza e o preço relativamente baixo de um carro (o mais barato custa em torno de 3.600 dólares) tornam os automóveis não só desejáveis como também acessíveis a mais chineses. Em 2005, o país exportou mais veículos do que importou – um marco na sua intenção de ser um participante de peso no domínio automobilístico global. A expectativa do governo chinês para 2006 era de que a China fabricasse e vendesse 6,4 milhões de carros de passeio, camionetes e ônibus, ultrapassando a Alemanha como o terceiro maior montador de veículos, após os Estados Unidos e o Japão.

Um marco, sim, mas apenas o princípio. As exportações da China nesse setor destinam-se, na maior parte, aos países do Oriente Médio e da África. Muitos dos carros que estão entrando no território chinês são marcas de luxo do Ocidente.

A DaimlerChrysler anunciou em 2005 que pretendia exportar automóveis pequenos da China para os Estados Unidos. A empresa planeja construir uma fábrica para exportações junto com um de seus parceiros de joint venture no país. Além de formarem esse tipo de associação, as montadoras chinesas estão se preparando para realizar sozinhas a venda de carros nos Estados Unidos e na Europa. Segundo Bob Lutz, vice-presidente da General Motors, "estamos chegando depressa ao ponto" em que pelo menos uma das fábricas de origem chinesa estará exportando com sucesso para todo o globo dentro dos próximos cinco anos.[25]

Na melhor avaliação que ouvi sobre a qualidade dos carros chineses, J. M. Noh, presidente da Hyundai de Pequim e um especialista em qualidade automotiva, disse que "em termos de qualidade, os carros da China e os carros da Coréia empatam".[26] E esses automóveis estão sendo montados por trabalhadores industriais chineses a dois dólares por hora ou menos, incluindo os benefícios – uma das remunerações mais baixas do mundo. Os custos horários dos salários e benefícios nos três países que mais fabricam carros – Alemanha, Japão e Estados Unidos – são 49,60 dólares, 40,96 dólares e 36,55 dólares respectivamente.[27] A Honda finalizou em 2006 a construção de uma fábrica em Guangzou (Cantão) que exportará carros para a Europa. A montadora chinesa Chery Automobile planeja começar a enviar carros para os Estados Unidos em 2007.

O crescimento tão bem recebido num mercado de consumo cada vez mais rico provoca uma série de reclamações sobre as conseqüências ambientais. As montadoras, embora recebam com prazer cada novo motorista, defrontam-se com a preocupação relativa à emissão de poluentes na atmosfera pelos carros dirigidos por essas mesmas pessoas. Mas a queixa na China e em outras partes da Ásia é que o Ocidente, após ter garantido seus automóveis e poluído a atmosfera, quer impedir o desenvolvimento de outros mercados em nome da preservação do planeta. Assim, para os asiáticos, o Ocidente não tem moral para exigir que o Oriente se retraia. Anos atrás, sugeri uma solução: o Ocidente deveria se comprometer a reduzir sua quantidade de carros até equipará-la ao número de automóveis lançados na China. Para cada novo veículo nesse país, o Ocidente subtrairia um dos seus. Como você pode imaginar, minha proposta encontrou poucos adeptos – na verdade, nenhum. Assim, até que ponto o Ocidente é sério?

TURISMO

Com o crescimento da renda e o aumento da liberdade para viajar, mais chineses irão ao exterior. De acordo com a Organização Mundial do Turismo, até 2020 haverá mais turistas da China – 115 milhões a cada ano – do que de qualquer outro país, incluindo os Estados Unidos. As barreiras às viagens impostas aos chineses estão desmoronando. Já em 2004 registraram-se 29 milhões de partidas da China continental, embora cerca de 75% do fluxo turístico tivesse por destinos Hong Kong e Macau.

INDÚSTRIA CINEMATOGRÁFICA

Hollywood viu o futuro, e ele está na China. A Walt Disney Pictures tem grandes planos de produzir filmes nesse país, inclusive de refilmar *Branca de Neve* no estilo artes marciais, com monges substituindo os sete anões. *O tigre e o dragão* chamou a atenção de todos, e agora os estúdios do Ocidente estão empolgados com a perspectiva de fazer da China uma considerável base de produção cinematográfica para consumo externo e interno nas línguas inglesa e chinesa.

"A China vai crescer, por isso um número significativo de empresas quer vir fazer filmes aqui", diz Li Chow, gerente geral da Columbia TriStar Film Distributors. "As produções chinesas tiveram um bom desempenho internacional desde o lançamento de *O tigre e o dragão* [em 2000]."[28] Hollywood sabe perfeitamente que a China possui agora diretores de cinema de categoria internacional que vêm quebrando recordes de bilheteria no país e vendendo cada vez mais em outros mercados.

Juntos, os dois últimos filmes de Zhang Yimou, *Herói* e *O clã das adagas voadoras* (um belíssimo filme de ação), arrecadaram quase 200 milhões de dólares fora da China. O maior sucesso de língua chinesa até agora, *O tigre e o dragão*, de Ang Lee, tornou-se o filme de idioma estrangeiro de maior bilheteria nos Estados Unidos, com uma receita de 128 milhões de dólares até o momento. Sim, Ang Lee ganhou o Oscar de 2006 de melhor diretor pelo filme *O segredo de Brokeback Mountain*. Nesse caso, um diretor chinês dirigiu um filme americano. Por outro lado, os filmes *Kill Bill* da Miramax foram, em grande parte, rodados na China.

Existe agora uma versão em língua chinesa do jornal *Variety* publicada na China, e o jornal *Hollywood Reporter* abriu um escritório em Pequim. "Por que estou aqui?", pergunta o diretor da redação, Jonathan Landreth. "Porque todo mundo em Hollywood está."[29]

CHINA VERSUS ÍNDIA

Quase duas entre cada três pessoas no mundo são chineses ou indianos. Pelo que diz a mídia, uma importante corrida vem sendo disputada entre a China e a Índia para ver qual será a potência dominante no ano 2100. Até agora, a China vem superando a Índia em todos os indicadores de crescimento econômico e redução da pobreza.

Sempre que alguém fala sobre a China, está um pouco preocupado com a Índia também. E, quando penso na Índia, acabo me lembrando do Brasil. Durante tantos anos mencionamos o rico potencial desse país, seu grande futuro, mas nunca o vimos.

Em 1978, quando a China iniciou suas reformas, ela era mais pobre do que a Índia. Não faz muito tempo, a Índia adquiriu uma nova vitalidade econômica, porém a política não deu prosseguimento a reformas econômicas adicionais. Meus retornos a Xangai, mesmo após uma ausência de apenas um ano, são sempre experiências fascinantes: prédios novos; prédios velhos demolidos e substituídos por guindastes de construção e, pouco depois, mais edifícios novos, provavelmente arranha-céus; restaurantes, hotéis e lojas recém-inaugurados. Quando volto a Nova Délhi ou Mumbai, no entanto, seu aspecto é o mesmo de antes, inclusive o número extraordinário de pedintes em cada esquina.

A Índia possui um enorme potencial, um grande futuro... que nunca chega? Continuamos aguardando. Sua economia cresce agora 8,4% ao ano. Mas onde estão as reformas econômicas reais?

Realizei minha última viagem à Índia em julho de 2006, como orador programático do Fórum da IBM, em encontros em Mumbai e Nova Délhi. O setor de tecnologia da informação (TI), que se beneficia da terceirização nas nações afluentes, é o principal sucesso desse país. Na verdade, seu único êxito – e às vezes considerado o grande despertar da economia indiana. Mas a TI é apenas um setor, e não se pode basear uma economia somente nessa área (e as empresas indianas já estão terceirizando o trabalho de TI para a China). Cabe dizer que essa atividade está alcançando sucesso apesar do governo. Os empresários que a impulsionam tiveram que driblar a mão pesada do socialismo remanescente. As tentativas de reforma econômica do início da década de 1990 foram interrompidas, e a economia como um todo não se desenvolverá sem que aconteçam mudanças nesse campo – algo improvável, ao que parece agora.

A fusão no domínio do aço é instrutiva. A principal empresa siderúrgica da Índia, a Mittal, e a Arcelor européia estão se fundindo para se tornar o maior grupo siderúrgico do mundo. Assim, haverá uma companhia siderúrgica indiana que será, de longe, a número um do globo, com 10% da produção mundial, três vezes mais do que sua rival mais próxima, a Nippon Steel, que detém menos de 3% do mercado.

A Índia possuirá a maior empresa siderúrgica, mesmo assim não produzirá nenhum aço dentro do seu território, ou seja, não haverá nenhuma contribuição para seu PIB. A Mittal Arcelor concorrerá apenas para os PIBs dos muitos países onde realmente fabrica aço. E Lakshmi Mittal, o empresário por trás de tudo isso, mora em Londres. Bem-vindo ao novo mundo dos domínios econômicos.

DIFERENTES PEÇAS DO QUEBRA-CABEÇA

A Índia dispõe de um bom sistema bancário, uma bolsa de valores de 150 anos, muitas empresas bem geridas e uma classe média enorme e instruída. Mas há anos a política e o nacionalismo vêm sufocando as reformas econômicas. O primeiro-ministro Manmohan Singh é um grande reformista econômico, porém seus primeiros discursos foram de uma plataforma socialista, e não de um programa de reforma econômica.

A China recebeu 55 bilhões de dólares em investimentos estrangeiros diretos em 2004, enquanto à Índia foram destinados 5,3 bilhões de dólares. Essa vantagem de 10 para 1 da China tem sido a mesma por quase uma década.[30]

Outra vantagem desse país é contar com uma considerável infra-estrutura. A China tem cerca de 32.000km de vias expressas, 10 vezes mais do que a Índia, e sete vezes mais telefones fixos e móveis por mil habitantes, embora a infra-estrutura atual da Índia seja bem superior à do passado. Quando realizei uma palestra em Mumbai (então Bombaim) no início da década de 1990, soube que havia uma telefonista para cada 12 usuários. Por causa disso fiz um comentário que provocou gargalhadas na platéia: "Isso não é um sistema telefônico. É um programa de empregos!"

Ao mencionar a infra-estrutura deficiente da Índia, Simon Long, da revista *The Economist*, escreveu o seguinte: "Mesmo Bangalore, o epicentro da indústria de TI do país, enfrenta problemas, como engarrafamentos, hotéis lotados, cortes de energia e um aeroporto inadequado. A cidade arrisca-se a jogar por água abaixo sua grande conquista: ter atraído empresas mundiais de alta tecnologia para o que poderia ser um agrupamento auto-sustentável e uma metrópole próspera." A Índia, apesar de dispor de toda a TI sobre a qual você leu aqui, apresenta uma das menores taxas do mundo quanto ao número de computadores pessoais, ficando bem atrás da China.

Quando comparamos Índia e China, não podemos deixar de nos empolgar ante o crescimento chinês. O aumento do PIB da Índia foi, em média, de 5,6% ao ano na década de 1980 e de 5,8% ao ano de 1991 a 2003. A China cresceu 9,3% na década de 1980 e, em média, 9,7% entre 1991 e 2003. Em 2004 a China ultrapassou o Japão em comércio exterior, ocupando o terceiro lugar após a Alemanha e os Estados Unidos.[31]

A taxa de câmbio da moeda chinesa, o *renminbi* (muitas vezes chamada de iuane, seu nome antigo), é um problema importante na economia global. Qual foi a última vez em que você viu alguém preocupado com a rupia?

Para Long, talvez a estatística individual mais reveladora sobre a diferença entre Índia e China esteja nas taxas de analfabetismo feminino. Ele diz que, segundo o Banco Mundial, 87% das mulheres chinesas adultas são alfabetizadas – na Índia, somente 45%. A taxa de alfabetização dos adultos é de 91% na China e de apenas 57% na Índia.

Como mencionei, ao visitar a fábrica da Ford perto de Atlanta em 1979, Deng Xiaoping disse: "Queremos aprender com vocês." De fato, ele e seus sucessores aprenderam rápido. A China, a caminho de tornar-se o maior produtor de carros do mundo, está prestes a se consolidar como a potência industrial que Deng anteviu.

Quando me lembro de que o ex-presidente Jiang Zemin me contou que durante a Revolução Cultural foi um operário de linha de montagem numa montadora de Xangai, pergunto-me o que ele deve pensar disso tudo agora.

Aplicação dos Modelos Mentais

Modelo Mental 8 – As coisas pelas quais esperamos são as que demoram mais para acontecer: Somos rápidos na especulação, entretanto os fatos se desenrolam no seu próprio ritmo. Desconfie quando ouvir falar que a China vai dominar o mundo na semana que vem. Por milhares de anos, esse país tem pensado temporalmente em termos de dinastias. Esta nova época – a nova dinastia do livre mercado, da globalização e da descentralização – começou agora e levará muitos anos para chegar ao fim.

Modelo Mental 5 – Veja o futuro como um jogo de quebra-cabeça: A própria China é muito parecida com um quebra-cabeça e está se descentralizando como nenhum outro país no mundo. Só entenderemos o lugar que a China ocupará no quadro global observando o que ocorre em suas divisões – as regiões e cidades que estão em competição acirrada com o mundo.

Modelo Mental 9 – Não se obtêm resultados resolvendo problemas, mas explorando oportunidades: A China tornou-se uma nação de caçadores de oportunidades, acreditando que qualquer problema pode ser solucionado ao longo do percurso. Sua vantagem competitiva, como nação e como um povo, é a disposição em adaptar-se ao que é necessário e benéfico. Nenhum outro país está se ajustando de modo tão pleno às mudanças quanto a China – poucas sociedades são tão empreendedoras e agressivamente ambiciosas.

Capítulo 4

EUROPA

Declínio mutuamente assegurado

A "Estátua da Europa" possui dois corações e 25 modelos mentais. Esses padrões de pensamento dos 25 países* estão criando uma mistura com ingredientes que não combinam: tradição, ambição, bem-estar social e liderança econômica. Seus dois corações batem em ritmos diferentes, um pela supremacia econômica, o outro pelo bem-estar social. Orgulhosos e ambiciosos, ambos querem ter razão. Mas, para atingir os dois objetivos, é preciso chegar a um denominador comum, e nenhuma das partes está disposta a isso. Com base na minha experiência, acredito que a Europa tende muito mais a virar um parque temático histórico para americanos e asiáticos bem de vida do que a região econômica mais dinâmica do mundo que pretende ser. Economicamente, ela está no caminho do "declínio mutuamente assegurado".

A AMBIÇÃO ORGULHOSA DA EUROPA

Ao longo dos muitos anos desde que comecei a realizar palestras em diferentes lugares do mundo, visitei a Europa numerosas vezes e cheguei a ter um apartamento em Paris durante um período. Essa experiência me forneceu uma boa compreensão da cultura e do pensamento

* A partir de janeiro de 2007, a União Européia passou a ter 27 membros, com as adesões da Bulgária e da Romênia. (N. do E.)

europeus. No entanto, havia muito mais por aprender, algo que descobri quando minha ligação com esse continente, sobretudo com Viena, começou a aumentar. Casei-me com minha editora, de língua alemã, dando, com certeza, um novo sentido às relações entre autor e editor.

Mudei-me para Viena numa época muito boa, em 2000. Pude observar em primeira mão de que modo a Europa, como um conjunto, iria mudar. O entusiasmo com a União Européia e a realidade iminente do euro pairavam no ar. A Áustria, durante séculos sede do império dos Habsburgo, voltaria ao centro geográfico. Viena retomaria seu papel de ponte entre o Oriente e o Ocidente. Um estado de espírito otimista predominava.

O caminho para a União Européia começou a ser trilhado em 1951 com o acordo da Comunidade Européia do Carvão e do Aço, entre França, Alemanha, Itália, Luxemburgo, Holanda e Bélgica. A certa altura, os europeus passaram a confiar no processo de tornar-se a União Européia. Considerando seu passado de guerras, a rejeição da tradição de 700 anos de resolver os conflitos pelo poder militar foi um verdadeiro milagre. Chega de matar um ao outro. Os problemas seriam solucionados somente por meio da diplomacia, do Direito internacional, de negociações e do multilateralismo. A formação da União Européia foi uma gigantesca transformação, a maior mudança geopolítica da história do mundo.

O Acordo de Lisboa, de 2000, deixou claro que o objetivo era fazer da Europa "a economia baseada no conhecimento mais competitiva e dinâmica do mundo até 2010". Em outras palavras, desafiar o primado dos Estados Unidos. Foi nesse ponto que o milagre falhou. Talvez ele tivesse prosseguido, não fossem os dois corações que não conseguem encontrar um ritmo comum. Sem dúvida, a União Européia concordaria com o Fausto de Goethe: "No meu corpo há duas almas em competição."

Um dos corações – o que tem a alma socialista – bate no ritmo da regulação, da centralização, das leis trabalhistas rigorosas e da redistribuição da riqueza. O outro coração – o conservador (ou o liberal, como diriam os europeus) – bate no ritmo do livre mercado, da descentralização, da competição e do apoio ao empreendedorismo. A coalizão entre socialistas e verdes levantou bem alto a bandeira da supremacia econômica. No entanto, apesar do constante discurso a favor das reformas econômicas necessárias, adotado sobretudo pela Alemanha e pela França, a Europa conservou o velho modelo mental, à qual continua a se apegar, do "modelo social europeu", cada vez mais difícil de sustentar. Esse continente vem perdendo terreno na tentativa de se tornar o motor econômico do mundo porque segue com carinho o que um de seus renomados filhos, Sigmund Freud, escreveu: "É mais fácil sofrer do que agir." O fato de ambos os lados insistirem que têm razão não atenua o dilema. Incessantes discussões políticas, em lugar de abordarem as novas oportunidades dos domínios econômicos, o apoio ao empreendedorismo e a atração de pessoas de talento de todo o mundo que possam fortalecer a Europa, voltam-se para a preservação do Estado centrado no bem-estar social, que agora retarda o crescimento e eleva o desemprego. Sem reformas profundas, o mais provável é que, em vez de liderar uma economia global baseada no conhecimento, a Europa se torne um lugar aonde as pessoas irão para contemplar um passado glorioso.

Se você pretende fazer seu próprio julgamento e avaliar o que está acontecendo na Europa e o rumo que ela está tomando, confira o placar do jogo. O que está embutido no presente desse continente?

EM BUSCA DO "VERDADEIRO MODELO SOCIAL EUROPEU"

A discussão em toda a Europa é tão necessária quanto difícil. Como se não bastassem os dois corações, um batendo a favor e outro contra a prioridade do bem-estar social, os 25 modelos mentais dos 25 países da União Européia estão pressionando em direções diferentes. Cada um deles procura argumentos a favor de suas próprias opiniões e necessidades, como a impossibilidade de financiar o sistema, a lentidão econômica que isso causa versus a percepção do dever moral de redistribuir a riqueza, bem como a injustiça do livre mercado. Não é que os partidários do modelo social não vejam os problemas econômicos nem que o outro lado não perceba os benefícios do modelo. O que falta é um compromisso capaz de unificar, numa discussão emocional, estas duas visões da vida: ideais humanísticos e realidades econômicas.

Anna Diamantopoulou, ex-comissária da União Européia para o Emprego e os Assuntos Sociais, apresentou a questão nestes termos: "Para algumas pessoas na UE, a expressão 'modelo social europeu' evoca sentimentos calorosos de justiça social e solidariedade. Para outros, simplesmente eleva a pressão arterial."[1]

Quais são as características do modelo social europeu? É nesse ponto que começa o problema. Não existe algo como um modelo europeu coerente, e sim vários grupos diferentes, com enfoques diversos. A revista *The Economist* apresentou uma comparação interessante: "Existem quase tantas formas de política social quantas são as bebidas nacionais."[2] Saúde! E, no final, a Europa se embebeda com todas elas. Entretanto, os 25 modelos mentais podem ser organizados em quatro grupos com certas características semelhantes.

O sistema continental

O sistema continental foi fundado por Otto von Bismarck, o primeiro chanceler alemão (1871-1890). Primeiro estadista na Europa a conceber uma forma ampla de proteção social, ele ofereceu aos trabalhadores seguros contra acidentes, doenças e velhice. Isso permitiu que as pessoas recebessem uma aposentadoria a partir dos 70 anos. A expectativa de vida média na época era de 40 a 50 anos, enquanto hoje em dia está em torno de 78 anos. O sistema de Bismarck não pretendia forçar a redistribuição, e sim pressionar os cidadãos a terem seguro. Atualmente, o sistema vigora na Alemanha, na França, na Áustria, na Bélgica e em outros países vizinhos. Dada a pressão crescente, sobretudo da população que está envelhecendo, esse sistema não consegue manter seu caráter securitário.

O trabalhador que perde o emprego na Alemanha recebe 60% do salário líquido por 12 a 36 meses, sem falar dos outros auxílios do governo, inclusive treinamento e ajuda para encontrar uma nova colocação.[3]

O sistema mediterrâneo

Os países mediterrâneos, como Itália, Espanha e Grécia, possuem leis rigorosas de proteção dos empregos, no entanto fornecem um auxílio-desemprego modesto. O seguro social ainda é considerado uma responsabilidade da família. O sistema inteiro depende do apoio interno da família. Nem todos são cobertos pelo sistema.

O trabalhador que perde o emprego na Itália recebe até 40% da sua última remuneração por no máximo 180 dias.

O sistema escandinavo

Os países escandinavos são os que oferecem a proteção social mais forte. Seu sistema é financiado basicamente por impostos. São poucas as leis que garantem os empregos, no entanto o apoio aos desempregados é grande – o objetivo é ajudar as pessoas a encontrar trabalho. O bem-estar social é considerado um direito, e o governo oferece ampla segurança nesse sentido. Existe uma alta redistribuição de renda. Se você pretende ser um desempregado na Europa, sugiro que vá para um país escandinavo.

O trabalhador que perde o emprego na Dinamarca se dá bem. Aos 40 anos e sem filhos, recebe 90% de seu salário bruto por não menos do que quatro anos enquanto estiver desempregado. Incrível. Mas tal sistema tem um preço. Na Dinamarca, a alíquota tributária chega a 49,6%; na Suécia, a 50,7%. Esse é o outro lado da moeda.

O sistema irlandês e do Reino Unido

A Irlanda e o Reino Unido oferecem menos proteção aos empregos e poucos impostos redistributivos, entretanto garantem ajuda na procura por trabalho. Além disso, ao contrário do que ocorre nos Estados Unidos, o auxílio-desemprego nesses países é generoso. Seu objetivo não é reduzir a desigualdade de renda, e sim combater a pobreza.

O trabalhador que perde o emprego na Inglaterra recebe um auxílio de 400 dólares mensais por um período indefinido, com uma ajuda adicional nos primeiros 182 dias.

Vladimir Spidla, ex-primeiro-ministro da República Tcheca e um dos 25 comissários da União Européia, apontou os valores do modelo social: "Apesar das variantes nacionais, o princípio subjacente ao modelo social europeu é que todos os habitantes têm a cobertura do seguro social básico, e ninguém fica desamparado. O propósito é fornecer às pessoas apoio em situações difíceis provocadas por doenças e acidentes, desastres naturais e mudanças na economia e nas condições de vida que impeçam a educação apropriada e o acesso ao mercado de trabalho."[4] Não há nada de errado com esse desejo. No entanto, enquanto a Europa não descobrir um campo petrolífero com dimensões no mínimo sauditas, não vejo como poderá financiar isso.

Os partidários do bem-estar social costumam enfatizar a diferença em relação aos Estados Unidos como uma ameaça à Europa e um motivo de crítica aos americanos. Num paraíso em que as férias são de *no mínimo* quatro semanas, tê-las somente duas semanas por ano é algo quase impensável. Na verdade, o tempo de trabalho de um europeu corresponde a apenas 70% do tempo de trabalho de um americano. Porém, reduzir o conforto social de mais de um século seria tão complicado quanto sacrificar uma vaca sagrada na Índia.

O *Wall Street Journal Europe* observa que os políticos europeus estão mais interessados no valor teórico do sistema do que na sua importância prática. "E, na teoria, o modelo europeu é muito importante, porque ajuda a diferenciar a Europa do rival: os Estados Unidos." A bandeira do humanismo tem que tremular a partir da Europa.

Conhecendo a Europa como um morador, concordo com o que Joshua Livestro escreveu no *Wall Street Journal Europe:* "Entenda que o modelo europeu não é apenas um modelo econômico. É um modelo mental, um modo de vida, uma visão do mundo, se você preferir."[5]

Trata-se de um estilo de vida com certo conforto. Lembro-me da época em que costumava telefonar para minha editora vienense e do meu espanto quando, com freqüência, ela avisava: "Amanhã não vamos trabalhar, é feriado." A Europa atual vem criando uma mistura com ingredientes que não combinam: tradição, ambição, bem-estar social e liderança econômica. Tudo isso coroado pela política da inveja. Os artigos em jornais e as declarações políticas denunciando a "riqueza injusta" e preconizando uma redistribuição ativa da renda podem até ser populares, entretanto não farão com que o continente avance na realização de seus ambiciosos sonhos econômicos.

O primeiro-ministro da Áustria, Wolfgang Schüssel, teve um vislumbre da realidade ao modificar um velho ditado austríaco: "Temos que mudar da ilha dos abençoados para a ilha dos diligentes."

DE TORRES DE VIGILÂNCIA COMUNISTAS A FÁBRICAS CAPITALISTAS

Na primeira viagem que fiz a Viena, meus anfitriões conduziramme à pequena aldeia de Mörbisch, à margem de um lago e conhecida por ter muitas cegonhas e pelos locais onde estas fazem seus ninhos. Segundo me disseram, a fronteira entre a Áustria e a Hungria passava no meio do lago. Eles me levaram à parte terrestre da fronteira. Enquanto caminhávamos pela estrada, começamos a ver placas com caveiras e ossos cruzados, um claro aviso de que persistir naquela direção poderia levar a problemas. Senti um mal-estar ao ver as torres de vigilância de madeira enfileiradas a cada 200m mais ou menos. Numa pequena plataforma no alto das torres, guardas de fronteira vigiavam com suas metralhadoras, prontos para atirar em quem tentasse atravessar. Aquilo foi apenas 30 anos atrás.

Hoje a Hungria faz parte de União Européia. Quando visitamos sua bela capital, Budapeste, simplesmente atravessamos a fronteira de carro, e o controle de passaportes não é muito rigoroso. No fim da década de 1980, a Hungria foi o primeiro país do Leste Europeu a abrir um buraco na cortina de ferro, permitindo que alemães-orientais atravessassem a fronteira com a Áustria, e também o primeiro a admitir investidores estrangeiros, na década de 1990.

Na ampliação mais recente da União Européia, a Hungria, a Eslováquia, a Estônia, a Eslovênia, a República Tcheca e outros pequenos países que antes estavam na órbita soviética posicionaram-se num patamar superior. Eles agora são mais partidários do livre mercado, abertos aos negócios e economicamente livres do que a França e a Alemanha, que estão presas num atoleiro. Esses novos integrantes da União Européia estão competindo, com impostos baixos e grande suporte, para abrigar o máximo de empresas possível. Num mundo de domínios econômicos, não importa onde a companhia está baseada ou onde estão suas atividades econômicas. Apenas nos últimos dois anos, as fábricas e a população da Eslováquia tornaram-se peças importantes do domínio automobilístico. Esse país tem um imposto de renda uniforme de 19% para pessoa física que também é aplicado às empresas. Todas essas nações antes pobres estão bem economicamente porque participam dos domínios que são atrativos para elas.

IMIGRAÇÃO: CHANCE OU AMEAÇA?

Além de vir de uma nação de imigrantes, sou um americano de primeira geração. Meu pai nasceu na Escócia e minha mãe, na Dinamarca. Como diz minha mulher, voltei às minhas raízes européias. No entanto, mesmo com esses antecedentes e após viver seis anos na Europa, não compreendo a mentalidade xenofóbica que observo aqui. Alguns anos atrás, fui convidado a falar numa conferência do governo austríaco sobre o tema da sustentabilidade. Discutiu-se muito sobre assuntos como aquecimento global, recursos naturais e alimentos geneticamente modificados, contudo não se pronunciou nenhuma palavra sobre *a sustentabilidade da população européia*. Por que resistir aos imigrantes quando se necessita de trabalhadores numa população que está em declínio, quando se carece de talento, quando se precisa de povos dinâmicos? E por que, numa conferência sobre sustentabilidade, nunca se menciona a sustentabilidade da população?

Mas muitas pessoas na Europa afirmam que os imigrantes só querem saber dos benefícios do modelo de bem-estar social europeu, enquanto os sindicatos reclamam de que os imigrantes roubam empregos da população local. Numa economia dinâmica, postos de trabalho são perdidos o tempo todo. Essa instabilidade reflete a acomodação a uma época de mudanças.

A baixa taxa de natalidade da Europa e a má vontade geral em receber imigrantes logo serão fontes de mais problemas. A taxa de natalidade ali é de apenas 1,4, ou seja, as mulheres européias agora dão à luz uma média de 1,4 filho. Para sustentar a população num nível constante é necessária uma média de 2,1 filhos.[6] Se a taxa de natalidade da Europa não aumentar (e não há sinais de que isso acontecerá) e se o continente continuar limitando a imigração, em apenas duas gerações a região terá metade da população atual.

Como observou a revista *The Economist:* "A longo prazo, a tendência da lógica da demografia parece proteger os Estados Unidos e aumentar as diferenças transatlânticas existentes", proporcionando um forte "contraste entre os Estados Unidos, um país jovem, exuberante e multirracial, e a Europa, envelhecida, decrépita, voltada para dentro".[7] Palavras duras, mas esse é o placar do jogo.

Apesar dos ideais e da ilusão, não há como negar a necessidade de mudanças na mentalidade européia. O papel do governo não é fornecer pleno emprego e riqueza. Ele é incapaz disso. O envelhecimento da população tornará o sistema insustentável, o que, aliás, já ocorre. Mesmo assim, a solução de permitir a imigração para compensar a taxa de natalidade baixa demais é amplamente condenada, sem falar na manipulação política do medo que as pessoas têm de perder o emprego.

Os Estados Unidos encontraram um meio de enriquecer seu acervo de talentos. O país recebe mais de um milhão de imigrantes legais por ano, mais do que todas as outras nações juntas – e isso desde 1976. Quem são essas pessoas? Em sua maioria, indivíduos habilidosos, ambiciosos e inteligentes que querem realizar seus sonhos onde haja liberdade para isso. Assim, anualmente, esse um milhão ou mais é acrescentado ao conjunto de talentos do país. Como os cérebros e as habilidades estão distribuídos de forma aleatória, imagine qual teria que ser a taxa de natalidade doméstica para obter o mesmo resultado.

Segundo minha experiência, a mudança surge quando ocorre uma convergência de modificação de valores e necessidade econômica. Esta última se mostra clara na Europa, mas esse continente não parece mudar, ainda que os benefícios sejam óbvios.

O fator que criará uma economia competitiva será um ambiente que favoreça o empreendedorismo. Pela mentalidade européia, o governo deve garantir que ninguém seja despedido e dar origem a novos postos de trabalho financiando projetos públicos. O Japão fez isso durante anos e agora possui mais pontes per capita sobre minúsculos riachos do que qualquer outro país.

Somente os empreendedores conseguem criar empresas e estabelecer empregos reais. Isso requer a eliminação de todas as barreiras burocráticas que vêm impedindo a criação de novas companhias, além de incentivos, como a isenção fiscal no primeiro ano de vida de uma organização. Creio que o problema é não se observar o fato de que uma empresa precisa lucrar para sobreviver. Muitos europeus parecem pensar que as companhias podem sacrificar os lucros para preservar os postos de trabalho dos funcionários.

Sem dúvida, a União Européia possui agora metas para diversas questões, como a redução das emissões de poluentes, energias renováveis, biodiversidade e inclusão social. No entanto, esses objetivos afetam muito pouco o crescimento econômico e, em alguns casos, o retardam. As reformas econômicas estão paradas. Tamanha é a popularidade do modelo social que quase nenhum político o critica em voz alta. Algumas pessoas dizem que ele deveria ser reduzido ou ajustado para se tornar mais eficiente, porém o modelo em si dificilmente é questionado.

A reforma econômica visa aumentar a capacidade produtiva de uma economia – e ponto final. Todo discurso sobre ela deveria ser julgado segundo esse padrão. Na situação atual, a Europa é quase sempre hostil aos empreendedores, justamente quando mais precisa deles.

QUEM TEM O DIREITO DE CONDUZIR O MUNDO?

A Europa sem dúvida se vê como porta-bandeira do humanismo, que emergiu como o espírito caracterizador do século XIV ao XVI na Itália, na época cultural e histórica da Renascença. Filosoficamente, o humanismo é definido como qualquer perspectiva ou modo de vida centrado na necessidade e no interesse do ser humano. Em muitos aspectos, isso é visto como a herança e o ideal europeus.

Está claro que a Europa se sente superior à imagem que pinta dos Estados Unidos, sobretudo do ponto de vista dos franceses, que definiram a nação do presidente George W. Bush como a hidra de três cabeças, exalando as chamas do imperialismo, do neoconservadorismo e do fundamentalismo. A rivalidade entre a Europa – que se considera superior em termos intelectuais e, portanto, reivindica o direito moral da supremacia econômica e militar – e os Estados Unidos – que estão muito mais tranqüilos com seu próprio modo de vida e, de fato, exercem essa supremacia – é inevitável.

HAYEK: O DESTINO DE UM EMIGRANTE EUROPEU

Em 1950, o economista austríaco Friedrich Hayek (1899-1992) pegou um navio em Londres para assumir um cargo na Universidade de Chicago. Embora fosse praticamente ignorado na Europa, ele vinha ganhando aceitação nos Estados Unidos. Graduado em Economia no século XX, estava prestes a se tornar o filósofo social mais importante do século XXI. Thomas Sowell, economista da Universidade de Stanford, o considera "a figura pioneira central na mudança do rumo do pensamento do século XX".[8]

Por que a Europa o ignorou? Ao contrário dos seus contemporâneos, Hayek não acreditava que o melhor caminho para o progresso fosse o planejamento central. Ele argumentava que os sistemas centralizados podem parecer atrativos no papel, entretanto sofrem de uma doença básica e incurável: o problema da "divisão do conhecimento". Para identificar as áreas a que os recursos devem ser direcionados, o planejador central precisa saber quais produtos as pessoas desejam comprar e como fabricá-los de forma mais barata.

Mas esse conhecimento está presente individualmente na mente dos consumidores e dos homens de negócios, e não num órgão de planejamento central. Assim, segundo Hayek, a única forma viável que clientes e empresas têm de transmitir esse saber uns aos outros é por um sistema de preços determinado pelo mercado. A grande lição que esse economista nos ensinou é que o planejamento central e a liberdade individual são incompatíveis. Em essência, ele queria que *as sociedades humanas se desenvolvessem de modo espontâneo e livre* – a melhor forma de lidar com o desconhecido.

Seja qual for o modo como estruturamos as organizações sociais neste mundo, gostaria de mostrar por que, na transição do declinante Estado do bem-estar social para as economias de mercado auto-organizadas, Hayek está se tornando tão importante e por que a Europa deveria lhe dar ouvidos.

1. Trata-se do nosso maior filósofo da liberdade. Para Hayek, o indivíduo é supremo. Na conclusão do livro *O caminho da servidão* (1944),[9] ele afirma que "uma política de liberdade para o indivíduo é a única política realmente progressista". Isso deveria ser uma luz orientadora para a Europa.
2. Defendeu a proposta de que o capitalismo de livre mercado é a única maneira viável de organizar uma sociedade moderna e de que a chave do crescimento econômico é o "conhecimento". Hayek articulou essas visões de uma forma bem moderna. Considerava o capitalismo uma máquina espontânea de processamento de informações e referiu-se a esse processamento como um "sistema de telecomunicações" – uma interpretação espantosa na época. Esses pontos de vista já são quase universalmente admitidos, mas ainda lutam para ser aceitos na Europa.
3. Manteve-se firme. *O caminho da servidão* representou um ataque aos Estados do bem-estar social que vinham se desenvolvendo na Europa do pós-guerra. Hayek foi uma voz num deserto, to-

talmente fora de moda. Na Inglaterra chamaram-no de "dinossauro magnífico". Seu livro se destinava sobretudo à Europa, que lhe dispensou pouca atenção. A resistência à mudança e a necessidade de estar certo ainda bloqueiam o caminho.

Em 1974, Hayek obteve alguma aprovação internacional ao receber o Prêmio em Ciências Econômicas em Memória de Alfred Nobel junto com Gunnar Myrdal. Na época, a Europa ainda negava sua importância, e muitas pessoas chegaram a dizer: "Ótimo por Myrdal, mas Hayek não merecia." Mais tarde, Myrdal afirmou que teria recusado o prêmio se soubesse que iria dividi-lo com Hayek.

Em 1989, três anos antes de morrer, Hayek assistiu pela televisão, em sua casa em Friburgo, Alemanha, à queda do Muro de Berlim – a corporificação do fracasso e do colapso da república socialista. E deve ter adorado aquele momento.

O país onde Hayek foi mais aceito é agora a nação que a Europa mais questiona: os Estados Unidos.

ODIADOS, ADMIRADOS, INVEJADOS, COPIADOS

Às vezes, a coisa mais unificadora é ter um inimigo em comum.

Os Estados Unidos, o espinho na carne política da Europa, foram provavelmente os maiores catalisadores da aliança entre Jacques Chirac, Gerhard Schroeder e outros políticos que deram o tom na orquestra dos antiamericanos, acolhendo com prazer astros com esse tipo de visão, como o cineasta Michael Moore. Senti que havia a idéia implícita de que, se o mundo precisa se sintonizar com a democracia, a música deve ser regida pela Europa.

Esse continente tem uma longa história de colonização, em alguns casos até no século XX. "A Europa via o mundo como uma loja de auto-serviço", observou certa vez a Rádio Bremen, uma emissora alemã. Será que ela desafia o esforço americano de democratizar o mundo por causa de sua própria história? Em parte, sim.

Michael Ignatieff,[10] diretor do Centro Carr para a Política de

Direitos Humanos da Escola de Governo Kennedy da Universidade de Harvard, descreve os Estados Unidos como um "império light":

> "O império americano não é como os impérios do passado, construído com base em colônias, conquistas e na opressão do homem branco. O empório do século XXI é uma nova invenção nos anais da ciência política, um império light, uma hegemonia global cujas notas ornamentais são o livre mercado, os direitos humanos e a democracia impostos pelo poder militar mais aterrador que o mundo jamais conheceu. (...) A Estratégia de Segurança Nacional do presidente, anunciada em setembro, estabelece o compromisso dos Estados Unidos de conduzir outras nações rumo ao único modelo sustentável de sucesso nacional, que ele entende como o livre mercado e a democracia liberal."

Sem dúvida, um modelo mental forte.

> "(...) o 11 de setembro mudou todas as pessoas, inclusive um presidente lacônico e anti-retórico. Seu tom messiânico pode ser novo para ele, mas não para seu cargo. Tem estado presente no vocabulário americano pelo menos desde que Woodrow Wilson foi a Versalhes em 1919 e disse ao mundo que pretendia torná-lo seguro para a democracia."

Os Estados Unidos já eram um império muito antes de George W. Bush surgir. Talvez você se surpreenda ao saber que 10 presidentes desse país já haviam sido generais. A única guerra que os americanos perderam foi a do Vietnã, um feito sem precedentes nos tempos modernos. Desde o Império Romano, jamais uma nação teve tanto domínio sobre o mundo. Para um bom relato histórico de sua marcha até se tornar um império, leia *America as Empire* (Os Estados Unidos como um império),[11] de Jim Garrison.

Ao mesmo tempo em que via os Estados Unidos como vulneráveis, o mundo foi tomando consciência do seu poder preponderante. O que fora ignorado ou tolerado durante governos anteriores tornou-se a maior preocupação da Europa: os Estados Unidos não eram mais uma nação entre as nações, e sim um império entre as nações. Isso incomoda. Muitas pessoas – provavelmente a maioria delas – não gostam desse império. Em todo o mundo, as vendas de bandeiras americanas dispararam – elas são adquiridas para serem queimadas em protestos. E, por incrível que pareça, George W. Bush conseguiu perder o concurso de popularidade global para Saddam Hussein. No entanto, não se iluda. Acabamos de dar início a uma longa era do império americano. E, para quem diz que não odeia os Estados Unidos, mas apenas George Bush, não importa quem será o presidente: esse país dominará o século XXI, assim como Roma reinou no século I. A única nação a desafiá-lo será a China, porém não por muitos anos.

EUROPA MULTILATERAL VERSUS ESTADOS UNIDOS UNILATERAIS

Quando George Robinson estava se despedindo do cargo de secretário geral da OTAN, uma piada circulou em Bruxelas. Ele pergunta a Deus:

– Quando o poder da OTAN aumentará?

– Talvez durante a vida do próximo secretário geral – Deus respondeu.

Entusiasmado, Javier Solana, o chefe da política externa da União Européia, faz a próxima pergunta a Deus:

– Quando a Europa terá uma política externa eficaz? – Pausa. Enfim, Deus responde:

– Não durante a minha vida.

Se tomarmos essa piada como o julgamento divino da política externa da Europa, trata-se de um problema sério para uma aspirante à federação que, alegando razões morais e humanísticas, pretende dirigir o mundo – sobretudo levando em conta que o papel de potência mundial já está ocupado. Está em voga dizer que os Estados

Unidos são unilateralistas, que fazem apenas o que querem e quando querem, sem consultas adequadas aos outros, eximindo-se, ao contrário do que fazem os europeus, de adotar uma abordagem multilateral e de ouvir os demais.

Os americanos não gostam de fazer negócios por comitê. A guerra em Kosovo mostrou a dificuldade que os Estados Unidos e seus aliados europeus têm de lutar juntos. Com a coordenação necessária de *todos* os países da OTAN o tempo todo, esse país aprendeu uma lição nesse conflito. Nas palavras do general Wesley Clark, o comandante supremo americano das forças da OTAN: "Nunca mais vamos querer fazer isso."

Como disse Robert Kagan: "Aqueles que não conseguem agir de modo unilateral desejam naturalmente um mecanismo para controlar os que podem fazer isso. (...) Para os europeus, o Conselho de Segurança da ONU serve de substituto para a força que eles não têm."[12]

Ao contrário do que mostram alguns pontos de vista europeus, Bill Clinton não acabou sendo menos unilateralista do que George Bush. Clinton assumiu o cargo referindo-se aos Estados Unidos como "a nação indispensável", e era o que a secretária de Estado Madeleine Albright não se cansava de dizer.

Em outubro de 2002, a maioria dos democratas do Senado dos Estados Unidos apoiou a resolução autorizando o presidente Bush a entrar em guerra contra o Iraque, enquanto os socialistas na França, na Alemanha, na Itália e até no Reino Unido observaram espantados. Kagan enfatiza que George W. Bush obteve mais votos do Senado para entrar em guerra contra o Iraque do que seu pai para iniciar a primeira Guerra do Golfo.

Você deve se lembrar de que Ronald Reagan costumava ser caricaturado pelos europeus como um caubói obstinado. Os europeus adoram chamar os americanos de "caubóis". E há sentido nisso. No entanto, como alguém criado no Oeste – em Utah – e que montou cavalos desde a infância até ingressar no Corpo de Fuzileiros Navais dos Estados Unidos, eu não posso dizer que ser caubói é algo tão ruim assim.

A contrapartida americana ao rótulo de caubói está outra vez em

Kagan: "Os europeus simplesmente curtem a 'mordomia' que conseguiram sob o guarda-chuva de segurança americano nas últimas seis décadas. Dada a disposição desse país de despender tanto dinheiro protegendo-os, os europeus fazem bem em gastar seus próprios recursos em programas de bem-estar social, férias prolongadas e semanas de trabalho mais curtas."

Assim, os americanos são caubóis e os europeus são uns aproveitadores.

Pelo menos Ronald Reagan andava a cavalo. George W. Bush não faz isso. Ele percorre seu rancho no Texas numa camionete Ford.

Obviamente essas caricaturas estereotipadas não levarão a nada. Precisamos ir além e encontrar um denominador comum.

EUROPA 2010: UMA SÍNTESE

Antes de procurarmos um denominador comum, convém verificar em que situação estamos.

A promessa de Lisboa renova-se a cada primavera, mesmo enquanto a Europa continua seu declínio diante dos Estados Unidos. A renda per capita da União Européia é agora 25% inferior à desse país – diferença que vem aumentando há 15 anos. A Organização para Cooperação e Desenvolvimento Econômico (OCDE) prevê que, a prosseguir a tendência atual, em 20 anos o cidadão americano será duas vezes mais rico do que o alemão ou o francês.[13] Os trabalhadores alemães teriam que aceitar de novo uma redução de 0,7% nos salários reais em 2006, afirmou Thorsten Schulten (do Wirtschafts-und Sozialwissenschaftliches Institut) em entrevista ao jornal *Hamburger Abendblatt* em julho desse ano. Em 2005, os salários reais caíram 1,5%, e no ano anterior, 1,1%. (A Áustria tem registrado uma queda de 2% desde 1998, e a Suíça, de 4% desde 1995.)

Embora os líderes da União Européia tenham se comprometido a criar "a economia baseada no conhecimento mais competitiva e dinâmica do mundo até 2010", a falta de reformas tornou o declínio econômico da região inevitável.

Os obstáculos

- **Impostos altos e inchaço governamental.** Os governos da União Européia apropriam-se de 45% da renda nacional. A China, de apenas 11%; a maioria dos outros países asiáticos, de 20%; e os Estados Unidos, de menos de 30% do PIB.
- **Menos inovação.** A União Européia gastou 1,9% da renda nacional em pesquisa e desenvolvimento, enquanto os Estados Unidos despenderam 2,6%. Os Estados Unidos possuem duas vezes mais cientistas e engenheiros por milhão de pessoas do que a União Européia. E a evasão de cérebros científicos da Europa para esse país continua.
- **Pouco aumento da produtividade.** O crescimento da produtividade do setor empresarial da União Européia foi de apenas 0,6% durante cada um dos últimos cinco anos. O dos Estados Unidos foi quatro vezes maior, e o da China, quatro vezes maior do que o americano.
- **Leis trabalhistas restritivas.** Na corrida pela supremacia econômica global, a altura desse obstáculo é fixada pela União Européia. A retórica de relaxar as restrições precisa de uma verdadeira liderança política para entrar em ação.
- **Participação declinante no mercado de exportação e aumento do protecionismo.** Não haverá mudança nos resultados sem uma mudança nos valores. Na primavera de 2006, a França divulgou uma lista de 11 setores industriais em que o governo francês reivindica o direito de vetar fusões com empresas estrangeiras. A participação da União Européia no mercado de exportação caiu de 51% para 42% em 1980; em produtos de alta tecnologia, de 36% para 29%.

Se os europeus se vêem competindo com os Estados Unidos, deveriam saber o que estão enfrentando:

- A infra-estrutura de inovação dos Estados Unidos – seus recursos básicos de ciência e tecnologia – é a maior do mundo. Esse país gasta mais em pesquisa e desenvolvimento (P&D) do que a França, a Alemanha, a Itália, o Japão, o Canadá e o Reino Unido juntos. Possui mais pesquisadores do que qualquer outra nação e é líder mundial no registro de patentes. Entre as 20 maiores universidades de pesquisa 17 são instituições americanas, duas delas estão no Reino Unido e uma no Japão.

- Os Estados Unidos continuam atraindo a principal parcela de investimentos estrangeiros diretos. Seu montante total, de 1,6 trilhão de dólares, é duas vezes maior do que o do segundo receptor (o Reino Unido) e quase sete vezes maior do que o da China.
- Os Estados Unidos permanecem em primeiro lugar na fabricação de bens manufaturados, com 22,4% da produção mundial – 50% mais do que a China, que em 2005 se tornou a segunda colocada, substituindo o Japão. A liderança americana é ainda mais expressiva na indústria tecnológica com alto valor agregado – 35% do total global. (Há anos, o setor industrial do país vem se mantendo em 23% do PIB numa economia que não pára de crescer. Porém, apesar dos resultados positivos apresentados pelo setor industrial, o número de *trabalhadores* nessa área tem caído a cada ano em razão de avanços tecnológicos e outros progressos que aumentaram substancialmente a produtividade. De vez em quando, lemos ou ouvimos que "o setor industrial dos Estados Unidos está em declínio" – o que não está correto – e que "o número de trabalhadores da indústria americana continua em queda" – o que é verdade.)
- Talvez a maior vantagem dos Estados Unidos em relação à Europa seja sua celebração do espírito empreendedor. Esse país lidera o mundo nessa questão, sobretudo na criação de companhias de alta capacidade de desenvolvimento, que têm potencial para transformar setores inteiros. A dinâmica da abertura e destruição de empresas é o principal propulsor do emprego, do aumento da produtividade e da inovação. De 1980 a 2001, o crescimento líquido total do número de postos de trabalho no país ocorreu graças a novas empresas (com até cinco anos). As

organizações mais antigas (com mais de cinco anos) na verdade eliminaram empregos no período. Esse quadro prossegue.

- O mercado de trabalho americano é extremamente dinâmico e está se diversificando cada vez mais, integrando mulheres, imigrantes e minorias com muito mais rapidez do que a maioria das outras economias em todo o mundo.

No princípio da União Européia, a ênfase era na *abertura:* os países se abririam uns aos outros para o comércio irrestrito. Todos nós sabemos que os fatores que tornam uma nação – ou, neste caso, uma região – competitiva são a liberdade econômica, a diversidade e a concorrência. Mas, nos últimos anos, a abertura vem dando lugar à *harmonização*, isto é, ao estabelecimento dos impostos das empresas no nível máximo dos maiores países da União Européia, à adoção da regulamentação trabalhista menos competitiva e à admissão das políticas de imigração mais restritivas. Em suma, vem colocando todos os países da União Européia em harmonia para que eles experimentem juntos o declínio econômico – de forma solidária.

São os europeus e sua própria política que estão moldando o futuro do seu continente. Quando me perguntam sobre o que acontecerá com a Europa nos anos que estão por vir, respondo que isso dependerá do que os europeus decidirem fazer. Minha impressão é que, além de manter a retórica da reforma econômica, a Europa continuará se agarrando ao modelo social e acumulando mais regulamentações "harmonizadoras". Em outras palavras, a partir de agora, ela está escolhendo o caminho daquilo que chamo de "declínio mutuamente assegurado".

A influência mais perniciosa que vem impedindo as reformas econômicas na Europa tem sido a falsa esperança de que, mesmo sem as mudanças, as economias locais prosperarão. De tempos em tempos, como vimos em 2006, os desempenhos de algumas empresas proporcionam um aumento de 1 ou 2% no crescimento econômico dos países da região. A imprensa local sempre aborda esse resultado positivo no contexto da competição Europa versus Estados

Unidos. Quando o ganho de 2% ocorre na Europa, ele é rotineiramente caracterizado como "substancial", mas, quando se trata dos Estados Unidos, é o indicador de uma economia "estagnada" – visão que colabora com os anti-reformistas. A imprensa também aborda a competitividade como um jogo de soma zero (se alguns países ganham, outros precisam perder). O sucesso das outras economias costuma ser mostrado como uma representação do fracasso da competitividade americana. Numa economia global em expansão, todas as nações podem ser vitoriosas.

Dada a falta de reformas econômicas, nenhum pequeno avanço se sustenta. Mas as pessoas que relutam em implementar as mudanças apontam os ganhos temporários como provas de que as transformações não são necessárias. Morando na Europa há sete anos, constatei que essas ocorrências diminutas e episódicas tiveram uma vida média de cerca de dois trimestres. Nas palavras da chanceler Merkel, no discurso de ano-novo no início de 2007: "Se nos contentarmos com sucessos parciais, a revitalização econômica, como aconteceu tantas vezes no passado, não passará outra vez de fogo de palha."

Aplicação dos Modelos Mentais

Modelo Mental 3 – Declínio mutuamente assegurado: Isso soa duro demais para a União Européia? Não, caso você tenha aplicado o Modelo Mental 3 – Concentre-se no placar do jogo –, como venho fazendo nos últimos sete anos em que vivo na Europa. Há um abismo coletivo entre a retórica política e o desempenho econômico. Observe que, embora essa disparidade ocorra em quase todos os países, a União Européia e seus membros são campeões em inércia e persistência. Sem uma liderança verdadeira, ela continuará no caminho do "declínio mutuamente assegurado".

Modelo Mental 4 – Compreenda o poder que há em não precisar estar certo: O outro lado dessa forma de pensar é defender até à morte a certeza da sua posição. A política baseia-se na obrigação de estar certo e provar que o outro partido está errado. Embora isso não se limite à Europa, quanto mais a economia é controlada pelo governo, mais ela apregoa que está com a razão.

Modelo Mental 9 – Não se obtêm resultados resolvendo problemas, mas explorando oportunidades: A política européia está cheia de solucionadores de problemas. O excesso de regras burocráticas deixa pouco espaço para uma mudança real. Pior: novos integrantes da União Européia – como a Eslováquia e a Eslovênia, que atraem o empreendedorismo com impostos competitivos e o apóiam com um ambiente de negócios propício – são ameaçados pelos antigos membros de serem nivelados ao denominador comum menos atrativo. No entanto, sem empreendedorismo dinâmico e incentivado, uma economia está fadada à estagnação.

Capítulo 5

NOSSA ERA EVOLUCIONÁRIA

Reservatório de inovação

Somos os beneficiários dos progressos revolucionários dos últimos anos do século XX. A próxima metade do século XXI será uma época de absorção, ampliação e aperfeiçoamento desses avanços. Assim como o elefante alimenta a jibóia pelo processo de digestão, as invenções do período revolucionário nutrem o espírito de inovação.

A expectativa e a agitação em torno da "próxima grande novidade" ocupam espaço na mídia, mas não inspiram nenhuma idéia. Na verdade, essa esperada novidade não aparecerá tão cedo. E aqueles que vivem aguardando por ela perderão as importantes oportunidades que estarão bem diante do seu nariz.

TEMPO DE APROVEITAR O LUCRO

Peter Drucker chamou os últimos anos do século XX de uma época de "mudança descontínua". Sinais de mudança descontínua são alterações que não parecem ter conexão entre si, coisas que surgem do nada, idéias radicalmente novas, surpresas e reviravoltas às quais as correntes políticas, sociais e econômicas levam tempo para se adaptar. Nos primeiros anos do século XXI, o mundo passou de um período de mudança descontínua para uma longa fase de mudança contínua. Hoje em dia, estamos em meio ao que chamo de uma "era evolucionária" – pouco reconhecida e bastante subestimada –, uma época que se ergue sobre um terreno já preparado.

Num estágio da história como esse, aguardar pela "próxima grande novidade" é como crer que algo cairá do céu. É como esperar por Godot, que nunca chega. Se mantivermos esse comportamento, nossa visão do conjunto da história se enfraquecerá. Esse é um modelo mental orientado para o passado, mas sem as lições da história.

O que a história nos mostra? Levarei você numa breve jornada por algumas das "próximas grandes novidades" do passado – mudanças que tiveram impacto revolucionário, seguidas por períodos evolucionários prolongados.

UMA HISTÓRIA DAS "PRÓXIMAS GRANDES NOVIDADES"

Se a história das invenções e das grandes inovações fosse um registro sismográfico, veríamos que, em certos pontos, o gráfico dá um salto brusco durante algum tempo e, depois, por um período maior, assinala movimentos constantes, porém modestos. Os deslocamentos significativos ocorrem, é claro, quando existem importantes avanços revolucionários que abalam o terreno. Em seguida surgem movimentos longos e moderados – fases em que o terreno agitado se acomoda novamente. Esses são os períodos evolucionários durante os quais o mundo se beneficia muito mais do que durante a revolução inicial. Nos últimos sete séculos, as revoluções vieram em grupos, quase como se o universo tivesse expelido um espírito de renascimento.

A época em que a cornucópia do espírito intelectual transbordou em toda a sua plenitude foi a Renascença. Essa espetacular revolução libertadora da mente se estabeleceu depois que a maioria dos avanços iniciais da Idade Média havia praticamente cessado. Começando no norte da Itália no século XIV, a Renascença disseminou seu espírito libertador pela Europa até o século XVI, introduzindo a imprensa e inaugurando importantes universidades, inclusive as de Oxford, Heidelberg e Viena. Na seção sobre o Modelo Mental 11 – Evite ficar muito à frente do desfile para não parecer que você nem faz parte dele –, escrevi que as percepções revolucionárias de Copérnico e Galileu estavam adiante demais, mesmo no clima da Renascença, que mais tarde nos deu Leonardo da Vinci, Shakespeare... e o serviço postal.

A Renascença mudou nossa mente, abrindo-a para novas e importantes possibilidades. Tudo isso levou algum tempo para se estabilizar, até o indicador sísmico registrar mais um salto brusco. Para chegarmos ao próximo avanço importante, temos que dar um longo passo até o fim do século XVIII.

Se a Renascença é considerada a época da liberação da mente, podemos entender o período revolucionário seguinte como o da invenção de tecnologias proveitosas – sob o aspecto tecnológico, essa foi, provavelmente, a fase em que tivemos o maior número de "próximas grandes novidades" da história. Estou me referindo à Revolução Industrial, iniciada nos últimos anos do século XVIII. Capitaneada pela invenção da máquina a vapor, ela nos colocou bem depressa no rumo das cidades repletas de fábricas, das ruas com iluminação a gás, dos navios a vapor, das ferrovias, dos primeiros sindicatos, do livre comércio, das lojas de departamentos, da fotografia, das máquinas de escrever e de costura, do canal de Suez e dos primeiros diplomas universitários concedidos a mulheres nos Estados Unidos (1841). Depois que essas invenções e inovações revolucionárias abalaram o terreno, estabeleceu-se um longo período de absorção, ampliação e aperfeiçoamento. Temos absorvido, aperfeiçoado e aproveitado os produtos da Revolução Industrial até hoje.

No final do século XIX, o espírito de renascimento estava de novo no ar. Entrou em cena o próximo grupo de avanços revolucionários. Durante um curto período de duas décadas, as de 1880 e 1890, foram feitas cinco descobertas e invenções surpreendentes que, no devido tempo, levaram à modernidade que conhecemos hoje: a eletricidade, o telefone, o automóvel, o avião e o rádio.

- Os automóveis e os aviões tornaram-se os novos meios de transporte.
- A eletricidade estabeleceu-se como a nova forma de energia para acionar quase tudo.

- O telefone e rádio fixaram-se como os novos meios de comunicação.

Mais de 100 anos depois, continuamos ampliando essas invenções revolucionárias. O processo evolucionário de alterar e aprimorar não cessou. O lucro real de uma revolução não costuma ser auferido pelo inventor, mas pelos que aperfeiçoam e expandem suas criações.

Numa grande escala, a China – por mais de um milênio, até meados do século XV – poderia ser considerada um país de avanços revolucionários. Sua lista de invenções inclui a bússola, a pólvora, o papel e a imprensa, navios imensos capazes de cruzar oceanos, a porcelana e a clepsidra (embora não haja consenso sobre onde esta última surgiu primeiro, se na China, na Mesopotâmia ou na Índia). A China não aproveitou a oportunidade de trabalhar no aperfeiçoamento desses inventos, explorando mais o seu potencial. Vamos agora fazer uma pausa e tomar o relógio como um exemplo tanto desse país quanto da longa linha de tempo que a evolução percorre desde a idéia inicial até seu completo desenvolvimento e sua aplicação. E nunca sabemos quando o pleno aprimoramento de uma idéia será concluído.

AS COISAS PELAS QUAIS ESPERAMOS SÃO AS QUE DEMORAM MAIS PARA ACONTECER

Na busca por um exemplo da duração de um processo evolucionário, me deparei com as clepsidras chinesas. Até então, eu nem sequer sabia que tais relógios de água haviam existido. Os primeiros registros que encontrei de uma modesta marcação do tempo são referentes aos movimentos das sombras de obeliscos egípcios construídos em 3500 a.C., que formavam um relógio de sol primitivo. Dois mil anos depois, os relógios de sol egípcios eram capazes de dividir um dia em 10 horas com duas horas crepusculares.

Antigos registros de relógios de água remontam a cerca de 1500 a.C.; alguns deles são até anteriores a esse ano. Relógios astrológicos mecanizados mais complexos foram desenvolvidos pelos gregos – que os chamaram de clepsidras (ladrões de água) –, pelos romanos e também no Extremo Oriente de 100 a.C. até 1300 d.C. Todos eles acionavam diferentes mecanismos que ilustravam fenômenos astronômicos. Alguns faziam soar sinos e gongos, enquanto outros abriam portas revelando pessoas ou moviam ponteiros, mostradores e até modelos astrológicos do universo.

Durante a dinastia Shang, de 1600 a 1066 a.C. (os especialistas divergem quanto às datas), os relógios de água chineses funcionavam de um modo muito sofisticado. Porém, o segredo do seu funcionamento era reservado aos astrólogos reais, uma vez que essas peças eram consideradas exclusividade dos soberanos e não podiam ficar acessíveis aos plebeus. Em 1088 a.C., Su Sung e seus auxiliares construíram um dos mais elaborados relógios de torre. Segundo a lenda, essa criação se deu por causa de um erro. Su Sung era um dos conselheiros do imperador. Ele teve que transmitir uma saudação de aniversário a um soberano de outro país, ao qual chegou com um dia de antecedência. Isso provou que o calendário chinês era impreciso. De tão constrangido, Su Sung pediu a seu imperador que lhe desse permissão para montar um relógio melhor, de modo que pudesse controlar as datas e horas. Ele levou sete anos construindo um maravilhoso relógio de torre movido à água. Com três andares e uma altura de aproximadamente 11m, a torre ostentava no teto uma esfera armilar de bronze para observação, um globo celeste com rotação automática no terceiro andar, além de cinco painéis frontais com portas que permitiam ver pequeninos manequins que se revezavam tocando sinos ou gongos e segurando tabuletas indicadoras da hora e de outros momentos especiais do dia.

Na Europa, a evolução da marcação do tempo começou no final do século XIII, no início da Renascença. Na primeira metade do século XIV, relógios mecânicos de tamanho considerável, movidos por pesos e regulados por um escape do tipo *verge* e *foliot* que controlava sua velocidade, começaram a surgir em torres de grandes cidades italianas. Assim como seus predecessores chineses, a Igreja

Católica teria adorado exercer o monopólio da marcação do tempo. Mas a evolução continuou.

Entre 1500 e 1510, Peter Henlein, de Nuremberg, inventou molas em substituição aos pesos que moviam os relógios. Isso tornou possível a construção de relógios de bolso, menores e portáteis. Em 1656, o cientista holandês Christiaan Huygens produziu o primeiro relógio de pêndulo, regulado por um mecanismo com um período de oscilação "natural". Em torno de 1675, ele desenvolveu a roda de balanço (catarina) e o sistema de molas, ainda encontrados em alguns relógios de pulso atuais. Seu aperfeiçoamento permitiu que relógios portáteis do século XVII marcassem a hora com uma margem de erro de 10 minutos diários.

O site do National Institute of Physics and Technology continua a história:[1]

> "Em Londres, em 1671, William Clement começou a construir relógios com o novo escape de 'âncora', ou 'recuo', uma melhoria substancial em relação ao *verge* por interferir menos no movimento do pêndulo.
>
> Em 1721, George Graham melhorou a precisão do relógio de pêndulo para um atraso de um segundo por dia, compensando mudanças na oscilação devidas a variações de temperatura. John Harrison, carpinteiro e fabricante autodidata de relógios, refinou as técnicas de compensação de temperatura de Graham e desenvolveu novos métodos de reduzir a fricção. Em 1761, ele construiu um cronômetro marítimo com um escape de mola e roda de balanço que cumpriu as condições para o recebimento de um prêmio do governo britânico. Após muitas discussões e dificuldades, Graham enfim recebeu as 20 mil libras em 1777 por um método de calcular a longitude com margem de erro de meio grau, após uma viagem às Índias Ocidentais. O aparelho marcava o tempo a bordo de um navio em movimento com um erro de 1/5 de segundo por dia, um resultado quase tão bom quanto o de um relógio de pêndulo em terra firme e 10 vezes melhor do que a condição para ganhar o prêmio.

(...) [O refinamento de Siegmund Riefler em 1889 levou a um relógio] com um pêndulo quase livre. Um princípio de pêndulo realmente livre foi mostrado por R. J. Rudd por volta de 1898. Um dos mais famosos, o relógio de W. H. Shortt, apresentado em 1921, substituiu quase que de imediato o relógio de Riefler como o supremo marcador de tempo em muitos observatórios.

O desempenho do relógio de Shortt foi superado com o desenvolvimento [na década de 1920] dos osciladores e dos relógios de cristal de quartzo.

Tais relógios de quartzo continuam dominando numericamente o mercado porque apresentam um excelente desempenho em relação ao preço. Mas a precisão dos relógios de quartzo foi ultrapassada de modo substancial pelos relógios atômicos.

O primeiro padrão de freqüência atômica de césio foi estabelecido no National Physical Laboratory, na Inglaterra, em 1955, em parceria com o U.S. Naval Observatory. Em 1960, os padrões de césio foram refinados até serem incorporados ao sistema de horário oficial [do National Institute of Standards and Technology (NIST)]. Em janeiro de 2002, o mais recente padrão primário de freqüência de césio conseguia marcar a hora com um erro de 30 bilionésimos de segundo por ano."

Essa curta viagem pela história de como medimos o tempo pode deixar desiludido quem espera por processos evolucionários futuros velozes. Recomenda a cautela que não sejamos impacientes. Grande parte do mundo moderno não seria possível sem o trabalho evolucionário na medição do tempo. Mas quase todos os que tiveram participação no caminho evolucionário do relógio não ganharam dinheiro no processo. Muitos passos em qualquer campo de evolução provocam excitação e entusiasmo generalizados – e fazem com que muitas bolhas estourem.

TEMPO DE DECOLAR

Se examinarmos a evolução dos novos meios de transporte, veremos que muitos deles buscaram sua própria oportunidade. Nos Estados Unidos, nos primórdios do automóvel, quando vínhamos tentando equacionar o combustível, o tamanho, o design e as peças de reposição, a indústria automobilística estava se estabelecendo e mais de 2.700 montadoras foram criadas. Durante um longo período de agitação, quase todas faliram. Hoje em dia, existem no país apenas quatro empresas do gênero, das quais só duas são americanas. Mais de 99% das 2.700 companhias fracassaram.

A evolução de outro meio de transporte – o avião – recebeu significativo auxílio das forças armadas. Sem levar em conta os aspectos políticos, cabe observar que essa instituição e as guerras desempenharam, ao longo dos séculos, um papel relevante em mudar e moldar o futuro. A guerra sempre foi um ótimo teatro para aperfeiçoar inventos. Parece parte da condição humana que nossos momentos mais destrutivos sejam às vezes os mais inventivos. Nesse caso, os Estados Unidos lideram o desfile da inovação.

Esse país introduziu a guerra digital durante suas lutas no Afeganistão e no Iraque, incluindo o uso de aeronaves não tripuladas. O Pentágono prevê que em 20 anos 90% dos aviões de combate dispensarão pilotos a bordo. No Afeganistão, os Estados Unidos utilizaram pela primeira vez aviões de guerra sem pilotos, que foram controlados no seu próprio território, a 10 fusos horários de distância. Provavelmente, transcorrerá algum tempo até o público aceitar viagens em aviões comerciais sem pilotos. Mas a idéia de realizar esse tipo de vôo no transporte transoceânico de cargas talvez seja realidade em 2010.

Existe uma piada nos círculos da aviação de que, no futuro, haverá apenas um piloto e um cão na cabine de comando. A tarefa do piloto será alimentar esse animal. A tarefa do cachorro será morder o piloto, caso ele mexa em alguma coisa.

O desenvolvimento do meio de transporte mais pesado do que o ar está num processo evolucionário há 100 anos. E, durante esse tempo, cumulativamente, o setor de aviação não ganhou um tostão sequer desde o vôo dos irmãos Wright. A aviação é o plano quimérico mais antigo do mundo. O empresário Warren Buffett, uma das maiores fortunas dos Estados Unidos, disse que, se estivesse presente em Kitty Hawk, teria se sentido na obrigação de derrubar os irmãos Wright a tiro no primeiro vôo. Quando ele investiu numa companhia aérea por um curto período, confessou-se vítima de "insanidade temporária".

Parte do motivo por que a aviação tem sido deficitária é que cada país teve que criar sua própria linha aérea: uma bandeira, uma moeda, uma companhia aérea. Enquanto as aeronaves continuam sendo aperfeiçoadas e as empresas do ramo esperam conseguir ganhar dinheiro, muitas questões que envolvem a construção de aviões permanecem em aberto. Em 2003, envolvi-me com o problema da capacidade.

A Boeing e a Airbus estão empenhadas numa luta titânica pela supremacia há muitos anos. Qual o futuro das viagens aéreas?

A Airbus acredita que seja o A380, com capacidade para até 800 passageiros, pois ele permitiria aproveitar o sistema tradicional dos aeroportos *hub* (os de maior porte, para vôos de longa distância), atraindo mais usuários para os aeroportos de onde parte a maioria dos vôos de seus clientes, as empresas de aviação.

Para a Boeing, é o 787, um avião menor, para – num mundo que não para de encolher – transportar menos viajantes de forma mais rápida e direta entre os destinos.

Minha aposta é na Boeing, que diz: "Venha conosco num avião menor e mais rápido e voe diretamente para seu destino." Com certeza, a última coisa que os passageiros querem é um congestionamento maior dos vôos causado pelo aumento no número de pessoas que se dirigem aos grandes aeroportos. Mas o mercado decidirá.

Todas essas considerações são feitas não por quem inventou a tecnologia, e sim por aqueles que a estão desenvolvendo. A Airbus não projetou o primeiro avião de grande porte para passageiros, a Boeing não criou o motor a jato, a Dell não bolou o computador pessoal, a Campbell's não foi pioneira na idéia da sopa em lata e a

McDonald's não concebeu a idéia do hambúrguer nem das lanchonetes de fast-food. O que essas empresas fizeram foi aprimorar com sucesso os conceitos originais.

TEMPO PARA DIGERIR

Após as invenções transformadoras que definiram os rumos da Revolução Industrial, o mundo levou 100 anos para digerir o que havia sido criado no final do século XIX. Boa parte da primeira metade do século XX transcorreu sem nenhuma "próxima grande novidade" – as inovações só começaram a surgir em suas últimas décadas. Foi um período de evolução, quando todos queriam tornar seus produtos melhores ou diferentes. Itens desenvolvidos no interesse das forças armadas e dos governos foram altamente aperfeiçoados. No entanto, mesmo enormes mudanças graduais em artigos ou serviços que já existem não são "próximas grandes novidades". O boom que envolveu a internet não ocorreu num período de invenção explosiva – ele se fundamentou numa tecnologia já criada.

- A TV começou pouco antes de meados do século XX, mas foi vista como uma extensão do rádio. Só bem mais tarde percebemos o tamanho do seu impacto na nossa vida e nas sociedades.
- Em 1957, quando os soviéticos lançaram o Sputnik, acreditávamos estar vivendo o início da era espacial. Contudo, aquilo foi realmente o começo da globalização da era da informação por meio dos satélites de comunicação.
- A década de 1940 assistiu à primeira reação de fissão controlada e auto-sustentada, produzida em Stagg Field, na Universidade de Chicago, por uma equipe liderada pelo físico Enrico Fermi. Essa experiência levou ao desenvolvimento da bomba atômica e da energia nuclear.

Muitos de nós vivenciaram o último "grupo de invenções", e alguns até participaram dele. Essas criações ocorreram nas duas últimas décadas do século XX. Vimos sinais de mudança descontínua na vida política, social e econômica: a tecnologia da informação, a biotecnologia, a nanotecnologia, a nova China, o novo império americano, a nova Europa, a globalização e a privatização. Os anos 1980 e 1990 foram dois importantes períodos de avanço revolucionário.

Em comparação com o tempo decorrido entre o relógio de água mecânico primitivo e os relógios atômicos, as evoluções que aconteceram desde a Renascença foram aceleradas.

Em 1884, o engenheiro Charles Parsons foi responsável por uma invenção revolucionária, a turbina a vapor.[2] Nos 40 anos seguintes, sua empresa seguiu um padrão de inovação gradual constante, mediante uma série de pequenos aperfeiçoamentos no design e na engenharia. Nada drástico, mas suficiente para proporcionar à CA Parsons & Co. quatro décadas de liderança mundial no seu mercado básico.

NEM MESMO O APARELHO DE BARBEAR FOI CRIADO NUM SÓ DIA

Decorreram 70 anos desde a invenção do aparelho de barbear por King Gillette, em 1901, e o lançamento da versão de duas lâminas por sua empresa na década de 1970. Desde então, a evolução do aparelho de barbear da Gillette tem sido como as camadas de uma cebola: lâminas adicionais continuam a ser acrescentadas.

Dan Roberts, editor de negócios do *Financial Times* nos Estados Unidos, escreveu em sua coluna um texto divertido sobre essa história. O aparelho de três lâminas, ele conta, tornou-se campeão de vendas quando foi lançado como Mach3 Turbo em 1998. A principal rival da Gillette, a Wilkinson Sword, passou para quatro lâminas, com a criação do Quattro em 2003. E, como era de se esperar, a Gillette pulou para cinco lâminas, lançando o Fusion em 2005. Roberts informa que o convite óbvio à sátira foi aceito pelo jornal *Onion*, que publicou um pseudo-artigo de James Kilts, o CEO da Gillette, sugerindo que aquela era a única maneira de recuperar o gume, por assim dizer, da empresa: "Qual parte você não entendeu? Se duas lâminas são boas e três lâminas são melhores, obviamente cinco lâminas formam o melhor barbeador que já existiu. Elementar!"[3]

Como concluiu Roberts, "o Fusion [de cinco lâminas] sugere que podemos estar atingindo os limites da inovação genuína em algumas categorias de produtos". Pode ser que o aparelho de barbear esteja agora pronto para a próxima grande novidade, entretanto a evolução serviu-lhe bem por mais de 100 anos.[4]

NANOTECNOLOGIA: A PRÓXIMA GRANDE NOVIDADE?

Os produtos industriais são constituídos de átomos. As propriedades desses produtos dependem do agrupamento desses átomos. Se reagruparmos os átomos do carvão, poderemos formar diamantes. Reagrupando os átomos da areia (e acrescentando outros microelementos), seremos capazes de criar chips de computador. Com o reagrupamento dos átomos da terra, da água e do ar, conseguiremos produzir batatas.

O pesquisador de nanotecnologia Ralph Merkle afirma que:[5]

> "Os métodos industriais atuais são muito grosseiros no nível molecular. A fundição, a esmerilação, a fresagem e até a litografia deslocam os átomos em quantidades estatisticamente gigantescas. É como tentar produzir objetos com peças de LEGO usando luvas de boxe. De fato, conseguimos empilhar as peças, mas não somos capazes de juntá-las como gostaríamos.
>
> No futuro, graças à nanotecnologia, poderemos tirar as luvas de boxe. Seremos capazes de juntar os blocos de construção fundamentais da natureza de modo fácil e barato e de quase todas as formas permitidas pelas leis da física. Isso nos tornará aptos a fabricar toda uma nova geração de produtos que serão mais limpos, fortes, leves e precisos.
>
> Com a nanotecnologia, deverá ser possível:

- Colocar essencialmente cada átomo no lugar certo.

- Tornar quase toda estrutura compatível com as leis da física que possamos especificar no nível molecular.
- Ter custos de fabricação não muito superiores ao custo da matéria-prima e da energia requeridas."

A nanotecnologia está nos primórdios, é um pontinho no horizonte. Na verdade, ela ainda é menos do que isso – os blocos de construção não são visíveis. Não estamos mais avançados do que no período dos primitivos relógios de sol egípcios. Contudo, o dinheiro está afluindo, e as esperanças, aumentando. Até agora, os resultados situam-se entre o muito pouco e o nada.

Criaram-se revestimentos de metal, bem como roupas resistentes a manchas, além de alguns nanotubos, que são moléculas cilíndricas de carbono – o material mais forte conhecido. Os cientistas já produziram metros de fios constituídos quase que inteiramente de nanotubos.

Haverá nessa área um processo de ascensão e queda como ocorreu com as "pontocom"?

Sim, isso é quase certo, porém vai demorar.

Neste ínterim, podemos esperar mais animação em torno dos investimentos e de histórias de ficção científica apocalípticas, como o livro *Presa*,[6] de Michael Crichton, sobre o descontrole da nanotecnologia, e o anúncio da Hewlett-Packard que diz como a empresa será capaz de fabricar um telefone celular pequeno o suficiente para uma formiga.

Não se iluda: mesmo que o processo de evolução se acelere, muitos avanços revolucionários ainda estão num estágio primitivo. Inclusive a internet. E isso é uma boa notícia. Dá aos empreendedores uma considerável margem de aperfeiçoamento e ampliação – e risco, como sabemos. Em razão da natureza e do caráter da tecnologia da informação, provavelmente restarão milhares de empresas depois que atravessarmos um longo período de agitação. Entretanto, para chegarmos lá, precisaremos passar por centenas de milhares de companhias. As contribuições revolucionárias do século XX definiram a agenda para as inovações do século XXI.

É improvável que ocorra uma próxima grande novidade em breve. Em todo caso, com a aceleração da mudança, um novo grupo de invenções poderá surgir em apenas 75 anos ou em até 50 anos, mas, com certeza, não no futuro imediato. As tendências evolucionárias encheram o conduto e nos manterão ocupados durante a primeira metade deste novo século, estendendo-as e aperfeiçoando-as. É como o elefante dentro da jibóia: a jibóia o engole, e podemos ver o enorme bolo percorrendo o corpo da serpente. Da mesma forma, o imenso bolo das revoluções é digerido e aprimorado bem devagar – ele vai diminuindo de tamanho e nutrindo cada vez menos durante o lento avanço até que o próximo elefante apareça pela frente.

TEMPO DE OLHAR O LADO RUIM...

Em resposta às revoluções, o processo evolucionário pode produzir efeitos colaterais com conseqüências inesperadas, os bumerangues na ecologia da tecnologia. Antes da invenção do telefone, a forma-padrão de comunicação era a carta. Por isso, em Dublin, na Irlanda, no final do século XIX havia oito entregas postais diárias. Lembro-me de que no meu tempo de estudante de pós-graduação li a correspondência entre o poeta William Yeats e Lady Gregory. Por acaso, observando as datas dos carimbos do correio, vi que o casal trocava até três cartas diariamente. Apenas anos depois tomei conhecimento do volume das entregas postais. Com o advento do telefone, seu número foi se reduzindo até – por fim – chegar a uma por dia. A conseqüência – não intencional – foi a morte da arte de se escrever cartas.

...E O LADO BOM

Apesar do lamentável declínio da palavra escrita, como uma conseqüência não intencional da tecnologia que vem nos empurrando em direção a um mundo visual, há um lado positivo quanto ao custo da comunicação.

Até a década de 1840, quem quisesse mandar uma carta na Inglaterra tinha que se dirigir a uma agência do correio, onde um exército de funcionários calculava a tarifa de acordo com a distância que a correspondência percorreria. Em certo momento, surgiu um gênio chamado Rowland Hill que percebeu que todo o trabalho era realizado nas agências expedidora e receptora, independentemente da extensão do trajeto envolvido no serviço de entrega postal. Ele defendeu a idéia de que todas as pessoas deveriam pagar o mesmo preço para enviar uma carta. E, como o valor era o mesmo, o pagamento poderia ser feito de forma antecipada. Assim nasceu o sistema Penny Post, em que as cartas comuns podiam ser postadas por um *penny*.[7]

Hoje em dia, é isso o que acontece com as companhias telefônicas. Para elas, o custo de transmitir uma chamada para o outro lado da rua ou para qualquer ponto do planeta é o mesmo. Ainda assim, essas empresas continuam cobrando pela distância percorrida. Os preços estão caindo substancialmente em razão da concorrência, sobretudo das chamadas pela internet. O mundo será dominado pelas comunicações de pessoa para pessoa. E todas as ligações serão locais.

Boa parte da especulação nos últimos 30 anos concentrou-se no que chamo de tecnologias "duras": computadores, um mundo interligado e sem fios, telecomunicações. Essas são tecnologias que estão à nossa volta, nos nossos lares e locais de trabalho. E elas mudam, às vezes de forma profunda, a maneira como fazemos as coisas. No entanto, as tecnologias mais importantes do século XXI serão as "suaves", aquelas cujo impacto não se limitará ao nosso modo de viver e trabalhar, mas também questionará o que somos. Durante milênios, a autoridade suprema em relação ao significado da nossa existência e ao nosso destino foi Deus. Com Darwin, a origem da humanidade tornou-se objeto de discussão. Com as novas biotecnologias, alcançamos o divisor de águas da criação do nosso próprio destino.

TEMPO DE LEVANTAR A QUESTÃO

A engenharia da linha germinativa – em que as mudanças são introduzidas nos códigos genéticos transmitidos de geração para geração – superará em importância todas as tecnologias anteriores. No entanto, também apresentará o perigo de catapultar a raça humana a um futuro inimaginável.

Este é o grande dilema do século XXI: embora a engenharia da linha germinativa venha a possibilitar o tratamento e a erradicação de doenças e distúrbios, como o mal de Alzheimer, a síndrome de Down e a doença de Parkinson, essa mesma tecnologia poderá fazer com que as pessoas se tornem mais altas, mais fortes, mais inteligentes, mais bonitas. Em suma, seremos capazes de criar uma raça perfeita. Claro que isso cai na vasta sombra da eugenia, o aperfeiçoamento da raça humana. Hitler teve a idéia, mas na época não dispunha da ciência. Agora, eis que surge a ciência!

Uma vez dado o primeiro passo, estaremos num caminho sem retorno. A discussão dessa questão levará a um enorme confronto entre ciência e religião, entre o que pode ser feito e a humanidade. Trata-se de um conflito que abala crenças e valores básicos, à semelhança das épocas de Galileu e Darwin.

Com o mapeamento do genoma humano – o livro de instruções de como o ser humano é formado fisicamente e como essa configuração pode ser mudada –, os cientistas terão a chave para a constituição do nosso corpo. O mistério desaparecerá. Em todo caso, creio que não devemos acreditar demais nisso. Aos cientistas faltará a chave para nossa alma, para nossa natureza espiritual, à qual, portanto, nos agarraremos e com a qual ficaremos obcecados. A principal questão deste novo século é levantada pelo espírito do passado, embora com uma nova premência: o que significa ser humano?

Darwin, profundamente convencido da transmutação das espécies, estava consciente do caráter blasfemo de suas descobertas para um mundo religioso. Como cristão, lutava para obedecer a Deus; na condição de cientista, brigava pelas leis da natureza.

Poucos se defrontarão com uma controvérsia tão profunda entre mente e alma, provas científicas e crenças religiosas. Mas todos nós somos desafiados a encontrar o equilíbrio entre o progresso e a constância, entre a ambição e a meditação, entre a profusão da alta tecnologia e a falta de alto contato. Cuidamos do que possuímos em termos materiais, porém costumamos nos esquecer de nutrir nossa alma.

Durante uma de nossas conversas em Cambridge, onde vivi por muitos anos, Peter Senge me mostrou uma carta escrita pelo homem que abalou os fundamentos das nossas origens e do nosso destino – aquela que Charles Darwin escreveu no fim da vida:

> "Até meus 30 anos ou mais, a poesia proporcionou-me grande prazer. Mas agora faz muitos anos que não suporto ler nem uma linha sequer de poesia. Minha mente parece ter se tornado uma máquina de processar consideráveis coleções de fatos, transformando-os em leis gerais. Se eu tivesse que viver minha vida de novo, adotaria a regra de ler um pouco de poesia e ouvir um pouco de música várias vezes todas as semanas. A perda desses gostos é uma perda de felicidade, e pode ser prejudicial ao intelecto e, mais provavelmente, ao caráter moral, debilitando a parte emocional da nossa natureza."[8]

Seja lá o que o futuro contiver, de nada valerá sem alegria.

Aplicação dos Modelos Mentais

Modelo Mental 11 – Não se esqueça da ecologia da tecnologia: Se a necessidade é a mãe da invenção, a mudança é o pai da inovação. Existe uma razão pela qual o "crescimento pela inovação" é o novo mantra dos negócios. O período evolucionário em que vivemos é a época de "colher os frutos maduros" semeados durante a fase revolucionária que se estabeleceu no final do século XX. "Considerar a ecologia da tecnologia" também significa abrir a mente para todas as oportunidades embutidas na digestão lenta das últimas "grandes novidades".

Modelo Mental 4 – Compreenda o poder que há em não precisar estar certo: Quem não arrisca não petisca. Se você teme estar errado, não será capaz de explorar as oportunidades que este período evolucionário está oferecendo.

Lembrando Einstein, eu compararia esta era a um pomar onde uma rica variedade de frutas está amadurecendo. Enquanto os solucionadores de problemas continuam preocupados com as frutas já caídas, as pessoas que buscam oportunidades procuram frutas novas, maduras, para a colheita. Esse reservatório de inovação, construído no período revolucionário do final do século passado, nos suprirá de frutas por boa parte deste século.

NOTAS

INTRODUÇÃO

1. Naisbitt, John. *Megatendências*. São Paulo: Círculo do Livro, 1989.
2. Idem. *Reinventando a empresa*. São Paulo: Amana-Key Editora, 1989.
3. Idem. *Megatendências 2000*. São Paulo: Amana-Key Editora, 1990.

MODELO MENTAL 1 – Embora muitas coisas mudem, a maioria delas permanece constante

1. Durant, Will e Ariel. *História da civilização*. São Paulo: Ed. Nacional, 1942.
2. Citação de Nat Holman e história sobre Hank Luisetti extraídas do obituário de Luisetti, *New York Times*, 22 de dezembro de 2002.
3. Collins, Jim; Porras, Jerry. *Feitas para durar*. Rio de Janeiro: Rocco, 1995.
4. Citação e história de Jim Collins e Jerry Porras, *Financial Times*, 5 de agosto de 2005.
5. Citação do rei Salomão, Eclesiastes 1:9. *Bíblia Sagrada*. São Paulo: Editora Ave Maria, 2000.

MODELO MENTAL 2 – O futuro está embutido no presente

1. Trecho de "The Story of Johnny Look-in-the-Air", de Heinrich Hoffmann, tradução inglesa de Mark Twain.
2. Keynes, John Maynard. *As conseqüências econômicas da paz*. Brasília: Editora UnB, 2002.
3. Naisbitt, John. Op. cit. *Megatendências*.
4. Brillat-Savarin, Jean Anthelme. *A fisiologia do gosto*. São Paulo: Companhia das Letras, 2005.
5. O índice de 7,8% é das Estatísticas do U.S. Bureau of Labor, *New York Times*, 29 de janeiro de 2006.

MODELO MENTAL 3 – Concentre-se no placar do jogo

1. Trecho sobre a General Motors, *Business Week*, 9 de maio de 2005.
2. Declaração de Bill Ford no CBN News Watch, 27 de janeiro de 2006.
3. História e números sobre o Prêmio Nobel extraídos de "Business Can Be a Nobel Pursuit", *Financial Times*, 10 de outubro de 2002. Ganhadores do Prêmio Nobel de 2003, 2004 e 2005 acrescentados [13 para os Estados Unidos e cinco para a Europa].
4. Citações sobre o resfriamento global extraídas de artigos de base do Symposium on Sustainable Development, Viena, Áustria, 22 de fevereiro de 2002, patrocinado pelo governo austríaco.
5. Matéria sobre a British Airways, *The Economist*, 29 de outubro de 2005.
6. Matéria sobre os ursos polares, de Jim Carlton, *Wall Street Journal*, 14 de dezembro de 2005.
7. Matéria sobre as espécies em extinção, *Seattle Times*, 12 de setembro de 1999.
8. Matéria sobre as estimativas do Dr. Myers, *New York Times*, 19 de agosto de 2001.
9. Citação de George Burgess, site do International Science News, unisci.com.
10. Matéria sobre cocos, http://www.cbsnews.com/stories, 21 de maio de 2002.
11. Números e matéria sobre Chernobyl, coluna de George Melloan, *Wall Street Journal Europe*, 11 de outubro de 2005.

MODELO MENTAL 4 – Compreenda o poder que há em não precisar estar certo

1. Citações de Albert Einstein extraídas de "Das Wunder von Bern", *Der Spiegel*, março de 2005.
2. Cartas de Albert Einstein. *The Collected Papers of Albert Einstein. Volume 5. The Swiss Years: Correspondence 1902-1914*. Princeton, NJ: Princeton University Press, 1993.
3. Naisbitt, John. Op. cit. *Megatendências*.
4. Citação do Dr. Barry Marshall extraída de "A Nobel Prize for Intuition", por Madeline Drexler, *International Herald Tribune*, 8 de outubro de 2005.

MODELO MENTAL 5 – Veja o futuro como um jogo de quebra-cabeça

1. Citação de Salman Rushdie extraída de seu artigo no *Wall Street Journal Europe*, 27 de setembro de 2005.
2. Citação de Sir Isaac Newton por Henry Pemberton extraída de "A View of Sir Isaac Newton's Philosophy", Londres, 1728.
3. Citação do Dr. Jürgen Renn, site do Instituto Max-Planck: http://www.mpiwg-berlin.mpg.de/. Último acesso em 2006.
4. Naisbitt, John. Op. cit. *Megatendências*.

MODELO MENTAL 6 – Evite ficar muito à frente do desfile para não parecer que você nem faz parte dele

1. Poema composto por Johann Christian Fürchtegott Gellert, 1715-1769.
2. Eratóstenes supôs que o Sol estivesse suficientemente distante para que seus raios fossem paralelos, de modo que mediu sombras em duas cidades ao meio-dia. Ele sabia a distância entre as cidades. Com essa informação, calculou a circunferência da Terra em 250 mil estádios (medida grega que varia de 154 a 215m). Sua estimativa se aproxima o máximo possível da realidade.
3. A Bíblia de Johannes Gutenberg, publicada em 30 de setembro de 1452, tornou-se o primeiro livro em forma de volume.
4. O trabalho de Darwin na expedição do *Beagle* lhe permitiu estudar em primeira mão geologia, fósseis e uma profusão de organismos vivos, além de conhecer povos nativos. Ele coletou metodicamente um número enorme de espécimes, muitos deles novos para a ciência, que lhe valeram a reputação de naturalista e fazem do seu trabalho um precursor da ecologia. Suas notas detalhadas formaram a base para seus estudos posteriores, além de fornecerem percepções sociais, políticas e antropológicas sobre as áreas que pesquisou.
5. Darwin, Charles. *O Beagle na América do Sul*. São Paulo: Paz e Terra, 1996.
6. Idem. *A origem das espécies*. São Paulo: M. Claret, 2005.
7. Naisbitt, John. Op. cit. *Megatendências*.
8. Idem. Op. cit. *Megatendências 2000*.

MODELO MENTAL 7 – A resistência à mudança diminuirá se os benefícios forem reais

1. "Liberdade, Igualdade, Fraternidade ou a morte!" Regulamentação, Nivelamento, Burocracia são a morte!
2. Citação de Valéry Giscard d'Estaing, *Le Monde*, 20 de abril de 2005. O ex-presidente francês D'Estaing encabeçou a redação da Constituição da União Européia.

MODELO MENTAL 8 – As coisas pelas quais esperamos são as que demoram mais para acontecer

1. Informações sobre as asas fixas por Toni Ofner, que possui a patente de um sistema de asas alternativo.
2. Previsões de Arthur C. Clarke, *The Futurist*, março-abril de 2000.
3. Números sobre a difusão do telefone, http://www.triotel.net.
4. História sobre os irmãos Lumière e citação do jornalista extraídas de "Confounding Machines: How the Future Looked", *New York Times*, 28 de agosto de 2005.
5. História sobre o desenvolvimento econômico do empreendimento dos irmãos Lumière, http://www.imagesjournal.com/issue04 e http://www.cinescene.com. Último acesso em 2006.
6. Citação de D. W. Griffith extraída de "Confounding Machines: How the Future Looked", *New York Times*, 28 de agosto de 2005.
7. Informações sobre a história do rádio, http://earlyhistoryofradio.us/index.html.
8. Citação de J. M. McKibben extraída de "Confounding Machines: How the Future Looked", *New York Times*, 28 de agosto de 2005.
9. Citação de Waldemar Kaempffert extraída de "Confounding Machines: How the Future Looked", *New York Times*, 28 de agosto de 2005.
10. Citação de David Sarnoff extraída de "Confounding Machines: How the Future Looked", *New York Times*, 28 de agosto de 2005.
11. Citação de Thomas Hutchinson extraída de "Confounding Machines: How the Future Looked", *New York Times*, 28 de agosto de 2005.

12. A história da televisão, http://www.inventors.about.com/library. Último acesso em 2006.
13. Citação de T. S. Eliot extraída de "Confounding Machines: How the Future Looked", *New York Times*, 28 de agosto de 2005.

MODELO MENTAL 9 – Não se obtêm resultados resolvendo problemas, mas explorando oportunidades

1. Citação de George Bernard Shaw, www.shawalphabet.com.
2. Citação de Schwarzenegger, CNN. Disponível em www.transcripts.cnn.com.
3. A afirmação de Churchill sobre uma cortina de ferro foi feita ao presidente Truman num telegrama e, mais tarde, num discurso no Missouri em 1945.
4. Citação de Kohl, http://www.berliner-lesezeichen.de/lesezei/Blz97_01/text26.htm.
5. Matéria de T. Gary Rogers, "A Rocky Road to Vanilla", *New York Times*, 2 de maio de 2004.
6. Citação e história de Jean-Jacques Doeblin extraídas de "Danone Wins by Being First Past the Poles", de Jan Cienski, *Financial Times*, 31 de maio de 2004.
7. Citação de Rich Karlgaard, *Forbes*, 9 de fevereiro de 2004.
8. A empresa de Maxine Martens é a Martens & Head, http://www.maxinemartens.com.

MODELO MENTAL 11 – Não se esqueça da ecologia da tecnologia

1. Número sobre as vendas da Gore-Tex, site da empresa: http://www.gore-tex.com.

CAPÍTULO 1 – Cultura: Uma cultura visual está conquistando o mundo

1. Cântico dos Cânticos 7, 6-13, 1020 a.C.
2. Citações de V. S. Naipaul e Tunku Varadarajan, *Wall Street Journal Europe*, 27 de outubro de 2004.

3. A vencedora do National Book Awards de 2004 na categoria ficção foi Lily Tuck, com *The News from Paraguay.*
4. Citação e história sobre Larry Kirschbaum, *New York Times*, 17 de outubro de 2004.
5. Números referentes aos títulos publicados extraídos de "Book Volume Down", *USA Today*, 1.º de junho de 2006.
6. O relatório do NEA, incluindo as citações de Dana Gioia, pode ser encontrado em www.nea.com.
7. Citação de Janet L. Robinson, www.nytco.com/investors_nyt_circulation.html.
8. Citações de Rupert Murdoch, *Financial Times*, 25 de novembro de 2005.
9. Citação de Oliviero Toscani, www.olivierotoscani.it.
10. Números da PQ, *Financial Times*, 18 de maio de 2005.
11. Citação e história de David Brenner extraídas de "Virtual Ads, a New Reality on TV Shows", de Sam Lubell, *International Herald Tribune*, 2 de janeiro de 2006.
12. Citações de Robert Hayes e Ben Evans extraídas de "Design Walks the Walk", *Financial Times*, 13 de setembro de 2005.
13. Citação de Scott Morrison, *Financial Times*, 13 de setembro de 2005.
14. História e citações da Swatch, http://www.swatchgroup.com.
15. Citação de Dylan Jones extraída de "The Beauty at Apple's Core", *Financial Times*, 13 de setembro de 2005.
16. Citação e história de Steve Jobs extraídas de "Apple Cube Becomes a Modern-Day Relic", de Phil Pallon, *New York Times*, 16 de agosto de 2001.
17. Citação e história de Frank Nuovo, entrevista no *Financial Times*, 13 de setembro de 2005.
18. Citação de Kurt Foster, *International Herald Tribune*, 16 de fevereiro de 2005.
19. Citações sobre o Sanderson, *Vanity Fair*, maio de 2000.
20. Editorial "The New Luxury", *Financial Times*, 12 de junho de 2004.
21. Citação de Alex Coles, *Financial Times Magazine*, dezembro de 2005.

22. Citações de LeCave e Karl Lagerfeld e informações básicas extraídas de "Come Into My World", *Financial Times Magazine*, setembro de 2005.
23. Citação sobre a Luis Vuitton, http://www.designboom.com.
24. Citação de Yves Carcelle e cobertura do evento extraídas de "Can Art Ever Sell Handbags?", *Financial Times*, dezembro de 2005.
25. Citação de Vanessa Beecroft, *Financial Times Magazine*, dezembro de 2005.
26. Citação de Peter Marino, *Financial Times Magazine*, dezembro de 2005.
27. A loja da Prada no SoHo, destruída por um incêndio em março de 2006, foi reaberta nesse mesmo ano.
28. Citações e informações sobre a Prada extraídas de "Prada Fashions a Cutting Edge", *Financial Times*, 13 de setembro de 2005.
29. Citação de Frank Gehry extraída de "Gehry Downtown", de Joyce Caruso, http://www.artnet.com/magazineus/frontpage.asp, 7 de agosto de 2001.
30. Citações de Kate Arthur, *New York Times*, 20 de fevereiro de 2005.
31. Citação de James Paul Gee, *New York Times*, 4 de dezembro de 2005.
32. Citação e informações sobre Eric Zimmerman extraídas de "The Gamer as Artiste", de John Leland, *New York Times*, 4 de dezembro de 2005.
33. Citação de Steven Spielberg, *New York Times*, 4 de dezembro de 2005.
34. Citação de Todd Wagner extraída de "Hollywood is Facing a Journey into the Unknown", de Joshua Chaffin, *Financial Times*, 10 de agosto de 2005.
35. Citação de Rick Finkelstein extraída de "Hollywood is Facing a Journey into the Unknown", de Joshua Chaffin, *Financial Times*, 10 de agosto de 2005.
36. Citação de Lisette Model, site do New York Institute of Photography: http://www.nyip.com.
37. Citação de Emma Crichton-Miller extraída de "How to Spend It", *Financial Times*, outubro de 2004.
38. Preços dos leilões, artigo de Souren Melikian, *Art+Auction*, outubro de 2005.
39. Jacques Lipchitz nasceu na Lituânia em 1891 e mudou-se para

Paris aos 18 anos para estudar escultura. Pouco antes da eclosão da Primeira Guerra Mundial, envolveu-se com a vanguarda parisiense e foi um dos primeiros a aplicar princípios cubistas à criação de formas tridimensionais. Em 1940, fixou residência permanente nos Estados Unidos e abriu um ateliê em Hastings-on-Hudson, Nova York. Enquanto seu trabalho europeu se distingue por temáticas que vão de acrobatas, arlequins e nus a naturezas-mortas, as obras que produziu nos Estados Unidos são mais voltadas para temas míticos e bíblicos, numa escala que se tornou cada vez mais monumental. Lipchitz morreu em 1973. Atualmente suas esculturas são vendidas na faixa de um milhão de dólares.

40. Informações sobre bienais extraídas de "That's Show Business", *Financial Times*, outubro de 2004.
41. A citação da *Art+Auction* e outras informações sobre a Bienal são da sua edição de maio de 2005.
42. Informações sobre as exposições do MoMA extraídas de "Corporate Power", de Barbara Pollack, *Art+Auction*, dezembro de 2005.
43. Citação de Marc Porter, *Art+Auction*, dezembro de 2005.
44. Citação de Friedhelm Hutte, *Art+Auction*, dezembro de 2005.
45. Citação de Michael Klein referida pela crítica de arte Regina Hackett, *Seattle Post-Intelligencer*, 24 de maio de 2004.
46. Citação de Leatrice Eiseman extraída de "The Revolution Will Be Colorized", *New York Times*, 13 de março de 2005.
47. Citação de Karen Beckwith extraída de "The Revolution Will Be Colorized", *New York Times*, 13 de março de 2005.
48. Citações e cobertura de Shi Zongyuan e Diário do Povo extraídas de "Fear of a 'Color Revolution' Behind China's Renewed Clampdown on Media Freedom", *Financial Times*, 18 de novembro 2005.
49. Citação e informações de Martin Pigott extraídas de "Clearer Views of the Data Mountains", *Financial Times*, 17 de agosto de 2005.

CAPÍTULO 2 – Economia mundial: De fronteiras territoriais a fronteiras econômicas

1. Citação de Bill Weldon extraída de "Big Numbers Destroy All Intelligence", *Financial Times*, 27 de setembro de 2004.
2. Life Optics: http://www.lifeoptics.com.
3. Valor das milhas dos programas de milhagem, *The Economist*, 8 de janeiro de 2005.
4. Citação sobre o Trabant: http://www.team.net/www/ktud/trabi.html.
5. Da Argentina (Manu Ginobili e Fabricio Oberto), da França (Tony Parker), da Eslovênia (Rasho Nesterovic e Beno Udrih), das Ilhas Virgens (Tim Duncan) e da Nova Zelândia (Sean Marks). Informações sobre a composição do time San Antonio Spurs, *USA Today*, 2 de novembro de 2005.
6. Stan Davis apresentou o conceito de customização em massa cerca de 20 anos atrás – uma visão incrível em 1987. Para uma excelente síntese nova, veja a edição de 10.º aniversário de *Future Perfect* (Futuro perfeito), publicado pela Addison-Wesley em 1996.
7. Citação de Howard Springer, *New York Times*, 13 de março de 2005.
8. Informações sobre a terceirização do McDonald's do Missouri ao Colorado extraídas de "Welcome to McDonald's, May WE Take Your Order?", *USA Today*, 18 de junho de 2004.

CAPÍTULO 3 – China: A periferia é o centro

1. Citação e história de Deng Xiaoping, *New York Times*, 20 de novembro de 2005.
2. Citação de Mao Tsé-tung extraída de seu discurso em 6 de novembro de 1957, na Reunião do Soviete Supremo para a Celebração do 40.º Aniversário da Grande Revolução Socialista de Outubro.
3. Naisbitt, John. *Megatendências Ásia*. Rio de Janeiro: Campus, 1997.
4. Números sobre a produção de roupas na China extraídos de "China gegen den Rest der Welt", *Die Zeit*, 4 de maio de 2005.
5. Informações sobre quando a China ultrapassará os Estados Unidos baseadas nesta estimativa: PIB per capita dos Estados Unidos = 40.100; PIB per capita da China = 5.600; taxas de crescimento: 3 e 7, o que se traduz em 31,5 anos após o cálculo.

6. Citação de Ben Stein, *New York Times*, 31 de julho de 2005.
7. Números sobre o crescimento da economia chinesa extraídos de "What's to Stop India and China?", *The Economist*, 29 de outubro de 2005.
8. Citações de Hong Liang e dados fornecidos por ele extraídos de "China Economy Even Bigger Than Thought", *International Herald Tribune*, 21 de dezembro de 2005.
9. Números, informações e citação sobre Alibaba extraídos de "Standing up to Ebay", *Forbes*, 18 de abril de 2005.
10. A Analysys International publicou números sobre Alibaba no relatório "Quarterly Tracker on China's C2C Market 2005-Q3".
11. Números sobre as cidades da China extraídos de "New Boom Towns Change Path of China's Growth", *New York Times*, 28 de julho de 2004.
12. Relato sobre o renascimento urbano da China baseado em informações do *New York Times*, 25 de novembro de 2005.
13. A tradução de *ke kou ke le* está no site da Câmara Americana de Comércio, num relatório da Baker & McKenzie.
14. Citação e história de Bob Shi extraídas de "To Take China, Pepsi Turns Farmer", *Wall Street Journal*, 19 de dezembro de 2005.
15. Naisbitt, John. Op. cit. *Megatendências*.
16. Citação e história de Giorgio Armani extraídas de "Giorgio Armani to Add 2 Shanghai Stores in China", *Bloomberg Online*, 19 de abril de 2004.
17. Informações sobre a Richemont e Swatch, *Financial Times*, 13 de novembro de 2004.
18. Citação de Shen Zhiwen sobre as modelos chinesas extraída de "China's New Models Take Off on Catwalk", *China Daily*, 30 de novembro de 2004.
19. Citação de Yu Zida extraída de "China Design", *Business Week*, 21 de novembro de 2005.
20. Citação de Stefan Fritschi e informações fornecidas por ele extraídas de "China Design", *Business Week*, 21 de novembro de 2005.
21. Citação de Richard Branson e informações fornecidas por ele extraídas de "Today Shanghai, Tomorrow the Universe", *Financial Times*, 12 de dezembro de 2005.

22. Número de bilionários chineses, *Financial Times*, 13 de outubro de 2005.
23. Citação de Schumacher, *Financial Times*, 25 de setembro de 2004.
24. Citação sobre a Fórmula 1 na China, *Wall Street Journal Europe*, 17 de setembro de 2004.
25. Citação e previsões de Bob Lutz extraídas de "China Looms as the World's Next Leading Auto Exporter", *New York Times*, 22 de abril de 2005.
26. Citação de J. M. Noh e informações fornecidas por ele, *New York Times*, 22 de abril de 2005.
27. Informações sobre os custos horários das montadoras, *New York Times*, 22 de abril de 2005.
28. Citação de Li Chow e informações fornecidas por ele extraídas de "Hollywood Sees a Future in China", de David Barboza, *International Herald Tribune*, 4 de julho de 2005.
29. Citação de Jonathan Landreth extraída de "Hollywood Sees a Future in China", de David Barboza, *International Herald Tribune*, 4 de julho de 2005.
30. Números sobre os investimentos estrangeiros diretos na China, *Wall Street Journal Europe*, 20 de janeiro de 2006.
31. Números e informações sobre o crescimento da Índia e da China extraídos da pesquisa de Simon Long sobre esses dois países, *The Economist*, 5 de março de 2005.

CAPÍTULO 4 – Europa: Declínio mutuamente assegurado

1. Citação da ex-comissária Anna Diamantopoulou, site da União Européia: http://europa.eu.int/.
2. Citação sobre a variedade dos modelos sociais extraída de "Charlemagne-Choose your Poison", *The Economist*, 1.º de outubro de 2005.
3. Valores do auxílio-desemprego dentro da União Européia, site da Organização para Cooperação e Desenvolvimento Econômico: http://www.oecd.org/dataoecd/37/53/2504598.pdf.
4. Citação de Vladimir Spidla, *Financial Times*, 10 de julho de 2005.
5. Citações de Joshua Livestro sobre o modelo social, *Wall Street Journal Europe*, 28 de outubro de 2005.

6. A taxa de fertilidade necessária para manter a população num nível constante (a chamada "taxa de fertilidade de substituição") é de 2,1 nascimentos por mulher porque os demógrafos só consideram um filho para substituição quando este atinge os 15 anos.
7. Citação sobre a evolução demográfica extraída de "Half a Billion Americans?", *The Economist*, 22 de agosto de 2005.
8. Citação sobre Friedrich Hayek feita por Thomas Sowell, Universidade de Stanford, www.hayekcenter.org/friedrichhayek/hayek.html.
9. Hayek, Friedrich. *O caminho da servidão*. Rio de Janeiro: Instituto Liberal/Expressão e Cultura, 1987.
10. Citação de Michael Ignatieff, *New York Times*, 10 de janeiro de 2003.
11. Garrison, Jim. *America as Empire*. São Francisco: Berrett-Koehler, 2004.
12. Kagan, Robert. *Do paraíso e do poder*. Rio de Janeiro: Rocco, 2003.
13. Site da Organização para Cooperação e Desenvolvimento Econômico: http://www.oecd.org/dataoecd/37/53/2504598.pdf.

CAPÍTULO 5 – Nossa era evolucionária: Reservatório de inovação

1. Informações sobre a história da marcação do tempo: http://physics.nist.gov/GenInt/Time/revol.html.
2. Exemplo de Charles Parsons extraído de "Think Small for a Change", *Financial Times*, 25 de agosto de 2005.
3. Citação de Dan Roberts extraída de seu artigo "Is This Really the Best a Man Can Get?", *Financial Times*, 16 de setembro de 2005.
4. Informações sobre as lâminas de barbear extraídas de "Is This Really the Best a Man Can Get?", *Financial Times*, 16 de setembro de 2005.
5. Informações sobre nanotecnologia, de Ralph Merkle, PhD: http://www.zyvex.com/nano.
6. Crichton, Michael. *Presa*. Rio de Janeiro: Rocco, 2003.
7. História do Penny Post extraída das obras de Arthur C. Clarke.
8. A carta escrita por Charles Darwin no final da sua vida e os dados de sua biografia podem ser encontrados em http://pages.britishlibrary.net/charles.darwin.

AGRADECIMENTOS

Em muitos aspectos, um livro é como um filho. Uma vez nascido, precisa de nutrição e apoio para se desenvolver e amadurecer. E, à semelhança de um filho, o resultado é uma mescla do que está no seu DNA com a influência da educação e do ambiente.

Numa visão retrospectiva, o DNA deste livro permaneceu muitos anos se desenvolvendo. Era como se a maioria dos seus genes estivesse flutuando livremente antes de eu começar o processo de organizá-los em dois filamentos complementares – as partes I e II. No entanto, uma vez encontrada, a estrutura cresceu bem depressa.

Começo estas páginas de agradecimentos por minha esposa, Doris Naisbitt. Eu havia publicado meu último livro nos Estados Unidos em 1999, e, se não fosse por ela, jamais teria escrito outro. Conheci Doris na editora de língua alemã que, em 1995, lançou meu livro *Megatendências Ásia*. Nosso casamento se realizou no início deste século, no ano 2000, em Dürnstein, uma aldeia de 1.200 anos às margens do Danúbio. Foi um recomeço para mim, uma vida diferente na Europa com uma esposa bonita e inteligente que me deu a mão para iniciarmos juntos uma jornada. Este livro é dela tanto quanto meu. Sou-lhe grato para sempre por me ter feito começar de novo, não apenas com este livro, mas com uma vida nova e bela.

Assim como um grande número de pessoas contribui para o desenvolvimento de uma criança, muitos indivíduos colaboraram para este livro com seus conselhos e sua alegria.

Sou extremamente agradecido a Jim Levine, meu agente, o melhor do ramo, que nos orientou pelo emaranhado editorial até chegarmos à HarperCollins. Ele atuou como um grande crítico e nos deu um caloroso apoio durante todo o processo da proposta do livro e da finalização do original. Jim não foi apenas um agente: ele cuidou de tudo como um mentor, fornecendo suporte e intervindo sempre que necessário.

Meus agradecimentos também à nossa equipe da HarperCollins. Em primeiro lugar, a Joe Tessitore, o presidente, com quem fechei contrato na Feira do Livro de Frankfurt. Nosso primeiro editor, Herb Schaffner, foi um grande defensor deste livro e (de forma brilhante) anotou sugestões em todo o original antes de deixar a empresa para dirigir um projeto editorial em outra companhia. Marion Maneker, nossa editora desde então, não poderia ter sido mais incentivadora e prestativa ao longo de todo o caminho até à publicação do livro. Sou igualmente agradecido aos demais membros da equipe por seu imenso apoio pessoal e profissional: Libby Jordan, George Bick, Angie Lee, Larry Hughes, Cecilia Molinari, Jamie Brickhouse, Alex Scordelis e Felicia Sullivan.

Um obrigado muito especial ao nosso velho amigo Spencer Johnson, autor de *Quem mexeu no meu queijo?*, por ter sugerido o título em inglês deste livro – *Mind Set!*. Mais do que isso, Spencer, que entende algumas coisas sobre livros de sucesso, prestou uma grande colaboração desde o princípio, fornecendo conselhos incríveis para que o foco deste trabalho fosse beneficiar o leitor.

Steve Rhinesmith, ex-embaixador americano na União Soviética, é um grande amigo e incentivador que esteve envolvido com a maioria dos meus livros. Ele leu várias versões do original e deu um feedback precioso. Glenn Miyataki, presidente do Japan American Institute for Strategy, em Honolulu, criou um fórum de CEOs japoneses e americanos em janeiro de 2005, ocasião em que apresentei pela primeira vez meus conceitos à comunidade empresarial. Stan Davis, que leu o original num estágio inicial e crítico, forneceu bons conselhos e orientação.

Obrigado também à minha filha, Claire Schwadron, que dirige nosso escritório nos Estados Unidos. Ela manteve as coisas funcionando durante o agitado ano de 2005. Agradeço ao meu filho,

David, e à sua esposa, Shelly, que leram o esboço deste livro e o comentaram. David, coronel da força aérea dos Estados Unidos, está agora no Afeganistão comandando uma Equipe de Reconstrução Provincial em Jalalabad.

Na equipe européia, um agradecimento especial para Tatjana Halek-Schroeder, escritora e jornalista que brinca com as palavras como Mozart brincava com as notas. Ela foi nossa inspiração na procura de poemas e metáforas, questionou o original com a voz crítica de uma jornalista e o apoiou com seu amor pela palavra escrita. Seu marido, Daniel Schroeder, muitas vezes veio nos salvar quando o computador se rebelava contra nós.

Sven Atterhed, da Suécia, um amigo há 30 anos, leu e comentou o original em várias etapas. Seu incentivo caloroso e seus conselhos criteriosos, como de hábito, foram muito apreciados.

Nossos amigos de Viena, Toni Ofner e Maria Lehrl, leram todo o original e deram muitas sugestões ponderadas que melhoraram nossos esforços. Na introdução, escrevi sobre a pergunta de Toni que levou à idéia dos conceitos. Maria, CEO da Life Optics, a empresa mencionada no Modelo Mental 9, acrescentou muitos comentários práticos sobre os desafios de operar uma companhia internacional de um Estado-membro da União Européia. Werner Langthaler, o diretor executivo de finanças da Intercell, principal empresa de biotecnologia da Áustria, e ex-sócio da McKinsey, apurou nosso foco em muitas discussões e nos deu um entusiástico apoio. Harald Stolzenberg, CEO da La Prairie, compartilhou conosco suas experiências internacionais. Passamos ótimas temporadas com Petra Goette e Enrico Cucchiani no lago Como, brincando com as idéias num estágio inicial. Maxine Martens nos forneceu uma visão dos bastidores da moda, e lhe somos gratos pelas conversas interessantes que mantivemos com estilistas na Europa e nos Estados Unidos.

A filha de Doris, Nora Kutschera, acrescentou sua experiência como consultora de mídia na Europa Oriental, fornecendo observações sobre as atitudes e práticas empresariais às vezes aventureiras dos novos integrantes da União Européia.

Por fim, mas também importante: nos três últimos anos em Viena, contamos com a colaboração de dois brilhantes assistentes de pesquisa da Universidade de Viena – Fabian Schroeder e Ferdinand Rauch. Ferdinand, que aos 20 anos está se dedicando ao seu Ph. D. em inovação, entrou em cena quando Fabian nos deixou para continuar os estudos em Paris. E foi nosso pesquisador confiável e audacioso. Ele e seu irmão nos trouxeram o espírito e a voz crítica da geração mais jovem. Esses rapazes, com fluência em vários idiomas, certamente fazem parte do talento que, na economia global, irá aonde quer que seja bem tratado.

INFORMAÇÕES SOBRE OS PRÓXIMOS LANÇAMENTOS

Para receber informações sobre os lançamentos da EDITORA SEXTANTE, basta cadastrar-se diretamente no site www.sextante.com.br

Para saber mais sobre nossos títulos e autores, e enviar seus comentários sobre este livro, visite o nosso site www.sextante.com.br ou mande um e-mail para atendimento@esextante.com.br

EDITORA SEXTANTE
Rua Voluntários da Pátria, 45 / 1.404 – Botafogo
Rio de Janeiro – RJ – 22270-000 – Brasil
Telefone (21) 2286-9944 – Fax (21) 2286-9244
E-mail: atendimento@esextante.com.br